H. Sebastian Krutzenbichler, Hans Essers
Übertragungsliebe

Das Anliegen der Buchreihe BIBLIOTHEK DER PSYCHOANALYSE besteht darin, ein Forum der Auseinandersetzung zu schaffen, das der Psychoanalyse als Grundlagenwissenschaft, als Human- und Kulturwissenschaft und als klinische Theorie und Praxis neue Impulse verleiht. Die verschiedenen Strömungen innerhalb der Psychoanalyse sollen zu Wort kommen, und der kritische Dialog mit den Nachbarwissenschaften soll intensiviert werden. Bislang haben sich folgende Themenschwerpunkte herauskristallisiert:

Die Wiederentdeckung lange vergriffener Klassiker der Psychoanalyse – wie beispielsweise der Werke von Otto Fenichel, Karl Abraham, W.R.D. Fairbairn, Sándor Ferenczi und Otto Rank – soll die gemeinsamen Wurzeln der von Zersplitterung bedrohten psychoanalytischen Bewegung stärken. Einen weiteren Baustein psychoanalytischer Identität bildet die Beschäftigung mit dem Werk und der Person Sigmund Freuds und den Diskussionen und Konflikten in der Frühgeschichte der psychoanalytischen Bewegung.

Im Zuge ihrer Etablierung als medizinisch-psychologisches Heilverfahren hat die Psychoanalyse ihre geisteswissenschaftlichen, kulturanalytischen und politischen Ansätze vernachlässigt. Indem der Dialog mit den Nachbarwissenschaften wiederaufgenommen wird, soll das kultur- und gesellschaftskritische Erbe der Psychoanalyse wiederbelebt und weiterentwickelt werden.

Stärker als früher steht die Psychoanalyse in Konkurrenz zu benachbarten Psychotherapieverfahren und der biologischen Psychiatrie. Als das anspruchsvollste unter den psychotherapeutischen Verfahren sollte sich die Psychoanalyse der Überprüfung ihrer Verfahrensweisen und ihrer Therapie-Erfolge durch die empirischen Wissenschaften stellen, aber auch eigene Kriterien und Konzepte zur Erfolgskontrolle entwickeln. In diesen Zusammenhang gehört auch die Wiederaufnahme der Diskussion über den besonderen wissenschaftstheoretischen Status der Psychoanalyse.

Hundert Jahre nach ihrer Schöpfung durch Sigmund Freud sieht sich die Psychoanalyse vor neue Herausforderungen gestellt, die sie nur bewältigen kann, wenn sie sich auf ihr kritisches Potenzial besinnt.

BIBLIOTHEK DER PSYCHOANALYSE

HERAUSGEGEBEN VON HANS-JÜRGEN WIRTH

H. Sebastian Krutzenbichler, Hans Essers

Übertragungsliebe

Psychoanalytische Erkundungen zu einem brisanten Phänomen

Psychosozial-Verlag

Für Conne, Tobias und Jannis,
für Sophie und Albert, Sophie und Pius, Zita und Benno,
für Gudrun, Jan und Max

Bibliografische Information der Deutschen Nationalbibliothek
Die Deutsche Nationalbibliothek verzeichnet diese Publikation
in der Deutschen Nationalbibliografie; detaillierte bibliografische Daten
sind im Internet über http://dnb.d-nb.de abrufbar.

2. Auflage 2022
Überarbeitete und erweiterte Neuausgabe der Ausgabe von 2006
(Psychosozial-Verlag)

E-Mail: info@psychosozial-verlag.de
www.psychosozial-verlag.de

Umschlagabbildung: Charles Nègre: »Rückenakt«, um 1848
Umschlaggestaltung & Satz: Hanspeter Ludwig, Gießen
www.imaginary-art.net
ISBN 978-3-8379-2013-0

Dank

Ohne die hilfreiche Unterstützung derer, denen wir nun danken, wäre unsere Arbeit so nicht zustande gekommen:

Prof. Massimo Ammaniti, Rom
Dr. Stefano Baccara, Bad Berleburg
Dipl.-Psych. Herbert Bareuther, Frankfurt
Dipl.-Psych. Marie-Christine Beck, Genf
Dr. Gustav Bovensiepen, Köln
Dipl.-Dolm. Sabine Buken, Berlin
Prof. Dr. Johannes Cremerius, Freiburg
Dipl.-Psych. Martin Ehlert, Frankfurt
Prof. Dr. Michael Ermann, München
Dr. Ernst Falzeder, Salzburg
Dr. Klaus Frank, Hofheim
Prof. Dr. Hannes Friedrich, Göttingen
Prof. Dr. Andre Haynal, Genf
Akad. gepr. Übers. Dagmar Henle-Dieckmann, Berlin
Dipl.-Psych. Gerlinde Herdieckerhoff, Göttingen
Dr. Anna Koellreuter, Zürich
Prof. Dr. Jürgen Körner, Berlin
Prof. Dr. Jean Laplanche, Pommard
Dott. Franco de Masi, Mailand
Dr. Emma Moersch, Schwanau
Dipl.-Psych. Amelie Noack, London
Dott.sa. Andreina Robutti, Mailand
Dott. Massimo Tomassini, Rom

Dr. Wolfgang von Ungern-Sternberg, Regensburg
Dr. Bruno Waldvogel, München

Sampigny le Maranges, im Spätsommer 2009

»Verleumdet und von der Liebe, mit der wir operieren, versengt zu werden, das sind unsere Berufsgefahren, derentwegen wir den Beruf wirklich nicht aufgeben werden.«
Sigmund Freud

Aus gegebenem Anlass hatten wir begonnen, dieses Buch zu schreiben, aus gegebenen Anlässen schreiben wir an diesem Buch weiter, wohl wissend:

»Die Psychoanalyse kann man am besten verstehen, wenn man ihrer Geschichte nachgeht.«
Paul Parin

Davon sind wir zutiefst überzeugt!

Inhalt

Vorbemerkung

Verehrter Leser,

dies ist die Geschichte einer Liebe, wie sie sich nur im Rahmen dessen entwickeln kann, was wir als Psychoanalyse bezeichnen – Sigmund Freud hat ihr den Namen »Übertragungsliebe« gegeben – die Geschichte der Übertragungsliebe von ihrer Entdeckung bis zur Gegenwart.

Unsere Arbeit daran führen wir nun seit 25 Jahren fort. Weshalb jetzt ein »neues« Buch?

Die Erstauflage 1991 »Muß denn Liebe Sünde sein? Über das Begehren des Analytikers« im Kore-Verlag haben wir mehrmals Abschnitt für Abschnitt überarbeitet, aktualisiert und fügen neue Kapitel immer dann hinzu, wenn wieder genügend internationale Literatur zum Thema publiziert wird, um jeweils ein aktuelles Standbild der Diskussion zur Übertragungsliebe zur Verfügung zu stellen. Dabei sind die Divergenzen der Argumentationslinien beträchtlich; kein Nachteil, kann es doch zu einer Klarifizierung der eigenen inneren Haltung zur Übertragungsliebe im therapeutischen Prozess beitragen.

Vor 25 Jahren, nach einem Fall-Vortrag am heimischen Ausbildungsinstitut sprechen wir über das Gehörte, und unversehens entspinnt sich ein bis heute andauernder Dialog über psychoanalytische Behandlung als »Versuch, verdrängte Liebe zu befreien« (Freud 1907). Dabei stellt sich heraus, dass uns beide aufgrund ähnlicher persönlicher Erfahrungen zum gleichen Zeitpunkt in Bezug auf die »Übertragungsliebe« noch nicht gestellte Fragen auf längst gegebene Antworten beschäftigen.

Beide befanden wir uns in den ersten psychoanalytischen Behandlungen, nicht sicher, sondern tastend, auf der Suche nach einer eigenen, authentischen Haltung, die es zu finden galt. Unabhängig voneinander trieb uns die Übertragungsliebe vor sich her, hinter die Couch und auf die Couch unserer aufmunternden Lehr- und Kontrollanalytiker. Wir deklarierten dies als Nicht-Zufall, vereinbarten, zu zweit zur abenteuerlichen Spurensuche dessen aufzubrechen, was Freud »Übertragungsliebe« nennt, und begannen damit, den Ort auf unsere Weise zu recherchieren und zu vermessen, an dem Verwirrung stiftende Liebe zur Entdeckung der Psychoanalyse führt.

Unsere Bemühungen gestalteten sich schwierig; denn der Versuch histografischer Sichtung ließ immer klarer werden:

Übertragungsliebe als zentrales Agens jeder psychoanalytischen Behandlung ist durch seinen Schwefelgeruch des Leibhaftigen in den psychoanalytischen Gemeinschaften jenem Diskurs-Tabu anheimgefallen, von dem die Psychoanalyse gerade angetreten war, ES zu befreien!

Und so sahen wir uns im Rahmen der Ausbildung mit einem absurden Unternehmen konfrontiert:

Verdrängte Liebe sollte in der Beziehung zu einem Analytiker befreit werden, der sich so mechanisch, automatisiert und distanziert verhält, als wäre er ein schafsgesichtiger Blechaffe.

An diesem Kuriosum sind wir gescheitert. Aber, um ehrlich zu sein: Wir hatten uns gar nicht erst redlich darum bemüht! Wie auch?

Von der Arbeit *in* der Übertragung fasziniert und verstört zugleich, kam für uns im progredienten Stadium des analytischen Prozesses – an dem Hiatus, an dem sich die Liebe an zwei *erwachsene* Akteure richtet – eine Flucht vor der Liebe an die vermeintlich rettenden Ufer von rekonstruktiven Deutungen und präödipalen Deklarationen nicht in Frage, und dennoch wurde dies von uns erwartet.

Und so kam es, wie es kommen musste:

Unsere ungeschminkt geäußerten Behandlungsberichte im Seminar über unsere Art, *in* der Übertragungsliebe zu arbeiten – vorher mit unseren Kontrollanalytikern diskutiert – führte zu heftiger Kritik, zu Entwertungen und Vorwürfen des einen oder anderen Lehr- und Kontroll-Analytikers im Seminar, wir würden mit unserer Arbeit *in* der Übertragungsliebe keine Psychoanalyse betreiben und zudem die Beziehungen oder Familien unserer Analysanden gefährden. Also keine »Heilung durch Liebe«?

Es war schlimm genug, in einer öffentlichen Ausbildungssituation von erfahrenen Lehr- und Kontrollanalytikern die eigene psychoanalytische Kompetenz infrage gestellt zu bekommen.

> »So, als ob uns heute eine sichere und über jeden Zweifel erhabene Technik zur Verfügung stände, so als ob lediglich die ersten Analytikergenerationen sich in einem ›Experimental‹-Stadium befunden hätten – um den Ausdruck Ferenczis wieder aufzunehmen? Tatsächlich kann man auch sagen, dass die Analytiker jener Zeit sich *bewusst* waren, dass es sich immer um ein *Experimentieren* handelte, dass ab dem Augenblick, ab dem von klassischer Technik gesprochen wird, man in ein Stadium der Illusion eintritt, jene Illusion, dass es eine Technik gäbe, die es nur zu lernen und ›korrekt‹ anzuwenden gelte und über die ›Abhandlungen‹ verfasst werden könnten« (Haynal 1995, S. 178).

Was uns jedoch fassungslos und zornig hinterließ, war die Tatsache, dass gerade jene Lehr- und Kontrollanalytiker unbehelligt sexuelle Beziehungen zu Patientinnen und Lehranalysandinnen eingegangen waren, was am Institut angstvoll verschwiegen wurde. Gegen diese Hypokrisie mit ihrer verheerenden Wirkung für die Ausbildungsinstitutionen anzuschreiben war die Quelle für unser »Projekt Übertragungsliebe«, an dem wir ständig weiterarbeiten.

Die wunderbare Schreibwerkstatt-Gastfreundschaft während der Weinlese 2009 in der Bourgogne bei Sylvie und Francois, Corinne, Pascal, Alain, Renate und Christian, Pierre und Verena und den Chevrots hat, zusammen mit den unsere assoziativen Gesänge anfeuernden DVD-Clips von Josef Bittner aus Wien, die Atmosphäre geschaffen, die unseren Gastgeber Francois Fresnais überzeugt sein ließ, wir beide seien in Wahrheit keine Fachbuch schreibenden Psychoanalytiker, sondern Kabarettisten! »Honni soit, qui mal y pense!«

Verehrter Leser, überzeugen Sie sich selbst!

Die Entdeckung der Psychoanalyse oder die Furcht des Forschers vor der Liebe

Die Geschichte der Psychoanalyse und der Übertragungsliebe beginnt 1880 mit der Behandlung von Bertha Pappenheim *(Anna O.)* durch den Arzt Joseph Breuer, »ein in Wien äußerst angesehener Internist und Wissenschaftler, zudem ein umfassend gebildeter Mann mit einem ausgeprägten psychologischen Verständnis« (Huber 2008, S. 58); er ist der Hausarzt der Familie Breuer. Zu Beginn der Behandlung ist Joseph Breuer 38 und Bertha Pappenheim 21 Jahre alt. Sie ist eine hochintelligente Frau, die in ihrer äußeren Erscheinung und persönlichen Ausstrahlung als ungemein anziehend beschrieben wird (Jones 1982, Bd. I, S. 268), und »deren vielseitige Begabungen in der Familie verkümmerten« (Huber 2008, S. 58).

Bertha Pappenheim entstammt einer angesehenen jüdischen Familie, die in Wien zu Wohlstand gekommen ist. Sie hat eine sehr enge Beziehung zu ihrem Vater, der im Sommer 1880 an Lungentuberkulose erkrankt. Abwechselnd mit ihrer Mutter übernimmt sie die Pflege des todkranken Vaters und erleidet einen Schock, der zu Sprach-, Seh- und Essstörungen, psychogenen Lähmungen wie Gesichtsneuralgien, Reizhusten, Anorexie, schweren Verworrenheitszuständen und Absencen führt. Verschiedene Ärzte versuchen erfolglos eine Therapie. Schließlich wird Joseph Breuer, der hypnotisch behandelt, im November zu ihr ins Haus gerufen.

Zu jener Zeit haben sich Patienten grundsätzlich einem festen diagnostischen Schema unterzuordnen: Ausschließlich der Arzt bestimmt die Therapie und deren Verlauf. Bertha Pappenheim unterwirft sich nicht, vielmehr kehrt sie die traditionelle Rollenverteilung zwischen Arzt und Patientin radikal um. Sie gestaltet das therapeutische Geschehen ihren Einfällen folgend und erzählt alles, was sie im Zusammenhang ihrer

Beschwerden und Halluzinationen beschäftigt. Sie entwickelt damit das, was Freud später »freie Assoziation« nennt. Sie selbst bezeichnet diese Art der Rede als »the talking cure« (Heilung durch Sprechen) oder »chimney sweeping« (den Kamin fegen). Die überraschende Entdeckung dabei ist, dass ihre Krankheitssymptome nahezu verschwinden, wenn sie ausführlich erzählen kann. Es ist also Bertha Pappenheim, die die von Joseph Breuer später sogenannte »kathartische Methode« erfindet.

Joseph Breuer, von seiner Patientin fasziniert, widmet sich ihr während der eineinhalbjährigen Behandlungszeit weit über 1000 Stunden (Schweighofer 1987, S. 78) und notiert im Juni 1882 abschließend, es »waren alle Symptome Anna O.s verschwunden« (Gay 1989, S. 81).

Heute wissen wir, dass Joseph Breuer nicht die Wahrheit gesagt hat: Am 7.6.1882 beendet er die Behandlung Bertha Pappenheims, nachdem seine verzweifelt eifersüchtige Ehefrau einen Selbstmordversuch unternommen hat (Mitteilung von Freud an Marie Bonaparte am 16.12.1927 lt. Tagebuch von Marie Bonaparte; s. Mitteilung Elisabeth Roudinesco in: Borch-Jacobsen 1997, S. 103f.). Am selben Abend wird er erneut zu seiner Patientin gerufen. Sie windet sich unter psychogenen Geburtswehen, »ist äußerst erregt und antwortet auf seine Frage, was ihr fehle: ›Jetzt kommt das Kind.‹ Mehr teilte Joseph Breuer Freud nicht mit« (Schweighofer 1987, S. 60). Freud interpretiert: »[J]etzt kommt das Kind, das ich von Dr. B. habe« (Peters 1977, S. 31), weil er sich sicher ist, die Patientin fantasiere sich Joseph Breuer als den Vater ihres Kindes, was Freud später von Joseph Breuers jüngster Tochter bestätigt wird.

Joseph Breuer ist entsetzt über den neuerlichen Anfall Bertha Pappenheims, versucht zunächst, sie durch Hypnose zu beruhigen, verlässt dann fluchtartig das Haus und überlässt die Kranke einem anderen Kollegen. Noch am selben Tag bittet er Ludwig Binswanger telegrafisch um die Aufnahme Bertha Pappenheims in dessen Sanatorium Bellevue in Kreuzlingen. Binswanger sagt zu.

Wider besseres Wissen erwähnt Jones in seiner Freud-Biografie diesen Sanatoriumsaufenthalt nicht, er berichtet lediglich über eine Anschlussbehandlung in einem Privat-Sanatorium in Groß-Enzersdorf, das er offenbar mit Inzersdorf verwechselt. Bertha Pappenheim ist bei Binswanger dreieinhalb Monate lang in Therapie wegen ihrer Gesichtsneuralgie und ihrer während der Behandlung durch Joseph Breuer entstandenen Morphinsucht, ohne dass eine wesentliche Linderung der Symptome eintritt. Zwischen Juli 1883 und August 1887 wird Bertha Pappenheim weitere drei Male in Inzersdorf stationär behandelt. Dort verliebt sich ein Psychiater so heftig in sie, dass sich ihre Mutter veranlasst sieht, sie zu sich nach Hause zu holen.

In einem Brief an Stefan Zweig schreibt Freud, dass er erst lange nach seinem Bruch mit Joseph Breuer die Phantomschwangerschaft und -geburt Bertha Pappenheims als Schlüsselszene zur sexuellen Ätiologie der Neurosen erkennt: »In diesem Moment hatte er den Schlüssel in der Hand, der den Weg zu den Müttern geöffnet hätte, aber er ließ ihn fallen« (Freud 1960, S. 406). An anderer Stelle sagt er:

> »Ich habe nun starke Gründe zu vermuten, daß Breuer nach der Beseitigung aller Symptome die sexuelle Motivierung dieser Übertragung an neuen Anzeichen entdecken mußte, daß ihm aber die allgemeine Natur dieses unerwarteten Phänomens entging, so er hier, wie von einem ›untoward event‹ [bedauerliches Ereignis] betroffen, die Forschung abbrach« (Freud 1914a, GW X, S. 49).

In seinem Nachruf auf Joseph Breuer heißt es:

> »Ich bekam später Grund zur Annahme, daß auch hier ein affektives Moment ihm die weitere Arbeit an der Aufhellung der Neurose verleidet hat. Er war mit der nie fehlenden Übertragung der Patientin auf den Arzt zusammengestoßen und hatte die unpersönliche Natur dieses Vorganges nicht erfaßt. […] Nachdem die kathartische Behandlung erledigt schien, hatte sich bei dem Mädchen plötzlich ein Zustand von ›Übertragungsliebe‹ eingestellt, den er nicht mehr mit ihrem Kranksein in Beziehung brachte, so daß er sich bestürzt von ihr zurückzog« (Freud 1925, GW XIV, S. 563).

Kurz: »Er hatte bei all seinen großen Geistesgaben nichts Faustisches an sich« (Freud 1960, S. 406). Das allein kann die Dynamik der Verstrickung Joseph Breuers nicht erklären. Schon in medizinischen Handbüchern des frühen 19. Jahrhunderts werden Ärzte vor sexueller Verführung durch Patientinnen gewarnt. B. Liehrsch schreibt 1842: »Im Umgang mit Damen muß der Arzt besonders vorsichtig sein […]. Viele sehen in dem Arzt beständig einen Courmacher oder wünschen es wenigstens« (de Swaan 1978, S. 816).

> »Ohne Zweifel ist das Phänomen der Übertragungsliebe weithin und seit langem bemerkt worden, selbst bei den weniger häufigen und weniger intimen Kontakten zwischen Ärzten und ihren weiblichen Klienten.

> Aber das Gefühl, das Joseph Breuer aus Anna O.s Haus trieb, war nicht verstanden worden« (ebd.).

Wir gehen davon aus, dass Joseph Breuer um die Verführungssituationen zwischen Arzt und Patientin hinlänglich gewusst hat, und fragen uns, wo die Gründe für sein Scheitern zu suchen sind. Was ist das Besondere gerade dieser Behandlung, die als die erste psychoanalytische Behandlung gilt und die entgegen Joseph Breuers Darstellung gescheitert ist? Sie musste an dem unbewusst gebliebenen Zusammenspiel zweier Lebensgeschichten scheitern, das in seiner aktuellen Inszenierung traumatisches Geschehen zur Wiederholung zwingt. Welche Elemente beider Biografien lösen die Dynamik dieses Zusammenspiels aus?

Joseph Breuers Mutter heißt Bertha. Sie ist 26 Jahre alt, als sie nach der Geburt ihres zweiten Kindes, Joseph Breuers Bruder, stirbt. Er selbst ist bei ihrem Tod drei Jahre alt »und erinnert sich in seiner Autobiographie kaum an seine Mutter, weiß nur zu berichten, daß sie ein junges, schönes Mädchen gewesen sei« (Hirschmüller 1978, S. 22). Seinem zweiten Kind, der ältesten Tochter, gibt Joseph Breuer den Namen Bertha.

Als Bertha Pappenheim zu Joseph Breuer kommt, ist sie 21-jährig, genauso alt wie seine Frau Mathilde bei der Heirat. Joseph Breuer verliebt sich in seine junge Patientin, »ein junges, schönes Mädchen«, und wird sich dessen erst bewusst, als seine Ehefrau eifersüchtig reagiert. Sie kann es nicht ertragen, dass ihr Mann nur noch von seiner Patientin spricht und täglich bis zu vier Stunden mit ihr verbringt, während sie selbst hochschwanger ist. Ihr Selbstmordversuch veranlasst Joseph Breuer, die Behandlung abzubrechen und an eine zweite Hochzeitsreise mit seiner Frau nach Venedig zu denken, nachdem im März 1882 seine jüngste Tochter geboren wird.

Freud verlegt das Geburtsdatum dieser Tochter Joseph Breuers in die Zeit nach Beendigung der Behandlung Bertha Pappenheims und sieht bezüglich dieses Datums »tiefere Zusammenhänge« (Freud 1960, S. 406). Ernest Jones präzisiert: »Tags darauf fuhr er mit seiner Frau nach Venedig auf eine zweite Hochzeitsreise; seine Tochter, die auf dieser Reise gezeugt wurde, sollte nach sechzig Jahren Selbstmord begehen« (Jones 1982, Bd. I, S. 268). Alfred Lorenzer und Lucien Israel folgen Jones Darstellung (Lorenzer 1984, S. 116; Israel 1987, S. 216).

Beides entspricht nicht den Tatsachen: Joseph Breuers jüngste Tochter wurde bereits am 11.3.1882 geboren und die Familie verbrachte ihre Sommerferien nicht in Italien sondern am Traunsee.

Serge Leclaire bringt die Dynamik auf den Punkt, wenngleich den falschen Vorgaben von Jones und Lorenzer folgend, wenn er sagt: »Im Angesicht der ›Versuchung‹ entschwand er mit seiner Gemahlin genItalien [...], entdeckte so aber nicht den Ödipus«[1] (Leclaire 1975b, S. 103).

Aus Venedig wird nichts. – So weit erst einmal zu Joseph Breuer.

Bertha Pappenheim liebt ihren Vater leidenschaftlich. Sie übernimmt seine nächtliche Pflege mit zärtlicher Hingabe, als er erkrankt. Nach einigen Wochen setzt ihre Symptomatik ein. Die ambulante Behandlung Bertha Pappenheims durch Joseph Breuer im Hause Pappenheim beginnt im Dezember 1880 und führt zu Anfangserfolgen. Als im April 1881 ihr Vater stirbt, verschlechtert sich ihr Zustand schlagartig. Joseph Breuer veranlasst am 7. Juni 1881 gegen ihren Willen ihre Behandlung im Sanatorium Inzersdorf. Sie wehrt sich mit Händen und Füßen und reagiert selbstzerstörerisch mit Nahrungs- und Schlafverweigerung sowie einer Abwehr der therapeutischen Behandlung bis hin zu mehreren Suizidversuchen.

Allein Joseph Breuer findet bei seinen abendlichen Besuchen Zugang zu ihr. Hierfür nimmt er täglich mehrstündige strapaziöse Kutschfahrten auf sich. Im November 1881 kehrt Bertha Pappenheim zu ihrer Mutter zurück. Als sich ihr Zustand im Dezember drastisch verschlechtert, wird sie von Joseph Breuer über die abendlichen Hypnosebehandlungen hinaus auch an den Vormittagen besucht. Je länger die Behandlung andauert, desto mehr Zeit und Hingabe wendet Joseph Breuer für sie auf.

Sie erfährt dabei ein Maß an Zuwendung und körperlicher Nähe – Joseph Breuer füttert sie sogar –, wie sie es selbst ein Jahr zuvor ihrem Vater entgegengebracht hat. Ihre gefühlsmäßige Bindung an Joseph Breuer wird immer stärker und findet ihren Ausdruck z. B. darin, dass sie selbst in Anwesenheit engster Familienmitglieder ausschließlich Joseph Breuer wahrnimmt.

In dieser Zeit erfindet sie die »talking cure«. Dem Leser der *Studien über Hysterie* suggeriert Joseph Breuer, dass sich ihr Zustand Ende Juni wesentlich bessert. Dem ist nicht so:

1 Alle Zitate aus nicht ins Deutsche übersetzten Arbeiten wurden entweder von Sabine Buken, Dagmar Henle-Dieckmann oder von uns übersetzt.

> »Seit Mitte März 1882 hatte die Patientin nämlich unter einer ›anhaltenden und sehr quälenden‹ Trigeminusneuralgie [und] unter stärksten Convulsionen, die von starker Chorea minor beginnend zu den schwersten Rollkrämpfen anstiegen, [gelitten]. Dieser Symptome wegen hatte sie Morphium bekommen und war zur Morphinistin geworden. Außerdem war sie chloralsüchtig mit der Folge eines Entziehungsdeliriums bei viertägiger Karenz. Anfang Juni [...] ›sieht sie gelegentlich noch dummes Zeug, Überwachungen, Spionagen‹« (Hirschmüller 1978, S. 145).

An dieser Stelle bricht Joseph Breuer die Behandlung ab und kündigt ihr die Beziehung auf, um sich wieder mehr seiner Frau zuzuwenden, die gerade entbunden hat.

Bertha Pappenheim reagiert auf die Trennung unmittelbar mit einer Scheinschwangerschaft, mit der sie sich an die Stelle von Joseph Breuers Frau setzt. Sie gebiert ihm ein fantasiertes Kind der Liebe und wiederholt in ihrer Fantasie die Geburt von seiner Tochter Dora, drei Monate zuvor.

Die Behandlung der schwer erkrankten Bertha Pappenheim, die sich nach anfänglichen Schwierigkeiten für beide erfolgreich entwickelt hat, verkehrt sich durch den Abbruch der Beziehung ins Gegenteil. Seine außergewöhnliche und hingebungsvolle Zuwendung hat es ihr zunächst ermöglicht, den Verlust des Vaters erfolgreich abzuwehren. Mit fortschreitender Behandlungsdauer intensiviert sich die Liebesbeziehung und es gelingt Bertha Pappenheim, sich durch die »talking cure« zeitweise von ihren Symptomen zu befreien. Durch die Trennung von Joseph Breuer kann sie die Abwehr des Verlustes ihres geliebten Vaters nicht mehr aufrechterhalten und verliert gleichzeitig ihren fantasierten Vater und Liebhaber. Ihr Restitutionsversuch durch Scheinschwangerschaft und -geburt misslingt, weil Joseph Breuer flieht. Das hat für sie eine erneute und jahrelange Erkrankung zur Folge.[2]

2 Der weitere Lebensweg von Bertha ist geprägt von einer langwierigen Rekonvaleszenz. Im Jahre 1888 zieht sie mit ihrer Mutter nach Frankfurt und beginnt dort, ehrenamtlich in sozialen Bereichen zu arbeiten. Sie setzt sich mit der Rolle jüdischer Frauen auseinander und setzt sich später entschlossen für deren Rechte ein. 1904 gründet sie den Jüdischen Frauenbund und wird dessen Vorsitzende. Erschrocken nimmt sie den Handel mit jüdischen Mädchen aus Ost-Galizien zur Kenntnis. Entschlossen wendet sie sich in Reden und Schriften gegen die gewerbsmäßige Prostitution und gegen den Mädchenhandel. 1907 gründet sie in Neu-Isenburg das Heim des Jüdischen Frauenbundes, in das sie die ausgesetzten ostjüdischen Mädchen aufnimmt und erzieht. 1917 ist sie Mitbegründerin der Zentralwohlfahrtsstelle der Deutschen Juden. 1936 stirbt Bertha Pappenheim in Neu-Isenburg.

Das folgende Gedicht Bertha Pappenheims, etwa aus dem Jahre 1911, spiegelt eindrücklich die Rolle der (dieser?) unerfüllten Liebe wider (Appignanesi/Forrester 1992, S. 113):

»Mir ward die Liebe nicht –
Drum leb' ich wie die Pflanze,
Im Keller ohne Licht.
Mir ward die Liebe nicht –
Drum tön' ich wie die Geige,
Der man den Bogen bricht.

Mir ward die Liebe nicht –
Drum wühl' ich mich in Arbeit
Und leb' mich wund in Pflicht.

Mir ward die Liebe nicht –
Drum denk' ich gern des Todes,
Als freundliches Gesicht.«

Joseph Breuer erfährt durch die Bedeutung und Wichtigkeit für seine Patientin, durch ihre Liebe zu ihm und durch die Entdeckung der kathartischen Methode eine hohe narzisstische Aufwertung. Gleichzeitig verliebt er sich in seine junge Patientin, die ihn stark an seine namensgleiche, jung verstorbene Mutter erinnert, und durch seine gefühlsmäßige Verstrickung sieht er seine Ehe gefährdet. Es war also »die Inszenierung des Zusammenspiels (das die Psychoanalyse später die Einheit von Übertragung und Gegenübertragung nennen wird), die ihn in die Rolle des ›Liebhabers‹ brachte« (Lorenzer 1984, S. 134f.).

Mit dem Selbstmordversuch seiner Frau und dem »untoward event« der Scheinschwangerschaft und -geburt wird ihm die Liebe seiner Patientin wie auch seine eigene Liebe zu ihr drastisch vor Augen geführt und damit die Gefährdung seiner Ehe. Er muss gespürt haben, dass seine Patientin für ihn Mutter, Frau, Geliebte und Tochter in einem geworden war. Die erneute, lange Jahre andauernde schwere Erkrankung seiner Patientin muss für ihn im Zusammenhang mit der Wirksamkeit seiner kathartischen Methode eine derartige narzisstische Kränkung bedeutet haben, dass er ihr ein Jahr später in einem vertraulichen Gespräch mit Freud, zwar in Sorge um sie, aber dennoch den Tod wünscht: »teilte Breuer Freud im Vertrauen mit, sie sei ›ganz zerrüttet‹ und er wünsche ihr den Tod, damit die Arme von ihrem Leiden erlöst werde« (Jones 1982, Bd. I, S. 268).

Er wiederholt damit in einer Wunschfantasie den Tod seiner Mutter. Seine Erschütterung belegt sein Brief an Auguste Forel vom 21. November 1907:

> »So habe ich damals viel gelernt; viele wissenschaftlich wertvolle Dinge; aber auch [...] daß es für den Arzt unmöglich ist [...] einen solchen Fall zu behandeln, ohne daß seine Praxis und sein Privatleben vollkommen ruiniert werden. Damals habe ich mir gelobt, mich nie wieder einem solchen Gottesurteil auszusetzen« (Haynal 1989, S. 38).

Und er fügt hinzu: »Ich gestehe, daß das Eintauchen in die Sexualität in Theorie und Praxis nicht nach meinem Geschmack ist« (Gay 1989, S. 82). Noch zehn Jahre später zeigt dieses Trauma Wirkung bei Joseph Breuer.

> »[Z]u einer Zeit, als Freud mit Breuer Fälle bearbeitet, holte ihn dieser zu einer hysterischen Patientin. Bevor sie zu ihr hineingingen, beschrieb er ihm ihre Symptome, worauf Freud erklärte, sie seien typisch für eine Schwangerschaftsfantasie. Diese Wiederholung der frühen Situation war für Breuer zuviel. Ohne ein Wort zu sagen, nahm er Stock und Hut und verließ schleunigst das Haus« (Jones 1982, Bd. I, S. 269).

Joseph Breuer, der von Freud sogenannte »Begründer der Psychoanalyse«, verdankt seine Entdeckungen also einer tragisch gescheiterten Liebesbeziehung. In seinem Aufsatz *Bemerkungen über die Übertragungsliebe* (1915) nimmt Freud Bezug auf die gescheiterte Behandlung von Bertha Pappenheim. Er hält Breuer indirekt vor, die Übertragungsliebe Berthas und seine eigene Übertragungsliebe nicht erkannt und damit die Entwicklung der Psychoanalyse behindert zu haben: »Ich habe mich kürzlich an einer Stelle über die Diskretion hinaus gesetzt und angedeutet, daß die nämliche Übertragungssituation die Entwicklung der psychoanalytischen Therapie um ihr erstes Jahrzehnt verzögert hat« (Freud 1915a, Bd. X, S. 307).

Zur Übertragung – Die Flucht vor der Liebe

Martha Bernays, Freuds Braut und eine Freundin Bertha Pappenheims, ist beunruhigt über Joseph Breuers gefühlsmäßige Verstrickung, während er Bertha Pappenheim behandelt. Sich mit Breuers selbstmordgefährdeter Ehefrau identifizierend, fürchtet Martha, dass ihr Ähnliches widerfahren werde. Am 31.10.1883 bestätigt Freud Martha in einem Brief die bedrohlichen Auswirkungen mit einem Hinweis auf Diskretion

> »über das, was ich Dir nun erzählen werde. Auch Breuer hat eine sehr hohe Meinung von ihr [Anna O.] und gab ihre Behandlung auf, weil seine glückliche Ehe dadurch in Gefahr geriet. Seine arme Frau konnte es nicht ertragen, daß er sich so ausschließlich einer Frau widmete, über die er offensichtlich mit großem Interesse sprach. Sie war gewiß nur eifersüchtig wegen der Forderungen, die durch eine andere Frau an ihren Gatten gestellt wurden. Ihre Eifersucht äußerte sich nicht auf eine gehässige, quälende Weise, sondern durch stilles Erkennen. Sie wurde krank, verlor ihre Lebenslust, bis er es bemerkte und den Grund dafür entdeckte. Dies genügte ihm natürlich, sich von seiner ärztlichen Tätigkeit bei B.P. [Bertha Pappenheim] zurückzuziehen. Kannst Du schweigen, Martchen?« (Forrester 1986, zit.n. Israëls 1999, S. 159)

und beschwichtigt sie in einem Folgebrief vom 4.11.1883, »andere Frauen würden sich in ihren [Marthas] Mann verlieben: ›Um Schicksale zu haben wie Frau Mathilde, muß man die Frau eines Breuer sein‹« (Jones 1982, Bd. 1, S. 268).

Diese tiefe Beunruhigung der Braut Freuds im Zusammenhang mit der Krankengeschichte Bertha Pappenheims ist nur vor dem Hintergrund folgender familiärer Verstrickungen zu verstehen: Marthas Mutter bestimmte im Februar 1880, zwei Monate nach dem plötzlichen Tod ihres Mannes, Bertha Pappenheims Vater als Vormund für Martha und ihre Geschwister; so verliert Martha innerhalb einer Jahresfrist sowohl Vater als auch Vormund.

1886 eröffnet Freud seine Praxis. Seine ersten Patientinnen sind »Hysterikerinnen, die freiwillig kamen, nachdem sie von den anderen Ärzten enttäuscht worden waren, aber auch solche, die eben von diesen Ärzten an den jüngeren Kollegen überwiesen worden waren« (Israël 1987, S. 243).

In dieser Anfangszeit widmet er sich, Breuer folgend, mit Enthusiasmus seinen Patientinnen, wie Sándor Ferenczi sich in seinem klinischen Tagebuch erinnert: Freud

> »befaßte sich leidenschaftlich, hingebungsvoll mit der Heilung Neurotiker (stundenlang auf dem Boden liegend, wenn nötig, neben einer Person in hysterischer Krise). Er muß aber durch gewisse Erfahrungen erstens erschüttert, zweitens ernüchtert worden sein, ungefähr so, wie Breuer beim Rückfall seiner Patientin und durch das Problem der vor ihm plötzlich wie ein Abgrund sich öffnenden Gegenübertragung« (Ferenczi 1932, S. 142).

Ferenczi spielt damit wohl auf Freuds sogenannte »Lehrmeisterin« (Freud 1986, S. 243) und »Primadonna« (ebd., S. 18), Baroness Anna von Lieben (Cäcilie M.), an. Obwohl sie eine jener wichtigen Patientinnen ist, die Freud auf den Weg zur Redekur und zur Bedeutung der Sexualität für die Entstehung der Neurosen bringt, erscheint sie nicht als einer der fünf Hauptfälle in den »Studien«, ist »aber in mehreren über das ganze Buch verstreuten Anmerkungen sehr präsent« (Skriboth 2008, S. 72).

Freud sieht sich aus gesellschaftlicher Rücksichtnahme außerstande, ihre Fallgeschichte zu publizieren: Sie stammt aus einer Industriellen- und Bankiersfamilie und ist eine der prominentesten Frauen Wiens.

> »Sie lebte von Kaviar und Champagner, hatte – als ein Nachtmensch – einen Schachspieler beschäftigt, der sich nachts vor ihrem Zimmer bereithalten musste, und ließ zuweilen ihre Kinder aus dem Bett holen, damit sie ihr Gesellschaft leisteten, während sie sie sonst häufig gar nicht beachtete« (Appignanesi/Forrester 1992, S. 124).

Die 40-jährige Patientin wird Freud von Joseph Breuer, der sie als Hausarzt weiter betreut, als hoffnungsloser Fall überwiesen. Anna von

Lieben, die lediglich fünf Gehminuten von Freuds Praxiswohnung entfernt lebt, wird von Freud etwa von 1887–1893 behandelt. Seit ihrem 15. Lebensjahr leidet sie unter für Freud rätselhaften Symptomen wie Spasmen, Gesichtsneuralgien nach Kritik und unter Halluzinationen. Sie war bereits von mehreren Ärzten, darunter mehrmals von Charcot, erfolglos therapiert und unter den verschiedenen Behandlungsversuchen morphinsüchtig geworden. 1889 hat sich die Behandlung der Anna von Lieben auf bis zu zwei Sitzungen pro Tag verdichtet; Freud hält in hunderten von Aufzeichnungen die Symptomintervalle seiner Patientin fest, und er nimmt sie sogar auf eine seiner Studienreisen zum Hypnotiseur Bernheim nach Nancy mit. Es ist zu vermuten, dass Anna von Lieben auch jene Patientin Freuds ist, die während einer Hypnosesitzung ihren Gefühlen für ihn freien Lauf lässt und ihn küssen will:

> »Als ich einmal eine meiner gefügigsten Patientinnen, bei der Hypnose die merkwürdigsten Kunststücke ermöglichte, durch die Zurückführung ihres Schmerzanfalls auf seine Veranlassung von ihrem Leiden befreite, schlug sie beim Erwachen ihre Arme um meinen Hals. Der unvermutete Eintritt einer dienenden Person enthob uns einer peinlichen Auseinandersetzung, aber wir verzichteten von da an in stillschweigender Übereinkunft auf die Fortsetzung der hypnotischen Behandlung. Ich war nüchtern genug, diesen Zufall nicht auf die Rechnung meiner persönlichen Unwiderstehlichkeit zu setzen und meinte, jetzt die Natur des mystischen Elements, welches hinter der Hypnose wirkte, erfasst zu haben. Um es auszuschalten oder wenigstens zu isolieren, musste ich die Hypnose aufgeben« (Freud 1925, GW XIV, S. 52).

Schon 1890 hatte er die Hingabe Hypnotisierter mit der von Liebenden verglichen und festgestellt:

> »[E]ine derartige Einstellung des eigenen Seelenlebens auf das einer anderen Person mit ähnlicher Unterwerfung hat ein einziges, aber dann vollwertiges Gegenstück in manchen Liebesverhältnissen mit voller Hingebung. Das Zusammentreffen von Alleinschätzung und gläubigem Gehorsam gehört überhaupt zur Kennzeichnung des Liebens« (Freud 1890, GW V, S. 307).

Anna von Lieben, die von Freud als eine »Person von ganz ungewöhnlicher insbesondere künstlerischer Begabung, deren hochentwickelter Sinn für Form sich in vollendet schönen Gedichten kundgab« (Freud 1895, GW I, S. 201) geschildert wird, bringt in ihrem Gedicht »Krankengeschichte« zum Ausdruck, worin sie das Agens der »von Freud und ihr gemeinsam erfundene[n] Therapie sieht:

Jugend, die zu früh begraben,
muss noch einmal Leben haben,
einmal noch den Odem trinken,
um für immer zu versinken«
(von Lieben 1901; zit. n. Appignanesi/Forrester 1992, S. 128).

Im März 1889 wendet sich die 41-jährige Witwe Fanny Moser (Emmy v. N.) auf Anraten Joseph Breuers, von dessen Behandlung sie enttäuscht war, wegen verschiedener hysterischer Symptome wie Halluzinationen von Schlangen und Ratten, Sprachhemmungen und convulsiven Ticks an Freud. Fünfzehn Jahre zuvor hatte sie sich vor Gericht den Anschuldigungen ihrer Stiefkinder stellen müssen, sie habe ihren zweiundvierzig Jahre älteren Ehemann, einen sehr reichen Schweizer Fabrikanten, ermordet und wird freigesprochen.

Sie ist eine der reichsten Frauen Europas.

Freud behandelt Fanny Moser zunächst mit Bädern und Massagen, dann mit Breuers hypnoanalytischer Technik und gibt im Verlauf der Behandlung die Hypnose als wertloses Verfahren auf. Er übernimmt die freie Erzählweise seiner Patientin als Methode der »freien Assoziation«, nachdem sie ihm vorgehalten hat: »Ich solle nicht immer fragen, woher das und jenes komme, sondern sie erzählen lassen, was sie mir zu sagen habe« (Freud 1895, GW I, S. 116). Auch Fanny Moser eröffnet Freuds zukünftigen Patientinnen damit den Weg zum freien Ausdruck ihrer Fantasien und Fiktionen. Freud selbst erschließt sich der Weg zu seiner Entdeckung, der Hysterie. Was er macht, ist neu: Er hört den Hysterikerinnen zu. Alle Krankengeschichten Freuds bis 1905 sind Frauengeschichten:

> »Die Frauen waren vor allem die Opfer der strengen Sexual-Moral und drückten in ihren ›hysterischen‹ Symptomen das nicht gelebte, das ersehnte, das verdrängte Sexualleben aus« (Cremerius 1986, S. 24).
>
> »[V]on ihnen lernte er zu schweigen, das Fragen einzustellen und sie so frei sprechen zu lassen, wie sie es noch nie durften […]. Und je weniger er sie sieht, je weniger er sie berührt, je weniger er sie beaufsichtigt, desto mehr sprechen sie« (Israël 1987, S. 244).

An dieser Stelle begreift Freud,

> »dass er nicht gezielt suchen durfte, wenn er Unerhörtes finden wollte. Es war dies die eigentliche Erfindung des analytischen Diskurses, der sich aus der methodischen Einheit von freier Assoziation seitens des Patienten und gleichschwebender Aufmerksamkeit seitens des Analytikers konstituiert« (Klemann 2008, S. 399).

Diese Erfahrungen erweisen sich im selben Jahr als sehr wertvoll, denn sie ermöglichen ihm die erste vollständige Analyse einer Hysterie, die der Ilona Weiss *(Elisabeth v. R.)*. Freud beginnt die Behandlung mit einer körperlichen Untersuchung im Herbst 1892:

> »Wenn man aber bei Frl. v. R. die hyperalgische Haut und Muskulatur der Beine kneipte oder drückte, so nahm ihr Gesicht einen eigentümlichen Ausdruck an, eher den der Lust denn des Schmerzes, sie schrie auf – ich mußte denken, etwa bei einem wollüstigen Kitzel – ihr Gesicht rötete sich, sie warf den Kopf zurück, schloß die Augen, der Rumpf bog sich nach rückwärts, das alles war nicht sehr grob, aber doch deutlich ausgeprägt und ließ sich mit der Auffassung vereinigen, das Leiden sei eine Hysterie« (Freud 1895, GW I, S. 198f.).

Ilona Weiss erlebt während dieser Untersuchung offenbar die sexuelle Befriedigung, die sie sich in ihrem Leben sonst versagte. Freud fordert Ilona Weiss in der folgenden analytischen Behandlung auf, frei zu assoziieren, interpretiert ihr Schweigen als absichtliches Vergessen und deutet ihr die Todeswünsche gegen ihre Schwester, deren Ehemann Ilona Weiss liebt. Zwei Jahre danach, 1894, verschafft sich Freud Zutritt zu einem Hausball, um seine ehemalige Patientin heimlich beim Tanze zu beobachten.

Die Heftigkeit der erotischen Manifestation dieser Patientinnen veranlasst Freud, die Hypnosebehandlungen bei ihnen abzubrechen.

Zehn Jahre nach Breuers Flucht vor den Auswirkungen seiner Beziehung zu Bertha Pappenheim flieht also auch Freud vor den heftigen erotischen Gefühlen seiner Patientinnen, jedoch auf andere Art und Weise als Breuer. Nach Kurt Eissler ist das »entscheidend für die Geburt der Psychoanalyse« (Chertok 1983, S. 14), weil Freud in der nachträglichen Reflexion über diese Episode den Liebesbeweis seiner Patientin nicht der Unwiderstehlichkeit seiner Person zuschreibt, sondern er

> »entwickelte die Vorstellung, daß die Gefühle und Wünsche dieser Patientin wahr und falsch zugleich sein könnten: Einerseits galten sie ihm, dem anwesenden Manne, andererseits waren es ›falsche Verknüpfungen‹, die den Beziehungswunsch mit ihm statt mit einer anderen Person aus der Vergangenheit der Patientin in Verbindung brachte« (Körner 1989a, S. 210).

In seinen *Studien über Hysterie* (1895) wird Freuds Erleichterung über die Entdeckung der Übertragung deutlich: »Nun, da ich das einmal erfahren habe, kann ich von jeder ähnlichen Inanspruchnahme meiner Person voraussetzen, es sei wieder eine Übertragung und falsche Verknüpfung vorgefallen« (Freud 1895, GW I, S. 309).

In der Tat: »Hier wird eine Furcht vor der Übertragung sichtbar, vor den Geistern, die der Analytiker (ungewollt) gerufen hatte« (Körner 1989b, S. 124), die Furcht vor der Liebe, die der Analytiker »gewollt« ruft. Freud entdeckt die Übertragung an jenen Stellen, an denen sich Störungen in der »Klärung erotischer Gedankengänge« (Freud 1895, GW I, S. 307) zeigen, an denen der Arzt seiner Patientin ein »Surrogat von Liebe« (ebd.) gibt, um diese Störungen wieder aufzuheben. Bruchstellen, an denen erotische Manifestationen der Patientinnen den Arzt überrumpeln und ihn zur Flucht veranlassen, an denen die Patientinnen von der Furcht ergriffen werden, ihre Selbstständigkeit zu verlieren und in sexuelle Abhängigkeit vom Arzt zu geraten.

Freud geht davon aus, dass diese Liebesgefühle ihm gegenüber nur durch eine »Mesalliance«, durch eine »falsche Verknüpfung« entstanden sind. Ursprünglich, denkt er, gelten diese Gefühle einem anderen, einer Person aus der Vergangenheit, und nur durch Täuschung und Assoziationszwang werden sie auf den Arzt übertragen: Die Kranke »fällt merkwürdigerweise der Täuschung jedes neue Mal zum Opfer« (ebd., S. 309).

Hier wird ein rein endopsychischer, ahistorischer und automatisierter Übertragungsbegriff deutlich, »der außerhalb der realen Beziehung zwischen den Personen« (Cremerius 1986, S. 23) steht. Täterin ist das Weib, die Hysterikerin, das Opfer der Arzt, der vor einer Liebesattacke, die nicht eigentlich ihm gilt, die Flucht ergreift. Freud versucht, mit der zum technischen Terminus der Übertragung geronnenen Abwehr von Liebesgefühlen das Anrüchige oder gar Skandalöse, das der Beziehung zwischen dem Arzt und seiner Patientin in den Augen der Gesellschaft anhaftet, zu entschärfen, zu desexualisieren und zu neutralisieren. Verschleiert wird, was der Konstruktion zugrunde liegt: das Spiel der Liebe.

»Das Wort Übertragung behält auch für die aufgeklärtesten Geister einen Hauch von Skandal, was letztlich völlig gerechtfertigt ist, da wir am Ursprung der Übertragung viele verdrängte erotische Elemente finden« (Neyraut 1974, S. 141). Durch diese Entdeckung kann sich Freud die Hysterikerinnen und deren Liebesgefühle vom Leibe halten. Er hat Breuer auf der Flucht geortet, mit seinen Männer-Fantasien die Gefühle der Patientinnen diagnostiziert, versucht, sie metapsychologisch zu formen und festzulegen. Jedoch ist die Theorie kein zuverlässiger Schutz »gegen die Macht, die der Arzt versucht sein kann, über seinen Patienten auszuüben, oder gegen die Versuchungen, denen er ausgesetzt ist« (Chertok 1983, S. 14).

Dora – Das Mädchen und der liebende Psychoanalytiker

Ein beredtes Beispiel für die Versuchungen, denen der Analytiker in der Behandlung ausgesetzt ist, und für die Macht, die er versucht sein kann, auszuüben, ist die beeindruckende Darstellung Freuds in *Bruchstücke einer Hysterie-Analyse*, seine umfangreichste Krankengeschichte über eine Patientin (Freud 1905). Ida Bauer (Dora), ebenfalls wie Freud in der Wiener Berggasse lebend, sucht auf Drängen ihres Vaters Freud 1898 erstmals auf. Freud soll dem 16-jährigen Mädchen ausreden, dass zwischen ihrem Vater und Frau K. eine Liaison besteht. Der Vater, ein wohlhabender Fabrikant, wird von Freud wegen der Nachwirkungen einer syphilitischen Infektion behandelt. Die Geschichte der Familie Bauer und der Familie K. ist die zweier Familien, die »ein Ballett von versteckter Hemmungslosigkeit unter dem Mantel der strengsten Sittlichkeit« (Gay 1989, S. 281) aufführen.

Frau K. pflegt Idas Vater, als er erkrankt. Zwischen beiden entwickelt sich eine leidenschaftliche, heimliche Liebesaffäre, um die Ida weiß. Ida verehrt Frau K., liebt ihren »weißen Körper«, was diese ihrem Mann, Herrn K., verrät. Ida beaufsichtigt die kleinen Kinder der Familie K. und sieht in Herrn K. einen zärtlichen, älteren Freund. Er versucht, die 14-jährige Ida zu küssen,

> »eine sexuelle Handlung, die für die viktorianischen Moralvorstellungen des 19. Jahrhunderts von weitreichender Bedeutung war. Dora entzog sich der verfänglichen Situation durch eine Ohrfeige. Trotz dieses Vorfalls wurde die Beziehung Doras zu Herrn K. bis zu ihrem 16. Lebensjahr ungebrochen weitergeführt, bis es durch Herrn K. zum zweiten Mal zu einer Liebeswerbung kam« (Grossmann-Garger/Matschiner-Zollner 2008, S. 127).

Ida wendet sich hilfesuchend an ihren Vater, der davon nichts wissen will und sie damit verrät und opfert, um sich weiterhin ungestört seiner Liaison mit Frau K. widmen zu können.

Im Oktober 1900 beginnt die 18-jährige Ida ihre Behandlung bei dem 45-jährigen Freud. Beide Familien leben in der Berggasse und sind Nachbarn (List 2008, S. 98). Elf Wochen später bricht sie diese ab. Während Freud Ida als blühendes Mädchen »von intelligenten und gefälligen Gesichtszügen« (Freud 1905, GW I, S. 181) beschreibt, reif und in ihren Urteilen sehr selbstständig, spricht Jones ihr jegliche Attraktivität ab. »Dora war ein unangenehmes Geschöpf, das ständig die Rache vor die Liebe stellte; dies war auch der Grund, warum sie die Behandlung vorzeitig abbrach« (Jones 1982, Bd. II, S. 306). Peter Gay räumt dagegen ein: »Es wäre naiv zu unterstellen, daß Freud in dieses gutaussehende und schwierige junge Mädchen verliebt gewesen sei, so attraktiv es gelegentlich auf ihn gewirkt haben mochte« (Gay 1989, S. 289). Allerdings habe Freud versäumt, »ihre Verliebtheit in ihn zu beachten« (ebd., S. 288).

Schon die aggressiven, die Leser entwertenden Vorbemerkungen Freuds zu *Bruchstücke einer Hysterie-Analyse*, wie auch die editorische Vorgeschichte (Freud selbst legt den Behandlungsbeginn mehrmals vor, in das Jahr 1899), lassen seine Irritationen erkennen und die Beunruhigung, hämische Reaktionen des Publikums auszulösen. Weshalb? Was geschieht hier zwischen und mit den beiden Akteuren? Es ist ein Skandal, denn es

> »werden nun sexuelle Beziehungen in aller Freimütigkeit erörtert, die Organe und Funktionen des Geschlechtslebens bei ihren richtigen Namen genannt, und der keusche Leser kann sich aus meiner Darstellung die Überzeugung holen, daß ich mich nicht gescheut habe, mit einer jugendlichen weiblichen Person über solche Themata in solcher Sprache zu verhandeln« (Freud 1905, S. 165f.).

Der elfwöchige Dialog zwischen Freud und Ida »ist ein einziges langes Gespräch über Liebe, Sexualität und ihre Schicksale« (Wellendorf 1987, S. 77), ermöglicht »durch liebevollste Vertiefung« des Analytikers (Freud 1905, S. 173). Freud zeigt sich seinen Lesern als Forscher und Therapeut, der sich sowohl auf die Lebensgeschichte als auch auf die Begegnung mit Ida voller Empathie eingelassen hat:

> »Was ist das anderes, als eine Form des Versinkens, des Verzichts auf konventionelle Abgrenzung? Ein Liebender vertieft sich in jede Einzelheit der Geliebten: jedes ihrer Worte, ihrer Gesten, Bewegungen, ihr Körper, ihre Phantasien und ihr Verhalten – alles zieht seine Aufmerksamkeit und sein Interesse auf sich, bekommt eine neue und einmalige Bedeutung. Freud ist ein Liebender« (Wellendorf 1987, S. 76).

Er ist ein Liebender in der Begegnung mit Ida, und er glaubt, ein reifer Mann, ein Arzt, könne ohne Einschränkungen mit einer jugendlichen, »attraktiven« Patientin ungestraft über sexuelle Dinge und Liebe reden. Von sexuellen Dingen zu reden ist »eine Realität im Sinne von psychischer Realität [...], diese Realität ist eine Verführung; von der Verführung [zu] reden, ist eine Verführung« (Neyraut 1976, S. 149).

Freud verführt Ida dazu, eine verbotene Sprache mit ihm zu führen, ihrem Triebhaften Sprachraum zu verleihen. Und diese Art von Rede zwischen Arzt und Patientin ist ein gesellschaftlicher Skandal, eine schlüpfrige Liaison, die den doppelbödig-prüden Konventionen dieser Zeit zuwiderläuft. Während ihres anstößigen Dialoges versuchen Ida und Freud die »dunklen Kontinente« – Idas Träume, ihre unbewussten sexuellen Wünsche und Fantasien – zu entziffern.

Dass Freud als Verführer dabei selbst zum Verführten wird, bemerkt er nicht; er führt jedoch beredtes Zeugnis darüber in seiner Darstellung. »Der Text ist Dokument einer Überflutung und ihrer Bewältigung im Schreiben« (Wellendorf 1987, S. 70).

Freud wird drängend, er spürt die Wünsche Idas in den geheimen Winkeln ihres Unbewussten auf und gerät unversehens in einen »furor interpretandi«, in dem er Idas Restitutionsversuche der Selbstbehauptung mit sich ihrer bemächtigenden, destruktiven Interpretationen niederdeutet. Als Ida aufhört, Freud zu widersprechen, sich gegen seine Deutungen aufzulehnen, bricht sie die Beziehung ab. Freud sagt, ohne dies näher zu erläutern, dass beide im gegenseitigen Einvernehmen die Therapie abbrechen! (Freud 1905, S. 257) Freud bemerkt nicht, dass er ähnlich wie ihr Vater und Herr K. versucht, sich Ida gefügig zu machen. Freud gerät in einen Sog, der den reifen Mann dazu verführt, einem jungen Mädchen gegenüber zu hoffen. Und er überschreitet in seiner Leidenschaft des Deutens, seine eigenen sexuellen Wünsche sublimierend, die Grenze, die es verbietet, zuviel zu erhoffen.

Wenn er sagt: »Es gelang mir nicht, der Übertragung rechtzeitig Herr zu werden« (ebd., S. 283), meint er damit, dass Ida in ihrer Übertragung auf ihn auch ihre Rachegefühle gegenüber Herrn K. ausagiert und deshalb die Therapie abbrechen muss. Seine spätere Einsicht, sein »technischer Fehler«, »[die] homosexuelle (gynäkophile) Liebesregung für Frau K.« (ebd., S. 284) nicht rechtzeitig erkannt und Ida mitgeteilt (gedeutet) zu haben, dient ihm als weitere Erklärung für Idas Flucht.

Er bemerkt nicht, dass er im Grunde an der gleichen Stelle scheitert wie Breuer bei Bertha Pappenheim. Er gesteht sich nicht ein, dass er der Verführer ist.

Freuds vermeintliche oder tatsächliche Blindheit für Idas Rache-Übertragung und ihre homosexuellen Liebesregungen ist nicht Grund für die Flucht des Mädchens, sondern die Folge seiner gefühlsmäßigen Verstrickung. Wie in ängstlicher Besorgnis schreibt er:

> »Die psychoanalytische Kur schafft die Übertragung nicht, sie deckt sie bloß, wie anderes im Seelenleben Verborgene auf« (ebd., S. 281), und er kommt schließlich »zu der Einsicht, daß die Übertragung etwas notwendig Gefordertes ist […] daß man ihr durch keinerlei Mittel ausweichen kann und daß man diese letzte Schöpfung der Krankheit wie alle früheren zu bekämpfen hat« (ebd., S. 280).

Damit wird die Übertragung zur artifiziellen Krankheit erklärt. – Und nur, wenn der Arzt die Übertragung bekämpft, indem er sie erkennt und dann dem Kranken übersetzt und deutet, kann sie zum »mächtigsten Hilfsmittel der Analyse« werden.

Man hat den Eindruck, als kenne er die Übertragung als entscheidenden dynamischen Mechanismus nicht bereits seit den Studien über Hysterie. Auffällig ist in diesem Zusammenhang, dass seine Deutungen einen »offenkundig lehrhaften, an Vorlesungen erinnernden Zug« haben (Stone 1973, S. 16). Nicht zufällig fügt er 1923 im Nachwort die folgende Fußnote hinzu: »Was hier über die Übertragung gesagt wird, findet dann seine Fortsetzung in dem technischen Aufsatz über die Übertragungsliebe« (Freud 1905, S. 281).

Bleibt zu fragen, warum er nicht versucht, Ida zur Fortsetzung ihrer Analyse zu bewegen? Seine Worte: »Sie wissen, daß Sie die Freiheit auszutreten immer haben« (ebd., S. 268), lassen Kränkung und Enttäuschung ahnen; denn so bar jeden Gefühles können Worte von jemandem, der leidenschaftlich überzeugen will, nur sein, wenn Gefühle verbannt werden. Zwei Jahre später bittet Ida Freud um Hilfe, die er verweigert: »Aber ich versprach, ihr zu verzeihen, daß sie mich um die Befriedigung gebracht, sie weit gründlicher von ihrem Leiden zu befreien« (ebd., S. 286). Seine Verweigerung ist eine derart schroffe Zurückweisung, dass sie den Verdacht der Rache nahelegt. 1922 behandelt Felix Deutsch Ida Bauer. Nach seinen Worten ist Ida »eine zweiundvierzigjährige verheiratete Frau, die ein unruhiges Leben geführt hatte und ständig von einer Unzahl langwieriger hysterischer Symptome behindert worden war« (Jennings 1990, S. 386f.).

Und dennoch, gerade das Scheitern dieser von verdrängter Leidenschaft geprägten, gewünschten, aber verbotenen Liaison, dieser unerhörte Eklat, wird durch Freuds Reflexion zu einer entscheidenden Etappe in der Entwicklung der psychoanalytischen Methode, »insofern er den Ausblick auf die zentrale Bedeutung von Übertragung und Gegenübertragung eröffnet« (Wellendorf 1987, S. 83).

Allerdings entdeckt Freud die Übertragung, »ohne sie als gemeinsame Schöpfung zu erfassen; Freud erforscht die sexuelle Ätiologie der Neurose, ohne die Sexualität mit der analytischen Verführung und den Wünschen und Ängsten in Bezug auf eine gemeinsame Produktivität in der Verschmelzung zweier Geschlechter zu verknüpfen« (King 1995, S. 10).

Eine sehr eindrucksvolle Illustration von Freuds Bemühungen, die Dynamik von Übertragungsliebe und Gegenübertragung in dieser Zeit zu »beherrschen«, findet sich in den Briefen an seine Patientin Anna von Vest, eine unverheiratete Klagenfurter Aristokratin, aus den Jahren 1903 bis 1906 (Goldmann 1985). Anna von Vest konsultiert Freud 1903 im Alter von 42 Jahren auf den Rat ihres Arztes hin als »letzte Zuflucht«. Sie ist seit 20 Jahren an beiden Beinen gelähmt, ein Grazer Arzt hatte vergeblich versucht, ihre »hysterischen Symptome« als Folge einer unglücklichen Liebe durch die Entfernung ihrer Eierstöcke zu beheben; mehrere Klinikaufenthalte in Graz und Meran blieben erfolglos. Sie ist auf einen Rollstuhl angewiesen, bevor sie ihre Behandlung bei Freud aufnimmt. »[N]ach einer Woche psychischer Therapie konnte sie schon zu Fuß zu ihm. Nach vierzehn Tagen fühlte sie sich so weit hergestellt, daß sie sich zu Theaterbesuchen entschloß« (Goldmann 1985, S. 304).

Im Zeitraum dieser frühen Korrespondenz entsteht Freuds technisches Konzept der Handhabung der Übertragungsliebe; Anna von Vest ist sich sicher, dass sie ihn liebt, »fühlte sich […] als eine Geliebte Freuds« (ebd., S. 309) und lässt sich das auch nicht ausreden oder »deuten«. Sie besteht auf bevorzugte Behandlung, will sich von ihm besuchen lassen, drängt darauf, ihn ihrerseits an seinem Feriendomizil besuchen zu dürfen und will nichts von einer Beendigung der Beziehung zu Freud wissen. Am 17. August 1904 schreibt Freud an Anna von Vest:

> »Ich glaube, wenn ich jetzt grob würde und einfach schriebe: Lassen Sie mich in Ruhe, beschleunigte ich den Ablauf Ihres Sehnsuchtszustandes mehr. Aber ich bringe die Taktik nicht zustande, denn Sie wissen zu genau, wie ich in Freundschaft und Achtung an Ihnen Anteil nehme« (Goldmann 1985, S. 282).

Vier Jahre später, am 7. Juni 1908 gibt er erneut ihrem Drängen nach:

> »Grausame! Als ob Sie nicht wüßten, längst wüßten, daß ich von 8–8 h zu tun habe und ganz unmöglich zu den 12 Personen, mit denen ich gegen Ende besonders fieberhaft arbeiten muß, eine neue hinzunehmen kann! Da Sie diese ›neue‹ sind, werde ich Sie ein-, höchstens zweimal abends 9 h empfangen, oder einmal am Abend, einmal werde ich einem der Patienten eine Tagesstunde entreißen« (ebd., S. 284).

Seine Worte lassen erahnen, dass er Anna von Vest sehr schätzt, sich in die Beziehung zu ihr verstrickt hat, und deshalb geht er »auf den Kompromiß zwischen therapeutischer Einsicht und persönlicher Faszination ein, der Übertragungsliebe in gesellschaftlichem Rahmen nachzugehen«. Er stellt ihr bei Genesung »fortgesetzten gesellschaftlichen Umgang in Aussicht« (ebd., S. 312f., 319).

Goldmann stellt einen einleuchtenden Zusammenhang her zwischen Freuds Erfahrungen in der Beziehung zu Anna von Vest und dem folgenden Zitat aus seinen späteren Bemerkungen über die Übertragungsliebe: »Von einer edlen Frau, die sich zu ihrer Leidenschaft bekennt, geht trotz Neurose und Widerstand ein unvergleichlicher Zauber aus« (Freud 1915a, GW X, S. 319).

Sabina Spielrein und die Flucht in die Gegenübertragung

Sabina Spielrein wurde am 7. November 1885 in Rostow am Don als Tochter einer sehr vermögenden jüdisch-russischen Familie geboren. Ihr Vater war ein erfolgreicher Kaufmann. Die dominante, reisefreudige Mutter war eine der wenigen russischen Frauen mit abgeschlossenem Universitätsstudium und hatte zahlreiche Affären. Sie konkurrierte mit ihrer heranwachsenden Tochter Sabina um die Gunst der sie umgebenden Männer. Sabina durfte erst dann das Rostower Gymnasium besuchen, nachdem ihre Mutter es erreicht hatte, dort den Biologieunterricht abzuschaffen; sie wollte ihre Tochter Sabina möglichst lange in Unwissenheit über die Sexualität halten.

Konfrontiert mit der Doppelmoral ihrer Mutter, einerseits gelebte Promiskuität, andererseits Tabuisierung alles Sexuellen, sucht sie die Lösung dieses konflikthaften Widerspruchs in einem Medizinstudium – hierbei unterstützt sie ihr Vater.

Sie immatrikuliert sich im August 1904 an der medizinischen Fakultät der Universität Zürich, kann ihr Studium jedoch nicht aufnehmen und wird am 17. August 1904 wegen anhaltender nervöser Beschwerden, Halluzinationen, Wein-, Lach- und Schreianfällen und depressiver Verstimmungen ins Burghölzli aufgenommen, der renommiertesten und fortschrittlichsten psychiatrischen Klinik in Europa unter der Leitung von Eugen Bleuler.[1] Dort wird sie von ihrem Arzt, dem knapp 30-jährigen Dr. Carl Gustav Jung bis Juni 1905 stationär so erfolgreich behandelt, dass sie bereits im April 1905 ihr Medizinstudium an der Universität

1 Die Lebensdaten zu Sabrina Spielrein stammen aus Carotenuto (1986), Appignanesi/Forrester (1994), Kerr (1994), Lothane (2001).

aufnehmen kann. Nach Beendigung der stationären Therapie setzen beide die Behandlung ambulant fort.

Sabina Spielrein ist Jungs von ihm sogenannter »psychoanalytischer Schulfall«.

> »Das soll wohl heißen, sie diente ihm als Objekt in einem Experiment. Denn zu der Zeit, als Jung Spielrein behandelte, gab es weder Unterricht in Psychoanalyse noch Lehrbücher, denen man eine systematische Darstellung der psychoanalytischen Behandlungstechnik entnehmen konnte [...]. Wer damals psychoanalytisch behandelte, der handelte also auf eigene Rechnung; der gehörte, wenn er nicht dem engen Kreis um Freud in Wien angehörte, qua Selbstbekenntnis zu einer ›Schule‹, die es im strengen Sinn noch gar nicht gab. Viele dieser selbsternannten ›Schüler‹ Freuds zeichneten sich durch exzessives Deuten des Unbewußten und weniger dadurch aus, daß sie die Auswirkungen solchen Deutens auf das Erleben ihrer Patienten und die Gestaltung der therapeutischen Beziehung reflektierten. Die Methode faszinierte – und sie ließ den vermeintlich allwissenden Therapeuten als Faszinosum erscheinen, ebenso wie Jung (zeitweise) Sabina Spielrein erscheinen mußte. Auf diese Weise kamen Übertragungsheilungen zustande, die so lange hielten, so lange die Faszination wirkte« (Nitzschke 2001, S. 74).

1906 beginnt, von Jung initiiert, der Briefwechsel zwischen Jung und Freud. Freud ist von Anfang an außerordentlich stark von Jung eingenommen und schreibt im Sommer 1906, um Jung eine Freude zu machen, eine Studie über eine Novelle des norddeutschen Dichters Wilhelm Jensen, auf die Jung Freud vorher aufmerksam gemacht hat.[2] In seiner Arbeit *Der Wahn und die Träume in W. Jensens »Gradiva«* (Freud 1907), die Freud während seines Ferienaufenthaltes im Hotel du Lac in Lavarone schreibt, interpretiert er die Geschichte eines jungen Archäologen, der sich in das Relief eines griechischen Mädchens verliebt und besonders von ihrem Gang fasziniert ist.

Seine Sehnsucht, sein Begehren, seine Liebe gerät zum Wahn; er zieht nach Pompeji und sucht den Ort, wo das Mädchen 79 v. Chr. durch den Ausbruch des Vesuvs umgekommen sein soll. Dort trifft er ein junges Mädchen, das ihn von seinem Wahn heilt. Da erst erkennt er die Spielgefährtin seiner Kindheit wieder, die er geliebt und bis zu jenem Tag »vergessen« hatte.

2 Werthmann (2008, S. 436) weist unter Bezugnahme auf Bos darauf hin, dass nicht Jung, sondern Stekel Freud sowohl auf Jensens *Gradiva* aufmerksam gemacht wie auch später den Kontakt zu Jensen hergestellt hatte.

Freud sieht im Geschehen der Novelle eine Parabel für seine Entdeckungen. Man spürt beim Lesen dieser Zeilen gleichsam die Freude, mit der Freud sich an »sonnigen Tagen«mit literarischer Leichtigkeit am Reichtum seiner eigenen Schöpfung, der Psychoanalyse, erfreut. Es gibt kaum andere Stellen in seinem Werk, an denen er so poetisch und klar das zusammenfasst, was er später getrennt wieder aufnimmt und bearbeitet.

> »In einem Liebesrezidiv vollzieht sich der Prozeß der Genesung, wenn wir alle die mannigfaltigen Komponenten des Sexualtriebes als ›Liebe‹ zusammenfassen, und dieses Rezidiv ist unerläßlich, denn die Symptome, wegen derer die Behandlung unternommen wurde, sind nichts anderes als die Niederschläge früherer Verdrängungs- und Wiederkehrkämpfe und können nur von einer Hochflut der nämlichen Leidenschaften gelöst und weggeschwemmt werden. Jede psychoanalytische Behandlung ist ein Versuch, verdrängte Liebe zu befreien, die in einem Symptom einen kümmerlichen Kompromißausweg gefunden hat.
>
> Ja, die Übereinstimmung mit dem vom Dichter geschilderten Heilungsvorgang in der ›Gradiva‹ erreicht ihren Höhepunkt, wenn wir hinzufügen, daß auch in der analytischen Psychotherapie die wiedergeweckte Leidenschaft, sei es Liebe oder Haß, jedesmal die Person des Arztes zu ihrem Objekte wählt.
>
> Dann setzen freilich die Unterschiede ein, welche den Fall der Gradiva zum Idealfall machen, den die ärztliche Technik nicht erreichen kann. Die Gradiva kann die aus dem Unbewußten zum Bewußtsein durchdringende Liebe erwidern, der Arzt kann es nicht […].
>
> Der Arzt ist ein Fremder gewesen und muß trotzdem nach der Heilung wieder ein Fremder werden« (Freud 1907, GW VII, S. 118).

Im Folgenden wird sich zeigen, wie sich Freuds Botschaft auf Jung auswirkt. Im Oktober 1906 berichtet Jung Freud zum ersten Mal von der Behandlung einer »jungen russischen Studentin«, von Sabina Spielrein. »Ein Erlebnis aus jüngster Zeit muß ich bei Ihnen abreagieren […]. [I]ch behandle gegenwärtig eine Hysterie nach Ihrer Methode. Schwerer Fall, 20jährige russische Studentin, krank seit 6 Jahren« (Freud/Jung 1984, S. 6).

Freud berät Jung, er schreibt am 6.12.1906 an ihn:

> »Ihnen wird es nicht entgangen sein, daß unsere Heilungen durch die Fixierung einer im Unbewußten regierenden Libido zustande kommen (Übertragung) […]. Es ist eigentlich eine Heilung durch Liebe. In der

> Übertragung liegt dann auch der stärkste, der einzig unangreifbare Beweis für die Abhängigkeit der Neurose vom Liebesleben« (ebd., S. 10).

Im Frühjahr 1907 begegnen sich Freud und Jung persönlich in Wien. Im September, noch während der ambulanten psychoanalytischen Behandlung, bezeichnet Jung die Erkrankung Sabina Spielreins beim Ersten Internationalen Kongress für Psychiatrie und Neurologie in Amsterdam plötzlich als »psychotische Hysterie« und veröffentlicht ihren Fall in seinem Buch *Die Freudsche Hysterietheorie* als paradigmatisch für Freuds Hysteriekonzeption. Dann, »ab Frühjahr 1908 [...] entwickelt sich eine dramatische Liebesbeziehung [zwischen Jung und Sabina Spielrein] bei gleichzeitiger Fortsetzung der Behandlung und gleichzeitiger gemeinsamer wissenschaftlicher Arbeit, die im Juni 1909 dramatisch endet« (Cremerius 1986, S. 15).

Jung verheimlicht Freud dies zwei Jahre lang, bis zum März 1909. Im Sommer 1908 eröffnet Freud Jung seine Absicht, ihn als seinen Nachfolger einzusetzen, und schreibt: »Nebenbei habe ich Sie ja auch lieb; aber dieses Moment habe ich unterzuordnen gelernt« (Freud/Jung 1984, S. 82). In seinem letzten Liebesbrief an Sabina vor Freuds Besuch am 12. August 1908 schreibt Jung an sie: »Bei mir schwankt Alles vulkanisch, [...] bald Alles grau. Ihr Brief kam wie ein Sonnenstrahl zwischen Gewölk [...]. [I]ch merke, daß doch sehr viel mehr an Ihnen hängt, als ich jemals dachte [...]. Es küßt Sie herzlich Ihr Freund« (Carotenuto 1986, S. 192/193).

Vom 18. bis 21. September 1908 besucht Freud Jung. Jung schweigt immer noch über seine Liebesbeziehung mit Sabina. Nach seinem Besuch bei Jung benutzt Freud in seinem darauffolgenden Brief vom 15. Oktober 1908 die Anrede: »Lieber Freund und Erbe!«

Im Frühjahr 1909 spitzt sich die skandalöse Liaison dramatisch zu: Emma Jung teilt Freud ihre Besorgnis über das Verhältnis ihres Mannes mit Sabina Spielrein mit. Sie soll es auch gewesen sein, die anonym der Mutter Sabinas Mitteilung darüber gemacht hat. Die Mutter will daraufhin von Bleuler Aufklärung. Um sie von dem Besuch bei seinem Chef abzuhalten und einer möglichen Kündigung zuvorzukommen, schreibt Jung ihr und verleumdet Sabina. Ende März 1909 verlässt Jung seine Stelle bei Bleuler im Burghölzli. In Analytikerkreisen sickert die Jung-Affäre durch und gelangt so auch zu Freud. Freud spricht so lange nicht mit Jung, bis dieser sich schließlich unter dem Druck der Ereignisse an ihn wendet:

»[E]ine Patientin, die ich vor Jahren mit größter Hingabe aus schwerster Neurose herausgerissen habe, hat mein Vertrauen und meine Freundschaft in denkbarst verletzender Weise enttäuscht. Sie machte mir einen wüsten Skandal ausschließlich deshalb, weil ich auf das Vergnügen verzichtete, ihr ein Kind zu zeugen. Ich bin immer in den Grenzen des Gentleman ihr gegenüber geblieben, aber vor meinem etwas zu empfindsamen Gewissen fühle ich mich doch nicht sauber, und das schmerzt am meisten, denn meine Absichten waren immer rein gewesen. Aber sie wissen es ja, daß der Teufel auch das Beste zur Schmutzfabrikation verwenden kann« (Freud/Jung 1984, S. 100).

Freud antwortet sogleich besorgt, jedoch nicht ohne den »Stolz des Pioniers« (Cremerius 1984, S. 772): »Verleumdet und von der Liebe, mit der wir operieren, versengt zu werden, das sind unsere Berufsgefahren, derentwegen wir den Beruf wirklich nicht aufgeben werden« (Freud/Jung 1984, S. 102). Umgehend bedankt Jung sich bei Freud: »Ihre gütigen und befreienden Worte haben mir sehr wohl getan« (ebd., S. 102).

Am 4.6.1909 unterstellt Jung in einem Telegramm an Freud Sabina Spielrein: »Sie hatte es natürlich planmäßig auf meine Verführung abgesehen, was ich für inopportun hielt« (ebd., S. 110f.). Unverzüglich antwortet Freud seinem »Kronprinzen« am 7.6.1909:

»Ich selbst bin zwar nicht ganz so hereingefallen, aber ich war einige Male sehr nahe daran und hatte a narrow escape. Ich glaube, [...] das Dezennium Verspätung gegen Sie, mit dem ich zur Ψ kam, haben mich vor den nämlichen Erlebnissen bewahrt. Es schadet aber nichts. Es wächst einem so die nötige harte Haut, man wird der ›Gegenübertragung‹ Herr, in die man doch jedesmal versetzt wird und lernt seine eigenen Affekte verschieben und zweckmäßig plazieren« (ebd., S. 112).

Nachdem sich Sabina Spielrein am 11.6.1909 an Freud wendet, wird alles offenbar:

»Sie meinen, daß ich mich an Sie wende, damit Sie zwischen mir und Dr. Jung Frieden stiften? Ja wir hatten aber keinen Streit! Mein heissester Wunsch ist, dass ich mich liebend von ihm trenne« (Carotenuto 1986, S. 90), »Dr. Jung war vor 4 1/2 Jahren mein Arzt, dann wurde er Freund und zum Schlusse ›Dichter‹, d.h. Geliebter. Er kam zuletzt zu mir und so gings wie's gewöhnlich bei der Poesie zugeht. Er predigte Poligamie, seine Frau sollte einverstanden sein etc. etc.« (ebd., S. 91f.).[3]

3 Bemerkenswert ist in diesem Zusammenhang die Tatsache, dass Jung gleichzeitig zu

In seinen »Erinnerungen« beschreibt Jung sich als Opfer Sabina Spielreins: »Sie hatte bereits eine Analyse durchgemacht, aber der Arzt bekam eine Übertragung auf sie und flehte sie schließlich an, nicht mehr zu ihm zu kommen, sonst zerstöre sie seine Ehe« (zit. n. Martynkewicz 1999, S. 127).

Entgegen den Erwartungen von Freud und Jung hat Sabina Jung bei Freud nicht schlecht gemacht, sondern bei dem Freund Freud einen Rettungsversuch für sich und Jung unternommen. Jung ist daraufhin so erleichtert, dass er offen über die Beziehung sprechen kann. Freud kommt ihm entgegen; er hält weiter zu seinem »Kronprinzen«, dessen Thronfolge in der psychoanalytischen Gesellschaft er retten will, und appelliert an Sabinas »Vernunft und Einsicht, daß sie vor Karriere und Ehe zurücktreten müsse« (Cremerius 1986, S. 9).[4]

Freud fasst die Liebesbeziehung zwischen Jung und Sabina Spielrein in dem Begriff der Gegenübertragung und verschleiert so das eigentlich Skandalöse daran. Eigentlich müsste er in diesem Zusammenhang von der Übertragungsliebe des Analytikers sprechen, denn der Terminus Gegenübertragung exkulpiert den Täter – den Analytiker, der seine Patientin liebt – und erklärt das Opfer, die Patientin, zur Schuldigen; erst die Verführung durch die Patientin soll beim Arzt unbewusste Übertragungsmomente hervorrufen, die dann in der Folge den Arzt zum Verführten machen.

Jones berichtet, dass Freud ihm im Juni 1909 (!) von seinem Plan erzählt habe,

> »ein kleines Merkbuch mit Anleitungen und Regeln für die Technik zu schreiben, das er nur privat unter die ihm nächststehenden Analytiker verteilen würde. […] Man kann vermuten, daß Freud bei dieser Sache eine gewisse innere Unsicherheit empfand, die man nicht so ganz versteht.«

Aus dem Projekt wird jedoch nichts, »und jene kostbaren Seiten sind auch nicht erhalten geblieben« (Jones 1982, Bd. II, S. 275f.). Zwei Jahre später wird sich diese Merkwürdigkeit wiederholen!

Sabina Spielrein auch sein Vorbild Otto Groß analysiert, einen Befürworter der Polygamie und Vorgänger Wilhelm Reichs. Emma Jung ist mit der Liaison ihres Mannes nicht einverstanden; sie wird von C. G. Jung analysiert. Unmittelbar darauf beginnt Jung erneut eine Liebesbeziehung zu einer seiner Patientinnen, Antonia Wolff, einer Schweizer Ärztin für Psychiatrie. Man weiß, dass es auch dabei nicht geblieben ist.

4 Sabina Spielrein wurde Psychoanalytikerin, war später die Lehranalytikerin von Jean Piaget und verfasste zahlreiche psychoanalytische Schriften (Spielrein 1987).

Der Jung-Spielrein-Eklat muss Freud so stark und nachhaltig beschäftigt und an die Breuer-Pappenheim-Affäre erinnert haben, dass er drei Monate später, im September 1909, im Rahmen seiner fünf Vorlesungen an der Clark University erneut präzisiert, was der Übertragung zugrunde liegt:

> »Jenes Stück seines Gefühlslebens, das er sich nicht mehr in die Erinnerung zurückrufen kann, erlebt der Kranke also in seinem Verhältnisse zum Arzt wieder, und erst durch solches Wiedererleben der ›Übertragung‹ wird er von der Existenz wie von der Macht dieser unbewußten sexuellen Regungen überzeugt« (Freud 1909, GW VIII, S. 54).

Über die drei Monate zuvor entdeckte Gegenübertragung sagt Freud nichts. Das geschieht erst am 9. März 1910 in einer Kritik Freuds an Federn nach dessen Vortrag über *Die infantilen Bedingungen des Masochismus* in der Mittwoch-Gesellschaft der Wiener psychoanalytischen Vereinigung (Nunberg/Federn 1977, Bd. II, S. 405f.). Freud spricht unvermittelt über

> »die Bedeutsamkeit des Gesichtspunktes der allgemeinen Abhängigkeit vom Sexualobjekt in Folge der stärkeren Verliebtheit. Daraus läßt sich nämlich eine bedeutsame Regel für die Analyse entwickeln. Während nämlich der Patient sich an den Arzt hängt, unterliegt ja der Arzt einem ähnlichen Prozeß, der ›Gegenübertragung‹. Diese Gegenübertragung muß vom Arzt vollständig überwunden werden; das allein macht ihn psychoanalytisch mächtig. Das macht ihn zum vollkommen kühlen Objekt, um das der andere liebend sich bewerben muß« (ebd., S. 407).

Der Schleier ist gelüftet, die Worte lassen keine Zweifel: In der Übertragung erlebt der stark verliebte Patient sexuelle Regungen wieder und wirbt liebend um sein Sexualobjekt, den Arzt, von dem er sich abhängig fühlt. Der Arzt unterliegt in der Gegenübertragung einem »ähnlichen« Prozess, den er vollständig überwinden muss.

Freud scheint bereits mit dem zehn Wochen später, im Mai 1910, stattfindenden *2. Internationalen Psychoanalytischen Kongress* in Nürnberg, dessen Präsident Jung ist, beschäftigt zu sein, auf dem er seinen Vortrag »Die zukünftigen Chancen der psychoanalytischen Therapie« hält und darin – sprachlich »sauber«, von Liebe und Sexualität »gereinigt« – seine Schüler vor dem schädlichen, infektiösen Einfluss der Patientin warnt:

»Wir sind auf die ›Gegenübertragung‹ aufmerksam geworden, die sich beim Arzt durch den Einfluß des Patienten auf das unbewußte Fühlen des Arztes einstellt und sind nicht weit davon, die Forderung zu erheben, daß der Arzt diese Gegenübertragung in sich erkennen und bewältigen müsse« (Freud 1910a, GW VIII, S. 108).

Zu dieser Erkenntnis kommt Freud auch durch Erfahrungsaustausch mit jenen, die Psychoanalyse ausüben – wer denkt da nicht an die ménage á trois zwischen Freud, Jung und Sabina Spielrein. Freud weiß um die Gefahr der Gegenliebe, weiß auch bereits um die Vergeblichkeit seiner bisherigen Mahnungen und fordert daher vom Analytiker mit großer Besorgnis,

»daß er seine Tätigkeit mit einer Selbstanalyse beginne, und diese, während er seine Erfahrungen an Kranken macht, fortlaufend vertiefe. Wer in einer solchen Selbstanalyse nichts zustande bringt, mag sich die Fähigkeit, Kranke analytisch zu behandeln, ohne weiteres absprechen« (ebd.).

Unmittelbar nach dem Nürnberger Kongress, am 5. Juni 1910, beklagt sich Freud brieflich bei Oskar Pfister:

»Mit der Übertragung ist es ja überhaupt ein Kreuz. Das eigenwillig Ungebändigte der Krankheit [...] kommt in der Übertragung zum Vorschein [...]. Im allgemeinen meine ich wie Stekel, daß der Patient in der Abstinenz, in unglücklicher Liebe gehalten werden soll, was natürlich nicht in vollem Ausmaße möglich ist. Je mehr sie ihn Liebe finden lassen, desto mehr bekommen sie seine Komplexe, aber desto geringer ist der definitive Erfolg, da er seine bisherigen Komplexerfüllungen nur losschlägt, weil er sie gegen die Übertragungsergebnisse eintauschen kann« (Freud/Pfister 1963, S. 36f.).

Zusammenfassend lässt sich sagen, dass durch Freuds und Jungs Kumpanei Sabina Spielrein auf dem machtpolitischen Altar der psychoanalytischen Bewegung geopfert wird, um einen Skandal um den zukünftigen Präsidenten Jung zu verhindern. Hier »schlagen sich die Männerphantasien über das gefährliche, liebestolle Weib nieder, dem der Analytiker zum Opfer fällt [...], aufgeführt auf der Bühne der viktorianischen Doppelmoral« (Cremerius 1987, S. 127).

Elma Palos und Sándor Ferenczi – Inzest auf der psychoanalytischen Couch

Anfang 1908 lernt der 34-jährige Sándor Ferenczi Freud kennen, der so fasziniert von ihm ist, dass er ihn einlädt, die Sommerferien im Kreise seiner Familie zu verbringen, und ihn auffordert, einen Vortrag auf dem Salzburger Kongress zu halten. Seit dieser ersten Begegnung hofft Freud, dass Ferenczi eines Tages seine älteste Tochter Mathilde heiraten würde.

> »Im folgenden Jahr begleitet er Freud nach Amerika. Während ihrer Morgenspaziergänge diskutieren sie über die Themen aller fünf Vorlesungen« (Haynal 1987, S. 47f.).
>
> »[I]ch forderte ihn auf, mir vorzuschlagen, worüber ich an diesem Tage reden sollte, und er machte für mich den Entwurf, den ich dann eine halbe Stunde später in einer Improvisation ausführte« (Freud 1933b, GW XVI, S. 268).

Es entwickelt sich zwischen beiden eine Freundschaft:

> »In den Herbstferien mehrerer aufeinanderfolgender Jahre verweilten wir zusammen in Italien, und mancher Aufsatz, der später unter seinem oder meinem Namen in die Literatur einging, erhielt dort in unseren Gesprächen seine erste Gestalt« (ebd.).

Nach Balint war Ferenczi auch »der einzige Analytiker, der jemals eingeladen wurde, Freud auf seinen Reisen zu begleiten« (Haynal 1987, S. 48).

Bevor Freud seine technischen Schriften veröffentlicht, beginnt Ferenczi 1909 sich mit dem Phänomen der Übertragung zu beschäftigen. In jener Zeit, bis 1911, jagen Freud und vor allem Ferenczi

> »in ganz Mitteleuropa den Wahrsagerinnen nach, um dieses Problem [der Übertragung] besser in den Griff zu bekommen. Nach der gemeinsamen Amerikareise gingen beide nach Berlin, um eine von ihnen zu sehen [...]. Sie hofften, daß die Gedankenübertragung auch das Problem der Übertragung beleuchten würde« (Haynal 1989, S. 10).

Ferenczi geht in seinen Überlegungen weit über Freud hinaus und ist in jenen Jahren sein wichtigster Gesprächspartner. Sie diskutieren über die Übertragung-Gegenübertragung, über die Beziehung zwischen Analytiker und »Analysand« (ein von Ferenczi geprägter und verwendeter Begriff). Ferenczi erkennt,

> »daß die Neigung der Psychoneurotiker zur Übertragung sich nicht nur im speziellen Falle einer psychoanalytischen Behandlung und nicht nur dem Arzt gegenüber äußert, daß vielmehr die Übertragung ein für die Neurose [...] charakteristischer [...] psychischer Mechanismus ist« (Ferenczi 1909, S. 10).

Er stellt fest, dass den Neurotiker eine »Übertragungssucht« kennzeichnet. »Er skizziert eine Übertragungsbeziehung, die der Hypnose nahesteht und findet die regressive Seite, die mit dieser Art von Gier, von ungeheurem Begehren verbunden ist, die von Beginn an in der Übertragung vorhanden ist« (Haynal 1987, S. 28). Er führt dies darauf zurück, dass »das erste Lieben und Hassen [...] eine Übertragung der autoerotischen Lust- und Unlustgefühle auf die Objekte [ist], die jene Gefühle verursachen. Die erste Objektliebe und der erste Objekthaß sind gleichsam die Übertragungen« (Ferenczi 1909, S. 20).

Nach Martin Ehlert (1988, S. 4) arbeitet Ferenczi damit »die Übertragung als [allgemeine] dynamische Grundlage der Liebe« heraus.

Ferenczi greift Freuds Mitteilung an Jung vom Dezember 1906 auf und sagt, dass Übertragungen nicht schädlich sind, dass vielmehr »die Liebe Krankheiten heilen kann« (Ferenczi 1909, S. 27). Um zwischen dem gesunden psychischen Mechanismus der Liebe und der neurotischen Übertragung unterscheiden zu können, schlägt Ferenczi eine begriffliche Abgrenzung vor:

> »Die praktische Bedeutung und exzeptionelle Stellung jener Art von Introjektionen, die die Person des Arztes zum Gegenstand haben [...] erfordert es, daß für diese der von Freud gegebene Terminus ›Übertragung‹

beibehalten werde. Die Bezeichnung ›Introjektion‹ wäre für alle anderen Fälle des gleichen psychischen Mechanismus anwendbar« (ebd., S. 24).

Was wäre dann der Unterschied zwischen dem »gesunden Liebenden« und dem »neurotisch Liebenden«?

> »[N]ur ein quantitativer und praktisch wichtiger. Der Gesunde überträgt seine Affekte und identifiziert sich aufgrund viel besser motivierbarer ›ätiologischer Ansprüche‹ als der Neurotische, vergeudet also nicht so sinnlos seine psychischen Energien wie dieser« (ebd., S. 23).

Die Beziehung Freuds zu Ferenczi gewinnt allmählich einen über das rein Freundschaftliche hinausgehenden Charakter. Laut einer persönlichen Mitteilung von Ernst Falzeder schreiben sich beide insgesamt 1200 Briefe (Falzeder; Brabant 1993). Im Oktober 1909 gebraucht Freud Ferenczi gegenüber die Anrede »Lieber Freund«, im Spätsommer 1910 gehen sie auf eine gemeinsame Reise nach Sizilien. Im November 1911 zärtelt Freud: »Wenn Sie solche Schwierigkeiten machen, muß ich Sie schon als Sohn annehmen […]. Nun leben Sie wohl und beruhigen Sie sich. Mit väterlichem Gruß« (Gay 1989, S. 217).

Den folgenden Brief vom 30. November 1911 beginnt Freud mit »Lieber Sohn«, »bis Sie sich die Titulatur wieder verbieten« (ebd.). Ohne dass Ferenczi sich diese »Titulatur« verbietet, geht Freud in seinem nächsten Brief an ihn, am 5. Dezember 1911, wieder auf die Anrede »Lieber Freund« zurück. Warum?

Ferenczi verliebt sich 1901 in die acht Jahre ältere, mit einem melancholischen, tauben und kontaktarmen Mann verheiratete Gizella Palos, Mutter der beiden Töchter Magda und Elma. Wir verweisen darauf, dass Ferenczis Mutter ebenfalls Gizella heißt. Um 1904 wird Gizella die Geliebte Ferenczis, kann sich jedoch nicht entscheiden, sich von ihrem Ehemann zu trennen. Ferenczi nimmt seine Geliebte in Analyse. Das teilt er Freud am 30. Oktober 1909 mit. Es spricht einiges dafür, dass die Analyse seiner Geliebten eine wichtige Quelle für die Erkenntnisse Ferenczis in Bezug auf seine Arbeit *Introjekt und Übertragung* ist. Dort versucht er, den »gesunden« von dem »neurotisch« Liebenden zu unterscheiden.

> »Die Analyse Gizella Palos bei Ferenczi läßt sich nicht genau begrenzen. Aus verschiedenen Briefen Ferenczis an Freud wird deutlich, daß sie nicht

– wie jene von Elma – eine mehr oder weniger regelrechte Analyse war, sondern eher ein privates Anwenden bzw. Experimentieren mit etwas, das beide interessierte« (Falzeder 1990, persönliche Mitteilung).

»Am 14. Juli 1911 schreibt Ferenczi an Freud, daß er Elma, die Tochter seiner Freundin Gizella, in Analyse genommen habe« (Falzeder/Haynal 1989, S. 114).

Elma leidet nach dem Selbstmord ihres Freundes an Depressionen. Bereits nach wenigen Analysestunden erhebt sich Ferenczi, setzt sich neben die liegende Elma, gesteht ihr, dass er sie liebt, und fragt sie, ob es ihr möglich sei, ihn zu lieben. Sie selbst bezeichnet sich als »böse und verführerisch, vielleicht als Sklavin ihres Unbewußten« (Brief von Elma Palos an Michael Balint, 1966; zit. von Haynal in seinem Vortrag »Zur Geschichte der Psychoanalyse« auf dem *Colloquium der Internationalen Psychoanalytischen Vereinigung* vom 8./9. Okt. 1988 in Paris). Im Oktober eröffnet Ferenczi Freud, dass er sich in Elma, seine 24-jährige Patientin und Tochter seiner Geliebten, verliebt habe. Am 3. Dezember 1911 schreibt er ihm: »Die kühle Überlegenheit des Analytikers konnte ich Elma gegenüber nicht bewahren« (Haynal 1987, S. 50).

Ist es das, was Freud am 5. Dezember in seinem Antwortbrief an Ferenczi veranlasst, nicht mehr von »Lieber Sohn« zu sprechen?

Am 30. Dezember 1911 kündigt Ferenczi Freud an, dass er Elma heiraten werde. »Gizella ist bereit zu verzichten, und Sándor verlobt sich mit Elma« (Ferenczi/Groddeck 1986, S. 23). Ferenczi bedauert, »daß hier nicht von Verheiratung, sondern von Krankenbehandlung gesprochen werden darf« (Haynal 1987, S. 50), und fordert »Freud gebieterisch auf, die Analyse dieser jungen Frau, nun seiner Verlobten, zu übernehmen« (ebd.), worauf dieser mit großen Bedenken von Neujahr bis Ostern 1912 eingeht, um festzustellen, »wie und ob Elmas Liebe zu Ferenczi der Analyse Stand hält« (Haynal 1989, S. 11). Für die Dauer ihrer Analyse bei Freud zieht Elma nach Wien.

Wie schon im Verlauf der Jung-Spielrein-Affäre bricht Freud auch in diesem Fall seine Schweigepflicht, und es geschehen Indiskretionen nach allen Seiten. Schon Mitte Dezember 1911 klärt Freud hinter dem Rücken Ferenczis Gizella darüber auf, dass eine Liaison zwischen ihrer Tochter und ihrem Geliebten besteht – und Gizella erzählt es Ferenczi weiter. Elma teilt sich ihrem Vater mit, der dem Treiben ein Ende bereiten will.

Freud berichtet Ferenczi intimste Details aus der Analyse Elmas, was diese offensichtlich erfährt; denn Freud erhält von Ferenczi Abschriften der Briefe Elmas an Ferenczi, in denen sie ihn bittet, ihr mitzuteilen, »was Sie [Freud; Anm. d. Verf.] mir über sie geschrieben hätten« (Falzeder/Haynal 1989, S. 115).

Die beiden männlichen Akteure dieses peinlichen Schauspiels treffen sich während Elmas Analyse heimlich in Wien, um über sie zu sprechen. Freud bricht gegen den Willen Elmas die Analyse ab, »als sie nach seiner Einschätzung die ›narzißtische Strömung‹ (Brief Freuds vom 15.3.1912) erreicht« (ebd.). Elma geht zurück nach Budapest, und Ferenczi analysiert sie bis in den Sommer 1912 weiter, um »Gewißheit über ihre Gefühle ihm gegenüber zu bekommen« (ebd.). Dabei widersteht er auf »etwas grausame Art« den Zärtlichkeiten Elmas, unschlüssig, wie er mit der Beziehung umgehen soll, und bricht schließlich die Analyse Elmas ab. Elma heiratet einen Amerikaner, die Ehe scheitert nach kurzer Zeit, worunter sie sehr leidet; sie geht zunächst nach Paris, dann nach Berlin zu Georg Groddeck.

Ferenczi verheiratet die Schwester Elmas, die zweite Tochter seiner Geliebten Gizella, mit seinem jüngsten Bruder; denn Gizella »hatte beschlossen, sich nicht scheiden zu lassen, bevor ihre beiden Mädchen verheiratet waren« (Roazen 1976, S. 349). 1919 heiratet Ferenczi Gizella. Am Tag der Heirat stirbt der geschiedene Mann Gizellas, wobei nicht klar ist, ob er Selbstmord begangen hat oder einem Herzanfall erlegen ist. In der Folge klagt Ferenczi »über depressive Verstimmungen und hypochondrische Symptome und hatte große Schwierigkeiten, sein Gleichgewicht wiederzuerlangen« (Falzeder/Haynal 1989, S. 115).

Wie sehr und anhaltend Ferenczi unter den Ereignissen leidet und wie stark Freud darin verstrickt ist, dokumentiert Ferenczis Brief an Groddeck vom Weihnachtstag 1921:

> »Ihr Brief spornte mich zu einer neuerlichen Anstrengung an; er half mir, mich auch vor meiner Frau, wenn auch nur teilweise zu demaskieren. Ich erzählte ihr wieder von Unbefriedigung, von unterdrückter Liebe zu ihrer Tochter, (die meine Braut hätte sein sollen. Sie war es auch, bis eine etwas abfällige Äußerung Freuds mich dazu bewog, diese Liebe krampfhaft zu bekämpfen, das Mädchen förmlich von mir zu stoßen.)« (Ferenczi/Groddeck 1986, S. 37).

Groddeck bringt Verständnis auf für Ferenczi und dessen Dilemma. Das hat vermutlich seine Gründe in den lebensgeschichtlichen Parallelen: 1894 lernt der 28-jährige Groddeck Elsa kennen, eine verheiratete

Frau und Mutter von zwei Kindern. Sie lässt sich scheiden und heiratet 1911 Groddeck. Kurz nach der Geburt der gemeinsamen Tochter Barbara trennt sich das Ehepaar. 1915 analysiert er die junge, verheiratete Schwedin Emmy von Voigt, »heilt« sie, macht sie erst zu seiner Assistentin, dann, nach ihrer Scheidung, zu seiner Frau.

Über Elmas Schicksal gibt uns der Brief Frédéric Kovács', eines wohlhabenden ungarischen Architekten, an seine Frau Vilma, Psychoanalytikerin, vom 8. Januar 1927 Auskunft. Kovács hält sich zu der Zeit als Patient in Groddecks Sanatorium auf.

> »Stellen Sie sich vor, […] was Groddeck gestern bei seinem formellen Besuch erzählt hat: Ferenczi liebte erst Gizella, danach verlobte er sich mit Elma, aber die Verlobung wurde gelöst. Sie heiratete nach Amerika, und Ferenczi heiratete dann Gizella […]. – Nun hat Gizella keinen größeren Wunsch, als daß sich Sándor von ihr trennt und Elma heiratet. – Zugunsten von Elma würde sie auf ihn verzichten, sonst nicht. Sie möchte dann sozusagen als Mutter fungieren. Übrigens steht Gizella im 62. Lebensjahr, Elma ist über vierzig. Elma verließ Paris und ging nach Berlin zu Groddeck, der dort Vorträge hielt, weil es ihr sehr schlecht ging. Wie Frau Groddeck formulierte, ›war sie nahe am Erlöschen. Sie hat, das heißt hatte so schreckliche Konflikte‹. Groddeck konnte sie aber wieder einigermaßen aufrichten. Für Elma stand dann fest, daß sie entweder endgültig nach Berlin zieht, oder sich zumindest eine eigene Wohnung in Budapest mietet, denn sie wollte nicht mehr in der gemeinsamen Wohnung bleiben. Sie ist wirklich ein bedauernswertes, armes, wunderschönes Wesen. Man müßte sich, soweit sie es erlaubt, mehr mit ihr befassen, denn sie muß sehr unglücklich sein« (Ferenczi/Groddeck 1986, S. 94).

Am selben Tag, an dem Freud von Ferenczi die Mitteilung erhält, dass er seine Patientin heiraten wolle (31.12.1911), wirft er Jung, der gerade die Patientin C. behandelt, vor, dabei

> »noch nicht die nötige Kühle in der Praxis erworben [zu] haben, sich noch ein[zu]setzen und von der eigenen Person vieles her[zu]geben, um dafür Entgegnung zu verlangen. Darf ich, würdiger alter Meister, mahnen, daß man sich bei dieser Technik regelmäßig verrechnet« (Freud/Jung 1984, S. 212).
>
> »Frau C. bildete dann den unmittelbaren Anlaß für das Zerwürfnis zwischen Freud und Jung, das zwar sicher tiefer begründet ist, aber sich an Frau C. und der mit ihr zusammenhängenden Diskussion über Übertragung entzündete […]. Freud wirft Jung vor, es handele sich bei ihm um einen Fall unkontrollierter Gegenübertragung« (Peters 1977, S. 35f.).

Bei Frau C. handelt es sich um Elfriede Hirschfeld (alle Angaben beziehen sich auf Falzeder 1995), die bei Pierre Janet, Carl Gustav Jung, Oskar Pfister, Ludwig Binswanger und mit Unterbrechungen von Oktober 1908 bis 1914 bei Freud in Analyse ist und von ihm u.a. als meine »Großpatientin«, meine »Hauptplage«, als Freundin bezeichnet wird, die er beim Vornamen nennt. Falzeder beschreibt sie hinsichtlich ihrer Bedeutung für Freuds technische Schriften zwischen 1912 und 1915 als »eine seiner wichtigsten, wenn nicht die wichtigste Patientin« (ebd., S. 87), und stellt sie in eine Reihe mit »Anna O.«, »Dora«, den »Rattenmann«, den »Wolfsmann« und »R.N.« – Elisabeth Severn (Ferenczi).

Wie muss Freud das erschrecken, verunsichern, und beunruhigen. Die Männer, die ihm am nächsten stehen – Jung, sein favorisierter Erbe, Ferenczi, sein »Sohn« – können der Versuchung durch ihr Begehren nicht widerstehen. Sie antworten mit Liebeshandlungen auf die Liebesgefühle ihrer Patientinnen – und erliegen ihrer Gegenübertragungsliebe.

Im Juni 1909 verspricht Freud unter dem Eindruck der Jung-Spielrein-Affäre Jones ein »kleines Merkbuch« mit Anleitungen und Regeln für die Technik, das nur an die ihm »nächststehenden Analytiker« (Jones 1982, Bd.II, S. 275) verteilt werden darf, aber nie erscheint. Auch der Aufsatz über die Gegenübertragung, der notwendig hätte geschrieben werden müssen, bleibt aus. »Eine öffentliche Diskussion der ›Gegenliebe‹ hätte der Psychoanalyse, ebenso wie ein halbes Jahrhundert vorher der Hypnose, den Garaus gemacht« (Hamburger 1983, S. 159). Falzeder stellt dazu fest:

> »Vor allem Freuds Warnungen vor den Gefahren von Gegenübertragungsliebe scheinen von seinen Gefühlen Frau Hirschfeld gegenüber beeinflußt zu sein. Anhand ihres Falles kann man sehen, daß er mit diesem Phänomen nicht nur als Anfänger (wie er an mehreren Stellen andeutete) und durch Erfahrungen seiner engsten Freunde und Schüler konfrontiert war, sondern noch relativ spät in seiner eigenen Praxis« (Falzeder 1995, S. 91).

Aus dem Briefwechsel von Freud/Ferenczi wissen wir, dass auch die Behandlung von Loë Kann von großer Bedeutung hinsichtlich seiner Überlegungen zur Gegenübertragungsliebe ist. Im Juli 1913 schreibt Freud an Ferenczi: »Ich habe diese Loë [Kann] außerordentlich lieb gewonnen und bei ihr ein sehr warmes Gefühl mit voller Sexualhemmung wie selten vorher (dank dem Alter wahrscheinlich) zustande gebracht« (Freud/Ferenczi Briefwechsel 1/2, S. 235f.).

Freuds Angst vor seinen ärztlichen Kollegen, die der Psychoanalyse gegenüber feindlich gesinnt sind, ist berechtigt, ebenso die Furcht vor der Entrüstung einer Gesellschaft, die in ihrer viktorianischen Doppelmoral seine Lehre als Aufruf zu sexuellen Ausschweifungen und moralischer Verfehlung verachtet und ablehnt. Er schreckt vor einem öffentlichen Skandal zurück, der über den »hereingefallenen Arzt« (Freud) die Psychoanalyse als neue Wissenschaft vom Menschen vor Gericht zu Fall bringen könnte.

Der Analytiker und die dunklen Probleme der erotischen Quellen

Alfred Adler und Wilhelm Stekel, zuerst zwei Schüler, später erklärte Gegner Freuds, widmen sich auf eine Art und Weise dem Problem der Übertragung, die Freud nicht akzeptieren kann. Stekel warnt in seinem Aufsatz »Die verschiedenen Formen der Übertragung« (1912) den angehenden Analytiker: »Während der Behandlung ist eben das Liebesbedürfnis des Kranken enorm gesteigert. Die alten Affekte steigen an die Oberfläche des Bewußtseins und spähen gierig nach Objekten aus« (Stekel 1912, S. 30).

Das Objekt der Begierde ist der Analytiker, der die Übertragung nicht mit Verliebtheit in ihn verwechseln darf. Um zu verhindern, dass die möglicherweise um ihre »Tugend« besorgte Patientin vor ihrer eigenen Verliebtheit flieht und die Analyse abbricht, muss der Arzt ihr bei den ersten Anzeichen von Verliebtheit entgegentreten und ihr deutlich machen, dass ihre Gefühle nicht »echt« sind, sondern Resultat einer »falschen Verknüpfung«. Sie soll erkennen,

> »daß sie ihm das zu Liebe tue. Daß sie im Begriffe sei, sich in ihn zu verlieben. Daß diese Liebe eine gesetzmäßige Erscheinung in der Psychoanalyse darstelle und eigentlich eine Scheinliebe wäre. Der Arzt habe die Rolle einer geliebten Person auf dem Wege der Identifikation übernommen [...]. Wir lieben ja alle und eigentlich nur einmal und jede folgende Liebe sei eine Ersatzliebe [...]. Durch diese Aufklärung wird die Kranke beruhigt [...]. Sie fühlt, daß alles nur ein Spiel ist und braucht für ihre Tugend nicht zu bangen, da ja der Arzt ihr stilles Liebeswerben konstant (mehr oder weniger energisch!) zurückweist [...]. Sie muß nur zweierlei wissen: Daß der Arzt sie nicht verachtet und daß er sie nicht liebt [...]. Er muß die Übertragung auflösen. Meist wird ihm ein Traum das nötige Material bringen. Oft

> verschweigen die Kranken diese Träume, weil sie sich derselben schämen, wenn sie unverhüllt erotische Beziehungen zwischen Arzt und Patienten behandeln« (ebd., S. 28f.).

Diese Worte drücken deutlich die Angst des Analytikers vor den Liebesgefühlen, vor der Sehnsucht und vor dem Begehren der Patientin aus. Der junge Analytiker ist angehalten, mit detektivischer Aufmerksamkeit die Reaktionen der Patientin zu verfolgen und ihre Gefühle ihm gegenüber beim ersten Anzeichen als nicht »echt«, als Resultat einer »falschen Verknüpfung« zu deuten. Sie soll nicht fürchten müssen, dass der Analytiker mit Gegenliebe antwortet und damit ihre »Tugend« gefährdet.

Stekel ist bei Freud ab 1901 wegen Potenzschwierigkeiten in Analyse und eröffnet 1903 seine Praxis. Freud, der Stekel zunächst schätzt, verachtet ihn später zutiefst. Er bezeichnet seinen ehemaligen Analysanden als »unverschämte[n] Lügner« und »mauvais sujet«, als ein »Schwein« (Gay 1989, S. 245). Wilhelm Reich behauptet von ihm: »Er schlief mit Patienten« (Peters 1977, S. 52).

Angesichts der Geschehnisse um Jung und Ferenczi und den Publikationen von Adler und Stekel muss Freud erkennen, dass seine Schüler nur ungenügend Kenntnis von der psychoanalytischen Technik haben und nur wenig dem von ihm geforderten Umgang mit Übertragung und Gegenübertragung Rechnung tragen. Er sieht sich daher im Januar 1912 – zu dieser Zeit analysiert er Elma Palos – veranlasst, den Artikel »Zur Dynamik der Übertragung« zu veröffentlichen (Freud 1912a, GW VIII, S. 363f.). Dieser »soll dem Analytiker zu einem klareren Verständnis für die dunklen Probleme verhelfen, die sich bei diesem regelmäßig auftretenden Problem stellen« (Jones 1982, Bd. II, S. 278). Freud bezieht sich in der Einleitung direkt auf Stekel. Er beschreibt ausführlich den Übertragungsvorgang und fasst schließlich seine bisherigen Erkenntnisse darüber zusammen. Dann kritisiert er die von Adler beschriebene »neurotische Übertreibung« der Liebesübertragung und Unechtheit der Gefühle der Patientinnen und wendet sich gegen die Behauptung Stekels, die Kranken hätten ein »enorm gesteigerte[s]« Liebesbedürfnis und »späh[t]en gierig nach Objekten aus«. Gleichzeitig verteidigt er sich vor der Fachöffentlichkeit, die ihm überwiegend feindselig gegenübersteht:

> »Es ist nicht richtig, dass die Übertragung während der Psychoanalyse intensiver und ungezügelter auftritt als außerhalb derselben. Man beob-

> achtet in Anstalten, in denen Nervöse nicht analytisch behandelt werden, die höchsten Intensitäten und die unwürdigsten Formen einer bis zur Hörigkeit gehenden Übertragung, auch die unzweideutigste erotische Färbung derselben« (Freud 1912a, GW VIII, S. 367).

Freud untersucht die Frage, weshalb die Übertragung unentbehrlich für die Analyse und gleichzeitig die »stärkste Waffe des Widerstandes« (ebd., S. 370) ist: weil »sie negative Übertragung oder positive von verdrängten erotischen Regungen ist« (ebd., S. 371). Dabei versteht er unter »negativer Übertragung« die Feindseligkeit und Abwehr der Patienten dem Analytiker gegenüber und unter »positiver Übertragung« die zärtlichen Gefühle, die er bemerkenswerterweise differenziert in freundliche, zärtliche, die bewusstseinsfähig sind, und in anstößige, unbewusste, die »regelmäßig auf erotische Quellen« zurückgehen (ebd.). In diesem Zusammenhang greift er auf Ferenczis Arbeit *Introjektion und Übertragung* (1909) zurück und postuliert die Übertragung als ein allgemein-menschliches, ursächlich auf sexuelle Befriedigung zielendes, ständiges Geschehen:

> »Alle unsere im Leben verwertbaren Gefühlsbeziehungen von Sympathie, Freundschaft, Zutrauen und dergleichen seien genetisch mit der Sexualität verknüpft und haben sich durch Abschwächung des Sexualzieles aus rein sexuellen Begehrungen entwickelt, so rein und unsinnlich sie sich auch unserer bewußten Selbstwahrnehmung darstellen mögen. Ursprünglich haben wir nur Sexualobjekte gekannt« (ebd.).[1]

Der Arzt braucht nur noch die »anstößige« positive Übertragung, die ja regelmäßig auf unbewusste erotische Quellen zurückzuführen ist, dem Patienten bewusst zu machen und zu deuten, und die neurotische Übertragung ist aufgehoben. So einfach ist dies jedoch nicht, denn der Kranke

> »will seine Leidenschaften agieren, ohne auf die reale Situation Rücksicht zu nehmen […]. Es ist unleugbar, daß die Bezwingung der Übertragungsphänomene dem Psychoanalytiker die größten Schwierigkeiten bereitet, aber man darf nicht vergessen, daß gerade sie uns den unschätzbaren Dienst

1 Interessanterweise zitiert Jones in seiner Freud-Biografie – bewusst oder unbewusst – Freuds Aussage falsch und macht aus Sexualobjekten Sexualziele: »Urspünglich haben wir nur Sexualziele gekannt« (Jones 1982, Bd. II, S. 278).

> erweisen, die verborgenen und vergessenen Liebesregungen der Kranken aktuell und manifest zu machen, denn schließlich kann niemand in absentia oder effigie erschlagen werden« (ebd., S. 374).

Der Analytiker weiß nun, was er zu tun hat: Er muss die Liebesregungen seiner Patientin »deuten«, um sie ihr bewusst zu machen. Was bleibt und bleiben darf, ist die »unanstößige Komponente«, die normale, allgemein-menschliche positive Übertragung. Freud trifft die Unterscheidung zwischen »falscher Verknüpfung« (Freud 1895) und »unanstößiger Übertragung« (Freud 1912a), zwischen neurotischer und nicht-neurotischer Übertragung

> »aus Gründen der therapeutischen Zweckmäßigkeit [...] in defensiver Absicht [...]. Der Nutzen dieser Unterscheidung lag zunächst darin, daß er die intensive Arbeit und persönliche Beteiligung des Analytikers in der von infantilen, neurotischen Wünschen und Phantasien geprägten Übertragungsbeziehung erlaubt, weil sie daneben die Sicherheit einer relativ unneurotischen Beziehung bietet [...]. Die unanstößige Beziehung ist eine Bedingung dafür, daß die Neurose im Feuer der Übertragung ›schmelzen‹ kann, weil sie sicherstellt, daß dieser Brand auf ein Nutzfeuer begrenzt bleibt« (Körner 1989a, S. 210).

Weder Ferenczi in *Introjektion und Übertragung* (1909) noch Freud in *Zur Dynamik der Übertragung* (1912a) versuchen eine metapsychologische Aufarbeitung dieser Unterscheidung, weil es sich hierbei nicht um qualitativ unterschiedliche Beziehungsformen handelt. Wir erinnern an dieser Stelle an Ferenczi (1909), der klar feststellt, dass es keinen qualitativen, sondern lediglich einen für die Therapie-Technik zweckmäßigen Unterschied zum Schutze des Analytikers vor der Liebe der Patienten gibt. Es wird später noch zu sehen sein, wie Analytiker in der Folgezeit zum Schutz vor den Gefühlsregungen ihrer Patientinnen, die »regelmäßig auf erotische Quellen zurückgehen«, das von Freud beschriebene spannungsreiche »Nebeneinander zweier Aspekte der Übertragung« (Körner 1989a, S. 211) verformen.

Die grundlegende Frage nach dem seelischen Zustand des Analytikers während seiner Arbeit

Bei Freud »wurde der Wunsch immer stärker, denen, die seine Methode anwendeten, ausführlichere Anleitungen zu geben« (Jones 1982, Bd. II, S. 278). Kurz bevor Ferenczi die Analyse von Elma Palos aufgibt, regt er Freud am 6. Juni 1912 dazu an, über »die grundlegende Frage des seelischen Zustandes des Analytikers während seiner Arbeit« (ebd., S. 279) zu schreiben. Freuds *Ratschläge für den Arzt bei der psychoanalytischen Behandlung* (1912b) gehen auf diese Anregung zurück und sind zu werten als weitere Mahnung an seine Schüler, auf die Liebesgefühle ihrer Patientinnen nicht mit den entsprechenden Gefühlen und schon gar nicht mit Liebeshandlungen zu reagieren:

> »Ich kann den Kollegen nicht dringend genug empfehlen, sich während der psychoanalytischen Behandlung den Chirurgen zum Vorbild zu nehmen, der alle seine Affekte, selbst sein menschliches Mitleid beiseite drängt und seinen geistigen Kräften ein einziges Ziel setzt: die Operation so kunstgerecht als möglich zu vollziehen« (Freud 1912b, GW VIII, S. 380f.).

Wir stimmen mit Martin Ehlert überein, dass Freuds Chirurgenmetapher dann einleuchtet, »wenn wir die Schwierigkeiten des Analytikers vor allem darin erkennen, sich für die Liebe seiner Patienten unempfindlich zu machen« (Ehlert 1988, S. 5). Seine anschließende Spiegelmetapher ist als unbedingte Aufforderung an den Analytiker zu verstehen, die Gefühle der Patienten nicht in sich aufzunehmen, sondern lediglich zu reflektieren: »Der Arzt soll undurchsichtig für den Analysierten sein und wie eine Spiegelplatte nichts anderes zeigen, als was ihm gezeigt wurde« (Freud 1912, S. 384).

Freud postuliert die »gleichschwebende Aufmerksamkeit« (ebd., S. 377) als Pendant zur freien Assoziation des Patienten und warnt davor, in eine wechselseitige Analyse zwischen Arzt und Patienten einzutreten.

> »Man sollte meinen, es sei durchaus zulässig, ja zweckmäßig für die Überwindung der beim Kranken bestehenden Widerstände, wenn der Arzt ihm Einblick in die eigenen seelischen Defekte und Konflikte gestattet […]. Wer Intimität vom Anderen fordert, muß ihm doch auch solche bezeugen […]. Die Erfahrung spricht nicht für die Vorzüglichkeit einer solchen affektiven Technik« (ebd., S. 383f.).

Freud revidiert – an dieser Stelle erstmals – seine bisher ablehnende Einstellung zur Gegenübertragung und begreift sie fortan als wichtiges Erkenntnisinstrument des Analytikers:

> »Wenn der Arzt aber im Stande sein soll, sich seines Unbewußten in solcher Weise als Instrument bei der Analyse zu bedienen, so muß er selbst eine psychologische Bedingung in weitem Ausmaß erfüllen. Er darf in sich keine Widerstände dulden« (ebd., S. 382).

In seiner Schrift *Zur Einleitung der Behandlung* (1913) distanziert sich Freud von seiner Technik der frühen Übertragungsdeutung und empfiehlt, eine stabile Übertragung, den »ordentlichen Rapport«, abzuwarten: »Solange nun die Mitteilungen und Einfälle des Patienten ohne Stockung erfolgen, lasse man das Thema der Übertragung unberührt. Man warte mit dieser heikelsten aller Prozeduren, bis die Übertragung zum Widerstande geworden ist« (ebd., S. 473).

Warum dies die heikelste aller Prozeduren ist, deutet Freud Ludwig Binswanger im Brief vom 20. Februar 1913 an:

> »Das Problem der Gegenübertragung gehört zu den technisch Schwierigsten der Psychoanalyse […] Man muß […] seine Gegenübertragung jedes Mal erkennen, u. überwinden, dann erst ist man selbst frei. Jemandem zu wenig geben, weil man ihn zu sehr liebt, ist ein Unrecht an dem Kranken und ein technischer Fehler. Leicht ist das alles nicht und vielleicht muß man dazu auch älter sein« (Binswanger 1956, S. 65).

Lässt das den Schluss zu, dass Freud befürchtet, seine Schüler seien zu jung, als dass sie die Gegenübertragung bei sich selbst rechtzeitig erkennen könnten, und sie der Kranken deshalb zuviel gäben, weil sie sie zu sehr lieben?

Wenn Freud in der *Dynamik der Übertragung* (1912) Stekels Versuch über die Übertragung angreift, so wirft Stekel seinerseits 1914 in seiner Rezension über Marcinowskis *Illusionswelt der Affektübertragungen* Freud vor, dass er von ihm nichts über die Übertragung gelernt habe: »Gefreut hätte es mich, wenn ich auch gelernt hätte, warum die Übertragung zustande kommt und warum sie zustande kommen muß […]. Ich gestehe, daß wir darüber noch gar nichts wissen« (Stekel 1914, S. 615).

Er weiß allerdings, dass der Analytiker »die Illusion des sich in den Arzt Verliebens […], diese Übertragungen vollkommen beherrschen« (ebd.) muss, »sich von dem Gaukelspiel der Übertragungen nicht verwirren« lassen darf; denn

> »es gibt Frauen, die jeden Widerstand aufheben, wenn man sie nackt sieht […]. Vielleicht ist das Preisgeben des Inneren eine psychische Exhibition, die einer völligen Hingabe gleich kommt […]. Erst die Liebe macht es ihnen möglich, sich in dieser Entblößung zu zeigen und die Entblößung zwingt sie, uns zu lieben. Und hinter ihrer Liebe lauert die Erwartung einer Gegenliebe […]. Deshalb hören sie die Ausführungen des Arztes über die Übertragung ungläubig an […], sagt ihnen eine innere Stimme: Bei dir ist es nicht so, das ist die echte Liebe« (ebd., S. 615f.).

Stekel spricht von der »Unechtheit« der Liebesgefühle seiner Patientinnen und von dem Lauern der Erwartung auf Gegenliebe. Das ist nur scheinbar ein Widerspruch; denn selbstverständlich bezieht sich das Begehren seiner Patientin auf den Anderen, auf ihn, den Analytiker. Er muss die Verliebtheit in ihn deswegen »vollkommen beherrschen«, weil er natürlich weiß, dass dieses Begehren der Anderen auf sein Begehren trifft. Er hat Recht, wenn er von einer nur durch Liebe ermöglichten Entblößung spricht, die einer Hingabe gleicht; denn er weiß, wenn die Mauer der Scham gebrochen ist, gibt sich die Patientin dem Anderen, dem Analytiker, zu erkennen. Sie gibt sich hin, mit all ihren geheimen Begehrnissen. Das ist die Stelle, an der die Gefahr droht, die Stekel 1934 so beschreibt:

> »Der Arzt unterliegt ebenso der Macht der ›Übertragung‹ wie der Patient. Er merkt es in den meisten Fällen nicht. Wenn er sich dabei einbildet, der ›Objektiv-Indifferente‹ zu sein, der Stärkere, weil von den Affekten Unberührte, so kann dies natürlich eine große Gefahr beinhalten […]. Es gibt keine Übertragung ohne Gegenübertragung!« (Stekel 1934, S. 68)

An dieser Stelle wird erstmals das Begehren des Analytikers, also die Gegenübertragung, als konstitutiv für das Begehren der Patientin, für die Übertragung begriffen. Stekel beschreibt, wie man sich Gegenübertragung in dieser Zeit konkret vorzustellen hat: »Tatsächlich finden wir hin und wieder, daß Analytiker und andere Psychotherapeuten sich in ihre Patientinnen verlieben und sie heiraten. Betrachten wir diese Fälle objektiv, so werden wir sagen: ›eine Gegenübertragung hat sich eingestellt« (1937, zit. n. Ehlert 1988, S. 8).

Am 29. Juli 1914 weist Freud Karl Abraham spöttisch auf Carl Gustav Jungs Versuche hin, mit der »heikelsten Prozedur«, nämlich der Analyse der Übertragungsliebe seiner Patientinnen, und dem »technisch schwierigsten Problem der Psychoanalyse«, nämlich der Gegenübertragungsliebe des Analytikers, zurechtzukommen:

> »Letzte Woche hatte ich eine lange Unterhaltung mit Mrs. E., die gerade einen Monat lang von Jung analysiert worden war. Vielleicht interessiert Sie die neueste Art, mit Übertragung umzugehen. Die Patientin überwindet sie, indem sie lernt, daß sie nicht wirklich in den Analytiker verliebt ist, sondern erstmalig um eine Idee im Sinne Platos ringt. Wenn sie das getan hat, mag bestehen bleiben, was wie eine Übertragung aussieht« (Peters 1977, S. 53).

70-jährig schreibt Jung *Die Psychologie der Übertragung* (1945) und spricht mit der Erfahrung des alten Mannes: »Ich persönlich bin jedes Mal froh, wenn die Übertragung milde verläuft und praktisch sich nicht bemerkbar macht. Man ist dann viel weniger persönlich in Anspruch genommen« (Jung 1946, GW XVI, S. 183).

Denn sonst »entsteht eine beidseitige, unmittelbare Konfrontation mit der das Dämonische bergenden Dunkelheit […]. Die größte Schwierigkeit dabei ist, daß nicht selten beim Arzt die Inhalte aktiviert werden, die normalerweise eigentlich latent bleiben könnten« (ebd., S. 187f.).

Von der Übertragung zur Übertragungsliebe

In seinem Brief an Karl Abraham vom 29. Juli 1914 erwähnt Freud, dass er seine *Bemerkungen über die Übertragungsliebe* beendet hat. Er hält diesen Aufsatz »für den besten und brauchbarsten« (Freud/Abraham 1965, S. 204) seiner Schriften zur psychoanalytischen Technik. Und dennoch reiben wir uns nach der Lektüre dieses »besten und brauchbarsten« Aufsatzes gemeinsam mit Jean Laplanche (1996, S. 179) die Augen; denn es ist

> »bemerkenswert, daß sich Freud in jenem Aufsatz überhaupt nicht auf den Haupttext bezieht, in dem er gerade das Problem der Liebe, die Leidenschaft der Liebe, die Verliebtheit einführt, d.h. auf den Text über den Narzißmus [...], [und] daß der Text über die Übertragungsliebe von 1915 ist und daß dort trotzdem kein Wort auf die Ausführungen über die Liebe in ›Zur Einführung des Narzißmus‹ verweist, der von 1914 ist.«

Jones schwärmt davon, wie Freud aufgrund »der Unbestechlichkeit seines Charakters« und mit der ihm eigenen »Klarheit des Geistes [...] diesen heiklen Gegenstand«, nämlich die verblendete und zwanghafte Liebe der Patientinnen, »auf meisterhafte Weise behandelt«, ohne »in konventionelle Moral zu verfallen« (Jones 1982, Bd. II, S. 283). Dieser unkritischen Schwärmerei hält Peter Gay entgegen: »Aber wirklich peinliche Episoden waren beunruhigend genug, um Freud zu veranlassen, der Angelegenheit eine eigene Abhandlung zu widmen« (Gay 1989, S. 341). Cremerius präzisiert:

> »Nachdem Freud seine Enttäuschung von Jung und seinen Ärger über die gescheiterten Pläne mit dem erhofften Kronprinzen und zukünftigen

> Erben der ›psychoanalytischen Bewegung‹ überwunden hatte, schrieb er das Lehrstück ›Bemerkungen über die Übertragungsliebe‹ [...] eine späte Lektion an Jung.
>
> Hatte Freud in der akuten Situation 1909 alles getan, um das Ausmaß von Jungs ›Schufterei‹ zu verleugnen, rechnet er nun mit ihm ab. Ohne Jungs Namen zu nennen, folgt der Text den Irr- und Holzwegen, von denen Jung ihm berichtet hatte [...]. Stück für Stück weist Freud nach, daß es wirklich Irr- und Holzwege sind« (Cremerius 1987, S. 139).

Jungs Affairen mit seinen Patientinnen sind keineswegs die skandalöse Ausnahme, auf die sich die *Bemerkungen über die Übertragungsliebe* beziehen. Sie gelten für Ferenczi, Freuds zweiten »Sohn«, mit seiner Beziehung zu seiner Patientin Elma Palos, 1911/12, ebenso wie für Breuer, der vor Bertha Pappenheims Liebe die Flucht ergreift, wie für Stekel, der zu den aktivsten Mitgliedern der *Mittwoch-Gesellschaft* gehört, um nur die prominentesten aus dieser Zeit zu nennen. Viele andere werden folgen.

Freud selbst schreibt an Jung von seinem »narrow escape«. Wir erinnern an seine Schwierigkeiten bei der Behandlung seiner »Primadonna« Anna von Lieben, an Ilona Weiß, die er heimlich beim Tanz beobachtet, an Anna von Vest, der er bei erfolgreicher Therapie gesellschaftlichen Umgang in Aussicht stellt, schließlich an Ida Bauer, die vor seiner Deutungswut flieht.

Für Freud ist die Veröffentlichung seiner Arbeit über die Liebe der Patientin zu ihrem Analytiker eine Notwendigkeit, die er mit folgenden Argumenten begründet:

1. Die »einzigen wirklich ernsthaften Schwierigkeiten« (Freud 1915a, GW X, S. 306) im psychoanalytischen Prozess ergeben sich bei der Handhabung der Übertragung, besonders für den Anfänger.
2. Diese Schwierigkeit mit der Liebe der Patientin tritt sehr häufig auf und ist
3. »unvermeidlich« (ebd.) und
4. »so schwer lösbar« (ebd., S. 307), dass sie
5. erhebliche »reale Bedeutsamkeit« (ebd., S. 306) hat.
6. Die Schwierigkeit mit der Liebe ist von theoretischem Interesse, weil
7. die Diskussion um dieses Phänomen ein »vitales Bedürfnis der analytischen Technik« (ebd., S. 307) erfüllt.

Worauf weist uns Freud in seinen Bemerkungen hin?

Er geht auf Breuer ein, ohne seinen Namen zu nennen, und wirft ihm vor, weder die Übertragungsliebe von Bertha Pappenheim noch seine eigene Gegenübertragungsliebe erkannt und durch seine Flucht »die Entwicklung der psychoanalytischen Therapie um ihr erstes Jahrzehnt verzögert« (ebd., S. 307) zu haben.

Danach beschreibt er verschiedene Möglichkeiten, die Schwierigkeiten, die sich aus der Übertragungs- und Gegenübertragungsliebe ergeben können, zu handhaben:

a) Der Arzt und die Patientin heiraten.
b) Der Arzt antwortet auf die Liebe seiner Patientin mit Liebeshandlungen; beide gehen eine Liebesbeziehung ein und setzen die analytische Arbeit fort – dies verbieten allerdings die »bürgerliche Moral« sowie die »ärztliche Würde« (ebd.).
c) Durch das »Elementarereignis« Liebe (der Patientin) gestört, geben der Arzt und die Patientin die analytische Arbeit auf und trennen sich. Mit »Sicherheit« werde sich die Patientin dann an einen anderen oder mehrere andere wenden und sich abermals verlieben.

Gerade dieser Wiederholungscharakter – »eine der Grundlagen der psychoanalytischen Theorie« (ebd., S. 308) – sei »eine gute Warnung an den Arzt vor einer etwa bei ihm bereitliegenden Gegenübertragung« (ebd.), seiner Gegenliebe. Denn die »analytische Situation« rufe die Liebe der Patientin hervor, nicht die persönlichen Vorzüge des Arztes, der daher auch keinen Grund habe, auf solch eine Eroberung stolz zu sein. Die Patientin von vornherein »auf das Erscheinen der Liebesübertragung« (ebd., S. 309) vorzubereiten oder die Patientin dazu aufzufordern, vermindere die Gefahr nicht, sondern erschwere die Analyse.

Was hat die Patientin zu erwarten, wenn sie sich einer analytischen Behandlung unterzieht? Sie muss sich »die Verliebtheit in den Arzt als unausweichliches Schicksal gefallen lassen« (ebd., S. 308).

Allerdings lässt sich die Patientin ihre Liebe nicht nur gefallen. Sie finde solchen Gefallen daran, dass sie ihre Symptome aufgäbe, das Interesse an der Behandlung verlöre und die Erwiderung ihrer Liebe vom Arzt fordere. Sie sei »einsichtslos« (ebd., S. 310), wolle »den analysierenden Arzt in eine peinliche Verlegenheit« (ebd.) bringen, seine »Autorität [...] durch seine Herabsetzung zum Geliebten« (ebd., S. 311) brechen. Dennoch würde sie einen willfährigen Arzt zurückweisen, sich ihm entziehen.

Die Frage, warum das Geschehen sich so dramatisch wandele, sei eine Frage des Zeitpunktes, sagt Freud. Die Verliebtheit sei längst da, erscheine jedoch erst dann, wenn der Arzt der Patientin zumutet, »ein besonders peinliches und schwer verdrängtes Stück ihrer Lebensgeschichte zuzugestehen oder zu erinnern« (ebd., S. 310). Der Widerstand der Patientin gegen diesen Vorgang steigere ihre Verliebtheit und ihre »Bereitwilligkeit zur sexuellen Hingabe« (ebd., S. 311) an den Arzt. Die analytische Kur müsse dann »trotz dieser Liebesübertragung und durch dieselbe hindurch« (ebd.) fortgesetzt werden.

Im Folgenden geht Freud auf den von Jung in seiner Liebesbeziehung zu Sabina Spielrein als Schutzbehauptung angeführten »Mittelweg« ein, der darin bestehe, dass

> »der Analytiker behauptet, die zärtlichen Gefühle der Patientin zu erwidern, bis man das Verhältnis in ruhigere Bahnen lenken und auf eine höhere Stufe heben kann. Ich habe gegen diese Auskunftsmittel einzuwenden, daß die psychoanalytische Behandlung auf Wahrhaftigkeit aufgebaut ist« (ebd., S. 312).

Zudem »ist der Versuch, sich in zärtliche Gefühle gegen die Patientin gleiten zu lassen, nicht ganz ungefährlich. Man beherrscht sich nicht so gut, dass man nicht plötzlich einmal weitergekommen wäre, als man beabsichtigt hatte« (ebd., S. 313).

Der Analytiker soll seine »Indifferenz«, die er »sich durch die Niederhaltung der Gegenübertragung erworben hat, nicht verleugnen« (ebd.). Freud fordert: »Die Kur muß in der Abstinenz durchgeführt werden« (ebd.); denn

> »es wäre ein großer Triumph für die Patientin, wenn ihre Liebeswerbung Erwiderung fände und eine volle Niederlage für die Kur […]. Das Liebesverhältnis macht […] der Beeinflußbarkeit durch die analytische Behandlung ein Ende; eine Vereinigung von beiden ist ein Unding« (ebd., S. 314).

Abstinenz meint »dabei nicht allein die körperliche Entbehrung, auch nicht die Entbehrung von allem, was man begehrt, denn diese würde vielleicht kein Kranker vertragen« (ebd., S. 315). Bedürfnis und Sehnsucht müssen bestehen bleiben; der Arzt hüte sich, die Liebesübertragung der Patientin »durch Surrogate zu beschwichtigen« (ebd.),

> »abzulenken, sie zu verscheuchen oder der Patientin zu verleiden […]. Man hält die Liebesübertragung fest, behandelt sie aber als etwas Un-

> reales, als eine Situation, die in der Kur durchgemacht, auf ihre unbewußten Ursprünge zurückgeleitet werden soll und dazu verhelfen muß, das Verborgenste des Liebeslebens der Kranken dem Bewußtsein und damit der Beherrschung zuzuführen« (ebd., S. 314f.).

Allerdings wendet Freud an dieser Stelle ein: »Man hat kein Anrecht, der in der analytischen Behandlung zutage tretenden Verliebtheit den Charakter einer ›echten‹ Liebe abzustreiten« (ebd., S. 317); denn es ist ja »der wesentliche Charakter jeder Verliebtheit«, dass sie »aus Neuauflagen alter Züge besteht und infantile Reaktionen wiederholt«, unbekümmert um ihre Konsequenzen und verblendet »in der Schätzung der geliebten Person« ist (ebd.). Der Unterschied zur »normalen Verliebtheit« bestehe lediglich darin, dass die Übertragungsliebe durch den Widerstand gegen die Überwindung der Übertragungsneurose in die Höhe getrieben werde und der Analytiker es sei, der die Liebe der Patientin durch die Einleitung der Behandlung »hervorlockt« (ebd., S. 317f.). Ein Geschehen, das unvermeidbar sei, das der Analytiker nicht ausnutzen dürfe und für das er die volle Verantwortung zu tragen habe. Besonders der jüngere ungebundene Analytiker möge das als hart empfinden, sei doch die »geschlechtliche Liebe eine der Hauptinhalte des Lebens und die Vereinigung seelischer und körperlicher Befriedigung im Liebesgenusse geradezu einer der Höhepunkte derselben« (ebd., S. 319). Zudem sei es für den Mann peinlich, »den Abweisenden und Versagenden zu spielen, wenn das Weib um Liebe wirbt. Denn gerade von einer edlen Frau, die sich zu ihrer Leidenschaft bekennt, geht trotz Neurose und Widerstand ein unvergleichbarer Zauber aus« (ebd.).

Dann weist Freud auf den genaueren Standort der Gefahr für den Analytiker hin:

> »Nicht das grobsinnige Verlangen der Patientin stellt die Versuchung dar […]. Die feineren und zielgehemmten Wunschregungen des Weibes sind es vielleicht, die die Gefahr mit sich bringen, Technik und ärztliche Aufgabe über ein schönes Erlebnis zu vergessen« (ebd., S. 319).

Was ist das Ziel dieses gefährlichen, diffizilen Geschehens zwischen dem Mann und der liebesfordernden Frau? Die Patientin »hat von ihm die Überwindung des Lustprinzips zu lernen, den Verzicht auf eine naheliegende, aber sozial nicht eingeordnete Befriedigung zugunsten einer entfernteren, vielleicht überhaupt unsicheren, aber psychologisch wie sozial untadeligen« (ebd.).

Zum Abschluss resümiert Freud die drei Fronten, an denen der Analytiker, der sich nicht scheut, die gefährlichsten seelischen Regungen zu haben, einen dreifachen Kampf zu führen habe. In seinem Inneren, in dem seine sexuellen Regungen, seine Gegenliebe, ihn »vom analytischen Niveau herabziehen möchten«, an der Front der viktorianischen Gesellschaftsprüderie und gegen die Patientinnen, die den Analytiker mit ihrer »ungebändigten Leidenschaft gefangennehmen wollen« (ebd., S. 320).

In einer Nebenbemerkung erwähnt Freud eine »Klasse von Frauen«, »Frauen von elementarer Leidenschaftlichkeit«, »gewalttätige Verliebte«, bei denen es nicht gelinge, »die Liebesübertragung für die analytische Arbeit zu erhalten, ohne sie zu befriedigen«. Von diesen »Naturkindern«, die nur zugänglich seien »für Suppenlogik mit Knödelargumenten«, kann sich der Analytiker nur erfolglos zurückziehen mit der Frage, »wie sich die Fähigkeit zu einer Neurose mit so unbeugsamer Liebesbedürftigkeit vereinigt« (ebd., S. 315).

Wir sehen die Fülle markanter, diskussionswürdiger Stellen in diesem Aufsatz: Zuerst lockt der Analytiker die Liebesübertragung, das sexuelle Begehren seiner Patientin auf sich, den Anderen, hervor. Dann gibt sich die Patientin in einem Prozess der Regression unter Scham dem Analytiker als Liebende zu erkennen. Durch feine, zielgehemmte Wunschregungen weckt sie das sexuelle Begehren – die Gegenübertragung – des Analytikers, fordert ihn zu Liebeshandlungen auf, um der Bearbeitung ihrer Übertragungsneurose Widerstand entgegenzusetzen.

Da es der Analytiker ist, der das gegenseitige Begehren hervorruft, hat er die Verantwortung dafür zu übernehmen. Er tut das, indem er mit seiner Haltung der Abstinenz den Liebesforderungen der Patientin widersteht. Gleichzeitig erkennt er dabei die Liebesgefühle seiner Patientin als echt an, hält die Liebesübertragung fest und führt die Patientin (über Deutungen) durch die Urzeiten ihrer seelischen Entwicklung hin zu den unbekannten Orten ihrer dunklen Kontinente. Dadurch erreicht sie die Freiheit von ihren infantilen Fixierungen, lernt die Überwindung des Lustprinzips und kann ihre dann unbehinderte Liebesfähigkeit nach der Behandlung leben.

Ohne den von ihm mehrmals angekündigten, ihm notwendig erscheinenden Artikel zur Gegenübertragung geschrieben zu haben, gebraucht Freud den Begriff der Gegenübertragung 1915 zum fünften und letzten

Male; zu einem Zeitpunkt, als er die Behandlung von Elfriede Hirschfeld beendet (s. S. 61f. in diesem Buch): »Danach war dieses Kapitel wie auch der Fall Hirschfeld als ›analytisch unbrauchbar‹ – für Freud offenbar abgeschlossen und er gebrauchte den Begriff nie wieder« (Falzeder 1995, S. 91).

Thomas S. Szasz (1963) bringt Freuds spärliche Beiträge zur Gegenübertragung u. a. mit seinen erotischen Impulsen gegenüber verführerischen Patientinnen in Zusammenhang. Franz Heigl (1960) verweist auf Freuds zwanghafte Charakterstruktur als persönlichkeitsspezifischen Hintergrund der Abwehr seiner sexuellen Impulse.

Freud führt hier erstmals eine Erweiterung des Begriffes Übertragung ein: die Übertragungsliebe oder Liebesübertragung, wenn vom Begehren der Patientin die Rede ist. Er stellt fest, dass dieses Geschehen in der Analyse so häufig vorkommt, weil es unvermeidlich ist; er beschreibt den Vorgang der Trieb- und Ich-Regression, skizziert eine Form der Übertragungsneurose und fordert eine bestimmte Haltung des Analytikers, die Abstinenz, um sexuelle Beziehungen zwischen Analytiker und Patientin zu verhindern.

Der schafsgesichtige Blechaffe und die Folgen

Freuds Schriften zur psychoanalytischen Technik aus der Zeit zwischen 1910 und 1915 stehen in unmittelbarem Zusammenhang mit den Schwierigkeiten der Psychoanalytiker, sich mit dem Phänomen der Liebe in ihren Behandlungen auseinanderzusetzen. Seine technischen Schriften, die er als Ratschläge zur Behandlung verstanden wissen will, werden als väterliches Gesetz in der psychoanalytischen Technik missverstanden. Stand zunächst das Interesse an den Phänomenen der Übertragungs- und Gegenübertragungsliebe im Vordergrund, verlagert sich das Interesse nun auf ihre Beherrschung. Es scheint, als habe sich mit den *Bemerkungen über die Übertragungsliebe* die einzige, wirklich ernsthafte Schwierigkeit im analytischen Prozess, die Handhabung von Übertragungs- und Gegenübertragungsliebe, aufgelöst, als habe sie keine Bedeutsamkeit mehr. Das Diskussionsbedürfnis an diesem Thema in der analytischen Therapietechnik scheint befriedigt, ebenso das theoretische Interesse. Freuds *Bemerkungen* werden 17 Jahre lang nicht mehr diskutiert. Gefahr erkannt, Gesetz erlassen, Gefahr gebannt? Aufgrund unserer Nachforschungen wissen wir, dass mit der Einführung des väterlichen Gesetzes, mit der Einführung der Abstinenzregel – »Die Kur muß in der Abstinenz durchgeführt werden« (Freud 1915, GW X, S. 313) – eine Hypokrisie in der psychoanalytischen Praxis einhergeht. Die Gefahr einer sexuellen Beziehung zwischen Analytiker und Analysandin besteht nach wie vor, und bis heute wird das väterliche Gesetz in einem unüberschaubaren Ausmaß gebrochen, setzen sich Analytiker selbst an die Stelle des Gesetzes.

In *Totem und Tabu* (Freud 1912/1913) beschreibt Freud den Mythos der Urhorde und bestimmt dort den Ursprung des Gesetzes, die Einführung des väterlichen Prinzips in Form des zweifachen Gesetzes von Exogamiegebot und Inzestverbot. Die Söhne lieben und hassen den Vater zugleich, weil er ihnen den Zugang zu den Frauen des Clans verwehrt, die er allein besitzt. Also töten sie ihn. Um ihre Schuld zu tilgen, verzehren sie ihn und vollziehen damit ihre Identifikation mit dem Vater und seinem Verbot, nämlich ihn zu töten und seine Frauen zu besitzen. Die Verinnerlichung dieses Gesetzes findet seinen symbolischen Ausdruck in der Verehrung eines Totemtieres, das nicht getötet werden darf, und in der Verpflichtung, sich lediglich eine Frau, und zwar außerhalb des Clans, zu nehmen. So entsteht

> »eine symbolische Identifizierung mit dem Namen-des-Vaters, weil sich die Söhne, die zu einem Totemclan gehören, nach dem Totemtier benennen. Freud schreibt dann auch: ›Der Tote wurde nun stärker, als der Lebende gewesen war.‹ Der symbolische Vater selbst ›ist‹ nicht, denn er ist einzig und allein ein Gesetz und ein toter Vater« (Moij 1987, S. 57).

Nach diesem Prinzip der Urhorde handeln die »Söhne und Töchter« Freuds: Carl Gustav Jung mit seinen Patientinnen Sabina Spielrein, Antonia Wolff u. a., Ferenczi mit Gizella und Elma Palos, Georg Groddeck mit seiner Patientin Emmy von Voigt, Wilhelm Stekel mit mehreren Patientinnen, Viktor Tausk, Wilhelm Reich, Siegfried Bernfeld, Otto Fenichel, August Aichhorn, Otto Rank, René Allendy, Sándor Radó, Ernest Jones, Horace Westlake Frink, Frieda Fromm-Reichmann, Karin Horney, Harald Schultz-Hencke und andere.

Reich berichtet, dass Psychoanalytiker unter dem Vorwand einer medizinischen Untersuchung »ihre Finger in die Vagina« ihrer Patientinnen einführten. »Das geschah recht häufig« (Peters 1977, S. 52). Auch Stekel gibt zu, dass er sich dazu verführen ließ. Reich verliebt sich »des öfteren« in seine Patientinnen, bricht dann die Analysen ab, »um außerhalb der Analyse ein normales Liebesverhältnis zu beginnen« (ebd.). Später heiratet er seine Patientin Annie Pink.

Siegfried Bernfeld und Otto Fenichel heiraten ebenfalls ihre ehemaligen Patientinnen.

Viktor Tausk geht 1912 wegen Freud nach Wien. Freud lehnt es ab, ihn zu analysieren, weil er befürchtet, dass der geniale Tausk ihm seine Gedanken stehlen könne. Zudem ist er eifersüchtig auf ihn, weil Tausk zu der 18 Jahre älteren Lou Andreas-Salomé eine sexuelle Beziehung hat. Freud schickt Tausk stattdessen zu seiner Lieblings-Schülerin Helene

Deutsch in Analyse, die fünf Jahre jünger als dieser und selbst erst drei Monate lang in Analyse bei Freud ist, was Tausk sehr verletzt. An sechs Tagen in der Woche liegt Tausk bei Helene Deutsch auf der Couch, genauso oft wie sie in dieser Zeit bei Freud – das weiß Tausk. Helene Deutsch ist von Tausk sehr eingenommen und angeregt; sie füllt mit ihm ihre Analysestunden bei Freud. Das kränkt diesen so sehr, dass er Helene Deutsch vor die Wahl stellt, entweder ihre eigene Analyse bei ihm oder die von Tausk abzubrechen; sie gehorcht unverzüglich und beendet die Therapie Tausks.

Nachdem Tausk von seinem Vorbild Freud abgewiesen worden ist und seine Analyse aufgrund dessen Intervention gescheitert ist, verliebt sich Tausk in seine 16 Jahre jüngere Patientin Hilde Loewi, eine Konzertpianistin, und geht eine Beziehung zu ihr ein. Kurz vor der Eheschließung erschießt und erhängt sich Tausk.

Helene Deutsch bricht nicht nur die Analyse von Tausk, sondern auch die Lehranalyse von Margaret S. Mahler ab, erklärt sie für unanalysierbar und paranoid-melancholisch. Daraufhin beginnt Mahler eine zweite Lehranalyse bei August Aichhorn. Beide haben eine Liebesbeziehung. Aus diesem Grund beginnt sie eine dritte Analyse (Stepansky 1989).

Michael Balint ist in Analyse bei Hanns Sachs, Max Eitingon und Sándor Ferenczi. Nach dem Tod seiner Frau Alice und seiner Emigration in die USA heiratet er seine ehemalige Patientin Edna Oakshoff.

Otto Rank und René Allendy – der Gründer der Société Française de Psychanalyse – gehen beide mit ihrer Analysandin Anaïs Nin eine sexuelle Beziehung ein (Cremerius 1988, J. Grunert 1989).

Sándor Radó heiratet seine Analytikerin Erzsebet Revesz, eine Analysandin Freuds und lässt sich von ihr scheiden, geht eine kurze Beziehung zu Helene Deutsch ein, wie gesehen auch eine Analysandin Freuds, die gerade eine weitere Lehranalyse bei Karl Abraham macht. Später, selbst Analytiker, heiratet er seine Analysandin Emmy.

Sándor Radó ist Lehranalytiker von Harald Schultz-Hencke. Dieser nimmt die Frau seines Berliner Kollegen Gustav Bally wegen Eheschwierigkeiten in Analyse, in deren Verlauf sie sich scheiden lässt. Sie möchte ihre Analyse beenden, um sich in Wien selbstständig machen zu können und gibt diesen Plan auf, als Schultz-Hencke sie noch während der Behandlung mit einem Antrag überrascht. Beide heiraten; die Ehe wird später geschieden (Lockot 1985).

»Im Prinzip darf hier aber auch die intime Beziehung Heinz Hartmanns mit Marie Bonaparte genannt werden, deren Sohn (auf Wunsch der Mutter) gleichzeitig bei ihm in Analyse war« (Cremerius 1988, S. 168).

1905 überweist David Eder, ein Mitbegründer der London Psycho-Analytical Society, Loë Kann, eine reiche holländische Jüdin, die aufgrund einer chronifizierten Nierenerkrankung und den damit verbundenen Schmerzzuständen morphinsüchtig geworden war, an Ernest Jones zur psychoanalytischen Behandlung. Ein Jahr später leben Loë Kann und Ernest Jones »als Mann und Frau zusammen: Jones war einfach bei ihr eingezogen« (Appignanesi/Forrester 1994, S. 309) und ließ sich jahrelang von Loë Kann finanziell unterstützen. Kurze Zeit später wird Ernest Jones beschuldigt, sich zwei Kindern gegenüber während eines Sprachtests im West-End-Hospital »unanständig verhalten« (Roazen 1976, S. 346) zu haben. Als er zudem »strikt nach Freudschen Prinzipien, aber für damalige Begriffe doch ziemlich ungezwungen versucht, die sexuellen Ursachen für die Armlähmung einer jungen Patientin zu erforschen« (Appignanesi/Forrester 1994, S. 309), wird Jones gekündigt und geht nach Kanada. Der Verdacht, sich diesem Mädchen gegenüber unsittlich verhalten zu haben, wird später zur Gänze ausgeräumt (ebd., S. 309).

Vor seiner Flucht nach Kanada im September 1908 führt Jones in München »das Leben eines Bohemien, läßt sich von Otto Groß blitzanalysieren und arbeitet an Kraepelins Psychiatrischer Klinik« (ebd., 310). In seinen Lebenserinnerungen beschreibt er Otto Groß als: »the nearest approach to the romantic ideal of a genius I have ever met« (Jones 1959, S. 173, zit. n. Dittrich 1993, S. 44).

In Kanada zahlt er einer seiner Patientinnen 500 Dollar, »um zu verhindern, daß sie ihn öffentlich der Verführung bezichtigte« (Roazen 1976, S. 346), was er Freud verschweigt.

Im September 1911, während des Weimarer Psychoanalytischen Kongresses, bittet Jones Freud, Loë Kann in Analyse zu nehmen, was dieser für den Herbst 1912 in Aussicht stellt.

Schon im Januar 1912 macht Freud Jones Vorhaltungen über dessen Unfähigkeit, seine sexuellen Impulse zu kontrollieren, nachdem er »Wind von einer sexuellen Liaison bekam, in die Jones wieder einmal urplötzlich verstrickt« (ebd., S. 311) war: »[I]ch bedauere es sehr, daß Sie nicht in der Lage scheinen, solche gefährlichen Sehnsüchte zu beherrschen« (Paskauskas 1993, S. 87f. – eigene Ubersetzung).

Im September 1912, also ein halbes Jahr nach der unseligen ménage á trois Ferenczi-Palos-Freud, beginnt Loë Kann ihre Analyse bei Freud.

Bereits im Juni 1912 schreibt Freud in erhellenden Zeilen an Ferenczi, dass für ihn die psychoanalytische Behandlung eine Therapie durch Liebe ist, in der der Analytiker viel »Libido« für seine Patienten aufbringen muss, um Heilung zu ermöglichen. »Sie ist eine hochintelligente, tief neurotische Jüdin, deren Krankengeschichte leicht zu lesen ist. Ich werde mich freuen, viel Libido für sie aufwenden zu können« (Freud-Ferenczi-Briefwechsel 1/2, S. 102).

Während der Analyse mit Loë Kann bekräftigt Freud in seinem Brief an Sándor Ferenczi vom 9. Juli 1913: »Ich habe diese Loë außerordentlich lieb gewonnen und bei ihr ein sehr warmes Gefühl mit voller Sexualhemmung wie selten vorher (dank dem Alter wahrscheinlich) zustande gebracht« (ebd., S. 235).

Während der Analyse Loë Kanns bei Freud geht Jones eine sexuelle Beziehung zu Loë Kanns Dienstmädchen ein, worauf sich Kanns Symptome verschärfen, sie ihren Morphinkonsum drastisch erhöht und sich in der Analyse bei Freud verweigert. Jones rechtfertigt sich daraufhin in einem Brief an Freud am 30. Januar 1913, »Ich fühle mich nicht sehr schuldig wegen dieser Beziehung, auch ist sie kein Hinweis auf irgendeine Anomalie bei mir« (ebd., S. 191 – eigene Übersetzung).

Im Mai 1913 schreibt Freud an Ferenczi: »Ich weiß noch nicht, wie Jones es vertragen wird zu finden, daß seine Frau infolge der Analyse nicht mehr seine Frau bleiben will« (Freud-Ferenczi-Briefwechsel 1/2, S. 214f.).

Loë Kann geht eine Beziehung zu dem jungen Amerikaner Davy Jones, Jones II, ein, was Freud Jones I gegenüber zunächst verschweigt, obwohl er ansonsten Jones I recht freizügig mit Informationen über den Verlauf von Loë Kanns Analyse versorgt. Trotz alldem beziehen Loë Kann und Ernest Jones in London eine gemeinsame Wohnung, und Loë Kann erklärt sich bereit, drei Jahre finanziell für Jones aufzukommen. In dieser gemeinsamen Wohnung lebt weiterhin Lina, das Hausmädchen Loë Kanns, als Jones' Geliebte und Haushälterin. Im Juni 1914 heiratet Loë Kann in Budapest in Anwesenheit von Otto Rank, Sándor Ferenczi und Sigmund Freud den Amerikaner Davy Jones.

Im Juli 1914 reisen Loë Kann und Anna Freud nach London, nicht ohne dass Freud vorher seine Tochter vor möglichen sexuellen Annäherungsversuchen Jones' warnt. Diese Sorge um seine Tochter war völlig überflüssig. Anna war »vermutlich in sie [Loë Kann] verliebt, ohne daß ihre Gefühle entsprechend erwidert worden zu sein scheinen. Die

Beziehung endete mit Annas tiefer Enttäuschung« (Rothe/Weber 2001, II, S. 732).

1916 beginnt Ernest Jones die Analyse von Joan Riviere, einer 34-jährigen

> »kongenialen Freudübersetzerin […] [und] Autorin eigener psychoanalytischer Arbeiten, Gründungsmitglied der British Psycho-Analytical Society, Englands ersten Laienanalytikerin, Freudianerin und Kleinianerin, scharfsinnigen Zeugin und leidenschaftlichen Partizipantin der möglicherweise produktivsten, gewiss aber turbulentesten Jahre in der Geschichte der Psychoanalyse« (Gast 1996a, S. 46; die folgenden Angaben beziehen sich auf Gast 1996a+b).

Zu Beginn der Analyse von Riviere beendet Jones das Verhältnis zum Dienstmädchen Loë Kanns und heiratet überstürzt, nach nur viermaligem Treffen, Morfydd Owen. Joan Rivieres Analyse war von Anfang an immer wieder durch Sanatoriumsaufenthalte aufgrund ihrer Lungenerkrankung unterbrochen worden. Schon 1916, zu der Zeit, in der die Analyse stattfindet, verbringt Joan Riviere mehrere Monate in Jones' Landhaus in Sussex. (Freud gegenüber spricht Jones in Briefen von nur einer Woche.) Diesem denkwürdigen Arrangement sollen bis zum Jahre 1919 noch mehrere folgen. Jones' soziales Geltungsstreben und seine bekannte emotionale Bedürftigkeit, die sich aufgrund des Todes seiner Ehefrau im Jahre 1918 noch verstärkt, lassen die psychoanalytische Behandlung zutiefst iatrogen wirken – mit der Folge von schwersten Angstzuständen, depressiven Einbrüchen bis hin zur Suizidalität bei Joan Riviere.

Das Scheitern der therapeutischen Analyse ist unübersehbar und beide beschließen ab Mitte des Jahres 1919, das Geschehen als Lehranalyse zu deklarieren, nachdem Riviere im April 1919 offizielles Gründungsmitglied der auf Jones' Initiative hin gegründeten British Psycho-Analytic Society wird.

Im Oktober 1919 heiratet Jones, wiederum überstürzt, seine zweite Frau Katharine Jokl.

Nachdem Joan Riviere sich bis 1921 durch ihre Analyse bei Jones gequält hat, entschließt sie sich, bei Freud eine Analyse zu beginnen. Jones scheint sich völlig darüber im Klaren gewesen zu sein, dass er von Freud Kritik für sein therapeutisches Versagen ernten würde. Er versucht dem im Vorhinein entgegenzuwirken. Ab Januar 1922 beginnen Jones' bis ans »Peinliche reichende Selbstentlastungen und mitunter intrigante Despektierlichkeiten gegen Rivieres Person« (Gast 1996b, S. 22) in seiner Korrespondenz mit Freud. Am 27. Februar 1922, dem Tag der ersten Analysesitzung von Joan Riviere bei Freud, wird Jones erster Sohn geboren; er gibt ihm den Namen Ioan (!) (ebd., S. 34).

Freud fällt nicht auf Jones' Bosheiten herein, im Gegenteil: »Mrs. Riviere erscheint mir nicht halb so schlimm, wie Sie sie beschrieben haben. Bislang kommen wir sehr gut miteinander zurecht« (Freud an Jones am 23.03.1922, zit. n. Gast 1996b, S. 23) und überschüttet Jones später mit Vorhaltungen wegen dessen analytischer Verfehlungen bezüglich Riviere; er habe die Übertragungsbeziehung verpfuscht:

> »Ich bin sehr froh, dass Sie keine sexuellen Beziehungen zu ihr hatten, was ich nach Ihren Andeutungen vermutete. Es war sicherlich ein technischer Fehler, sich mit ihr anzufreunden, bevor die Analyse abgeschlossen war. Sie ist zweifellos sehr klug und klar denkend« (Paskauskas 1993, S. 464 – eigene Übersetzung).

Horace Westlake Frink, ein amerikanischer nicht-jüdischer Psychoanalytiker, der zuvor bei Abraham A. Brill in Lehranalyse war, begibt sich 1921 im Alter von 38 Jahren bei Freud in Analyse. Freud hält ihn »für den weitaus fähigsten Amerikaner, dem er je begegnet war« (Brief von Ernest Jones an Max Eitington vom 24.02.1937, zit. n. Roazen 1976, S. 366).

Im Verlauf seiner Analyse erzählt er Freud von seiner Liebe zu »one of his wealthy patients Angelika Bijur« (Specter 1987, S. g1), einer Jüdin und Erbin einer Privatbank, die von 1912 über Jahre bei ihm in Analyse und, wie er, unglücklich verheiratet ist. Sie bezahlt Frink das Honorar für seine Analyse bei Freud, das zehn Dollar pro Stunde beträgt. Sechs Wochen nach Beginn der Analyse beschließt er, von Freud ermutigt, sich von seiner Frau scheiden zu lassen, seine beiden kleinen Kinder zu verlassen und Angelika Bijur zu fragen, ob sie ihn heiraten will. Noch während der Analyse schreibt er ihr mit Erlaubnis Freuds, dass er sie braucht, und sie kommt mit Freuds Einverständnis im Juli 1921 nach Wien. Dort konsultiert sie Freud, der ihr dringend zur Scheidung und zur Heirat mit Frink rät: »Wenn ich Dr. F. sitzen ließe, würde er niemals wieder versuchen, zur Normalität zurückzufinden und sich wahrscheinlich zu einem Homosexuellen entwickeln, wenn auch auf eine höchst verschleierte Art und Weise« (Edmunds 1988, S. 43 – eigene Übersetzung).

Dem Rat Freuds folgend fährt das Liebespaar unverzüglich nach Paris, um Bijurs Ehemann Abraham mitzuteilen, dass sie mit Freuds Segen heiraten wollen, was dieser empört und wütend zur Kenntnis nimmt. Nach New York zurückgekehrt, informiert Frink seine Frau über seine Scheidungsabsichten. Doch schon kurze Zeit später tauchen bei Frink und Bijur Zweifel auf, ob sie zusammenpassen, die moralischen Bedenken werden stärker, und Angelika Bijur macht sich große Sorgen um Frinks Gesundheitszustand. In ihrer Sorge wendet sie sich telegrafisch an Freud. Freud antwortet auf ihr Telegramm, beruhigt sie und versichert, dass er bei seiner Meinung bleibt, was er auch dem zweifelnden Frink am 12. September 1921 brieflich mitteilt:

> »Sie sehen, dass ich meine Meinung über ihre Beziehung nicht geändert habe. Sie geben sich wirklich alle Mühe, mich vom Gegenteil zu überzeugen. Doch ich weiß, dass ich recht habe [...]. Mrs. B. ist herzensgut, sagen sie ihr, nicht die Analyse für die Schwierigkeiten der menschlichen Gefühle verantwortlich zu machen, die von der Analyse nur aufgedeckt, aber nicht geschaffen werden [...]. Ich glaube nicht, dass eine weitere Analyse für sie vonnöten ist [...], ihr Fall ist abgeschlossen« (ebd. – eigene Übersetzung).

Freuds Brief versetzt Frink in einen ekstatischen Zustand; doch schon kurze Zeit später wird er erneut von Schuldgefühlen überwältigt und fällt in tiefe Depressionen. Frink wendet sich wiederum ratsuchend an Freud, der ihm am 17. November 1921 antwortet: »Ich bin zu weit weg, um Einfluss ausüben zu können« (ebd. – eigene Übersetzung).

Die bevorstehende Scheidung und die geplante Hochzeit eines bekannten und von Freud protegierten Psychoanalytikers mit einer früheren Patientin drohen in New York zum Skandal zu werden. »In der Heirat eines Analytikers mit einer Patientin wurde damals der große Verstoß gegen die Regeln der analytischen Praxis gesehen« (Roazen 1973, S. 115).

Frink fordert seine Frau auf, zusammen mit den Kindern die Stadt zu verlassen, ohne irgendjemanden hierüber zu informieren und sich incognito in den Westen der Vereinigten Staaten zu begeben. Dort zieht Doris Frink mit ihren beiden kleinen Kindern Helen und John von Hotel zu Hotel, bemüht, mit dem wenigen Geld auszukommen, das ihr zur Verfügung steht.

Im Gegensatz hierzu reagiert Angelika Bijurs Ehemann wütend auf die bevorstehende Scheidung. In einem Brief an den Therapeuten Abraham Bijurs verteidigt Freud seine Haltung in der Analyse Frinks.

> »Ich erkannte, dass er Mrs. B. liebte, dass er sie leidenschaftlich begehrte und nicht den Mut hatte, es sich selbst einzugestehen. Ich musste Frink seine inneren Konflikte erklären und bestritt nicht, dass ich es für das gute Recht eines jeden Menschen hielt, nach sexueller Befriedigung und zärtlicher Liebe zu streben, wenn er eine Möglichkeit sah, diese zu erreichen, beides hatte er bei seiner Frau nicht gefunden« (Edmunds 1988, S. 42 – eigene Übersetzung).

Abraham Bijur plant einen offenen Brief in Form einer Anzeige in allen New Yorker Zeitungen erscheinen zu lassen, in dem er Freud beschuldigt, seine Ehe zerstört, und in dem er Frink vorwirft, den hippokratischen Eid gebrochen zu haben.

Die Vermutung ist nicht von der Hand zu weisen, dass dies in der damaligen, durch antisemitische, antisexuelle und antianalytische Stimmungen geprägten Zeit das Ende der psychoanalytischen Bewegung in den Vereinigten Staaten bedeutet hätte.

Beide Ehen werden im März 1922 in Reno, Nevada geschieden. Abraham Bijur stirbt im Mai 1922 an Krebs, bevor er seinen Plan verwirklichen kann.

Frinks Gesundheitszustand verschlechtert sich, er klagt über »fogginess«, merkwürdige Gefühle gegenüber Angelika Bijur, die »komisch, wie ein Mann, wie ein Schwein« (ebd., S. 44 – eigene Übersetzung) aussieht. Freud stimmt zu, ihn wieder als Patienten aufzunehmen. Frink reist in Begleitung von Angelika Bijur im April 1922 nach Wien und ist bis Juli 1922 bei Freud zum zweiten Mal in Analyse. Anschließend begleiten Frink und Bijur die Familie Freud zum Obersalzberg nach Berchtesgaden und im September treffen sie sich mit Freud auf dem 7. Internationalen Psychoanalytischen Kongress in Berlin. Dort schenkt Freud Angelika Bijur eine Fotografie mit der Widmung: »To Angie Frink, in memory of your old friend, Sigmund Freud, September 1922« (ebd.), so, als ob Bijur schon mit Frink verheiratet wäre. Beide gehen mit Freud zurück nach Wien, Anna Freud und Angelika Bijur freunden sich an und unternehmen viel gemeinsam: »Zweimal habe ich sogar mit Frau Bijur im Hotel geschlafen. Es hat mir leid getan, wie sie fortgefahren ist« (Rothe u. Weber 2001, Bd. II, S. 83).

Bijur und Frink fahren nach Paris. In Paris quälen Frink erneut

Schuldgefühle, und er ist so schwer depressiv, dass Freud einwilligt, ihn im November 1922 ein drittes Mal in Analyse zu nehmen.

Während der Analyse bei Freud wird Frink manisch-depressiv und Freud veranlasst, ohne Angelika Bijur davon in Kenntnis zu setzen, dass Frink während der Nacht von einem Arzt betreut wird. Die schweren depressiven Verstimmungen nehmen zu, Frink verkennt u.a. die Badewanne in seinem Hotelzimmer als sein eigenes Grab. Während der Analysestunden ist er ruhelos, läuft auf und ab, nimmt Skulpturen von den Wänden und halluziniert. Am 23. Dezember 1922 erklärt Freud plötzlich die Analyse Frinks für beendet. Er deutet Frinks Symptome als Versuch, seine Neurose aufrecht zu erhalten, sagt, dass er heiraten und erneut Vater werden solle und stellt ihm ein glückliches, sorgenfreies Leben in naher Zukunft in Aussicht.

Vier Tage später, am 27. Dezember 1922, heiraten Frink und Bijur in Paris und brechen zu ihrer Hochzeitsreise nach Ägypten auf. Während dieser Hochzeitsreise wird Frink auf Betreiben Freuds und gegen den Widerstand eines Teils seiner Kollegen in Abwesenheit im Januar 1923 zum Präsidenten der New York Psycho-Analytical Society gewählt; Freud »installed him as his American heir« (Specter 1987, S. g1). Er war Freuds »last American Wunderkind« (ebd.) und tritt an die Stelle seines ehemaligen Lehranalytikers Abraham Brill.

Frink ist am Ziel seiner Wünsche »to lead Freud's movement in the New World« (ebd.).

Im Februar 1923 kehrt das Hochzeitspaar nach New York zurück. Frink nimmt seine Praxis wieder auf und hält Vorlesungen über die Technik der Psychoanalyse am New Yorker Psychoanalytischen Institut. Im April 1923 erfährt Frink, dass seine geschiedene Frau an Lungenentzündung tödlich erkrankt ist. Sie stirbt am 4. Mai 1923. Frink und seine Frau nehmen die Kinder Frinks aus erster Ehe bei sich auf. In der Folge entwickelt er eine sich bis zur Gewalttätigkeit zuspitzende feindselige Haltung gegen seine Ehefrau Angelika. Im März 1924 legt er sein Amt als Präsident der New York Psycho-Analytical Society nieder und begibt sich im Mai zu Dr. Adolph Meyer, einem seiner früheren Lehrer, in die Phipps Psychiatric Clinic in Baltimore.

Seine Frau, die sich als Opfer Freuds und der Psychoanalyse erlebt, ist in psychologischer Behandlung bei George Kirby.

Adolph Meyer arrangiert Frinks Aufnahme in ein Sanatorium und den anschließenden Aufenthalt auf einer Ranch in New Mexico. Frink ist anhaltend verzweifelt und suizidal. Angelika Frink lässt Adolph Meyer am 31. Juli 1924 mitteilen, dass sie sich von Frink scheiden lassen will. Meyer versucht vergeblich, sie von diesem Vorhaben abzubringen, als er ihr schreibt, dass sich »Frink in einem Zustand zunehmender Suizidalität befindet, was wir verhindern müssen« (Specter 1987, S. 3 – eigene Übersetzung). Angelika Frink hält an ihren Scheidungsabsichten fest.

Zurück in New York versucht Horace Frink, der bei seinem Freund Swepson Brooks wohnt, sich mit einer Überdosis Veronal und Luminal das Leben zu nehmen. Obwohl er in der Folge Tag und Nacht mit einem Krankenpfleger verbringt, unternimmt er drei Tage vor der mit seiner Frau geplanten »Scheidungsreise« nach Paris nachts erneut einen Suizidversuch, indem er sich die Ellenarterie aufschneidet.

> »Das aus der Wunde sprudelnde Blut machte ein erstaunlich lautes Geräusch und weckte den Pfleger auf, der in meinem Zimmer schlief. Er band die Arterie ab und schrie nach Brooks. Hätte er das nicht getan, wäre ich ein paar Minuten später tot gewesen. Ob man mir hierzu gratulieren soll oder nicht, bleibt abzuwarten« (Edmunds 1988, S. 48 – eigene Übersetzung).

Im Dezember 1924 lässt ihn seine Frau in das McLean Hospital in Waverly, Massachusetts aufnehmen. 1925 wird die Ehe schließlich geschieden und Adolph Meyer kümmert sich weiter um Frink.

Ernest Jones schreibt zu Frinks weiterem Schicksal: »[I]m folgenden Sommer [Mai 1924] befand er sich als Patient im Phipps Psychiatric Institute und erlangte nie wieder die Gesundheit« (Jones 1982, Bd. III, S. 131). Demgegenüber bezieht sich Roazen auf einen Brief von Clarence Oberndorf, gibt als Todesjahr 1935 an und spricht von einem Tod »in einem manischen Erregungszustand« (Roazen 1976, S. 368). Beides entspricht nicht der Wahrheit: Helen Kraft, Frinks Tochter, betont, dass Frink nach seiner Scheidung 1925 bis auf eine manische Episode im Jahre 1927 ein ruhiges und normales Leben führt, in geringem Umfang psychoanalytisch arbeitet, gelegentlich an der University of North Carolina Vorlesungen hält, 1935 erneut heiratet und schließlich am 19. April 1936 im Alter von 53 Jahren an einem Herzversagen stirbt.

Erneut erweist sich die psychoanalytische Behandlung (Indiskretion Ehrensache) als Instrument der Personalpolitik für die psychoanalytische Bewegung als untauglich!

Otto Groß, Analytiker der ersten Generation, der Ernest Jones »blitzanalysierte«, war eine zentrale Figur »der Münchener Boheme-und

Anarchistenszene« (Dittrich 1993, S. 43) und wurde von Carl Gustav Jung zur gleichen Zeit behandelt wie Sabina Spielrein. Groß ging zumindest zu drei seiner Patientinnen sexuelle Beziehungen ein, zu

> »›Lotte Chattemer, der er 1906 zum Selbstmord verhalf, Sophie Benz, die später eine Psychose entwickelte und 1911 unter seiner aktiven Beihilfe in Ascona Selbstmord beging, und Regina Ullmann‹ (Dittrich 1993, S. 95), die er verläßt, als sie schwanger wird, nicht ohne sie zum Selbstmord zu ermutigen. 1908 gibt Freud Otto Groß für die psychoanalytische Bewegung auf« (Krutzenbichler 2000, S. 120).

Frieda Reichmann heiratet ihren zehn Jahre jüngeren Analysanden Erich Fromm, der später mit der 15 Jahre älteren Karin Horney seine zweite Ehe eingeht.

Karin Horney ist dafür bekannt, dass sie mit Patienten, Lehranalysanden und Kontrollanalysanden sexuelle Beziehungen unterhält. Ihr ausschweifendes Liebesleben

> »folgt einem Schematismus, der sonst als besonderer Typus der ›Objektwahl beim Manne‹ und ›allgemeinste Erniedrigung des männlichen Liebeslebens‹ von Freud und seinen Nachfolgern beschrieben worden ist: der Spaltung zwischen sinnlichen und zärtlichen, grob sexuellen und idealisierenden Liebesbeziehungen mit einer ausgeprägten Neigung zur ›Reihenbildung‹« (Lütkehaus 1998, S. 1238).

In ihrem Aufsatz »Die Überbewertung der Liebe« »sind ihre Bemühungen festgehalten, sich über das eigene Erleben klar zu werden, und sie sagen viel über ihre inneren Konflikte, ihre Verhaltensmuster und ihre Männerbeziehungen aus. Keiner ihrer Aufsätze enthüllt diesbezüglich mehr als ›Die Überbewertung der Liebe‹« (Paris 1996, S. 173).

Der amerikanische Psychoanalytiker David Rubinfine geht mit seiner Analysandin, der Schauspielerin Elaine May, eine Beziehung ein und trennt sich von seiner Ehefrau, die sich daraufhin das Leben nimmt. Sechs Wochen später heiratet er seine Patientin (Mecacci 2004; Schneider 2006).

Ein besonderes Kapitel in der Geschichte massiver Grenzverletzungen in der Psychoanalyse ist die Geschichte des Masud Khan (Zwettler-Otte 2007). Es ist bekannt, dass Masud Khan unter anderem sexuelle Beziehungen zu Analysandinnen hat, und noch während Khan bei

Winnicott, der ihn mehrmals vergeblich als Lehranalytiker vorschlägt, in Analyse ist, behandelt er unter Mitwirkung Winnicotts den britischen Wirtschaftsexperten Wynne Godley. Die Behandlung entgleist jedoch völlig. Nachdem sich Godley infolge einer späteren Analyse in den USA von der Behandlung durch Masud Khan erholt hat, veröffentlicht er im Februar 2001 den Bericht über seine Therapie, der als »Aufzeichnung eines Alptraums« unter dem Titel »Saving Masud Khan« angekündigt wird. Godley

> »beendet seine Darstellung mit der Bemerkung, dass die Britische Psychoanalytische Gesellschaft die Verheerungen der Technik Khans nicht ignorierte, der ein lange Jahre tätiger Lehranalytiker geworden war. Dennoch hatte sie darin keinen hinreichenden Grund für einen Ausschluss aus den eigenen Reihen gesehen. Sein Ausschluss 20 Jahre später erfolgte wegen seines Antisemitismus« (Safouan 2002, S. 83).

Die öffentliche Aufarbeitung durch die Britische Psychoanalytische Gesellschaft ist die einzige uns bekannte und ist auch vielen anderen Instituten zu empfehlen.

So berichtet zum Beispiel Siegfried Bettighofer von einem ihm bekannten Psychoanalytiker, der in einem Vortrag erwähnte, »dass er persönlich neun Lehranalytiker kennt, deren Ehen gescheitert seien, weil sie sexuelle Beziehungen zu Analysandinnen aufgenommen hatten« (Bettighofer 2001, S. 97).

Hier beenden wir die Aufzählung der unzähligen Liebesbeziehungen zwischen Analytikern und Analysandinnen oder Analytikerinnen und Analysanden, die wir bis in die heutige Zeit fortführen könnten mit den Worten: »Ein Versuch, hier enzyclopädisch vorzugehen würde ein vollständig eigenes Buch erfordern« (Gabbard/Lester 1995, S. 86 – eigene Übersetzung).

Es ist uns wichtig, anhand der von uns angeführten Beispiele darzustellen, dass die Geschichte der Psychoanalyse mit der Übertragungsliebe beginnt, und sie sich als elementare, wichtige und unvermeidliche Konstante im psychoanalytischen Prozess zeigt. – Es ist der jeweilige Umgang mit der Liebe in der psychoanalytischen Beziehung, der zu katastrophalen Folgen führen kann und führt und seinen Niederschlag in verschiedenen theoretischen Konzepten findet.

Wer die Untersuchung und Aufarbeitung der Geschichte der Liebe in der Psychoanalyse als Reihung von Klatschgeschichten oder Sensationsjournalismus missversteht, hat die Bedeutung der Übertragungsliebe für die Psychoanalyse nicht begriffen.

Rainer Krause würdigt in seinem Vorwort zu André Haynals Buch *Psychoanalytische Erkenntnis* (1995) die Bemühungen Haynals, die Entwicklung der Psychoanalyse als Wissenschaft, sowie die Entwicklung von Theorie und klinischer Praxis in ihrer historischen Abhängigkeit zu verstehen:

> »Er geht fürs erste vom psychoanalytischen Prozess als einer spezifischen Form der Empirie aus, indem es um wechselseitige Verführung, Wiederkehr eines Traumas, dessen Durcharbeiten und als Hintergrundvariable um die ›Liebe‹ geht. [...]
>
> Die Lernvorgänge im psychoanalytischen Prozess hat er unter der Rubrik Identifikation abgehandelt, denn sicher ist es eine Besonderheit der psychoanalytischen Theorie und Praxis unter allen anderen, dass sie als einzige eine einigermaßen entwickelte Theorie identifikatorischer Vorgänge entwickelt hat.
>
> Identifikationen wiederum hängen mit den Liebesgeschichten und den ›Verhältnissen‹ zusammen. Von daher fällt es ihm nicht schwer, die Wissenschafts- und Therapietechnikentwicklung als Netzwerk von Identifikationen, Disidentifikationen und Liebes- bzw. Hassaffären zu beschreiben. Die behandlungstechnische und wissenschaftsgeschichtliche Einarbeitung der ›Liebe‹ als Essenz der psychoanalytischen Empirie ist ein intellektuelles und emotionales Abenteuer, das nie in die im Moment so beliebte Voyeurs-Perspektive abgleitet, weil er herauspräparieren kann, dass die Geschichte der psychoanalytischen Wissenschaft und der Behandlungstechnik notwendigerweise so mühsam und chaotisch abgelaufen ist und noch immer abläuft. Die ›Entdeckung‹ der Gegenübertragung in dem destruktiven Dreieck SPIELREIN-JUNG-FREUD einerseits und der nicht weniger destruktiven Dyade FREUD-FERENCZI andererseits wird nicht als ein historisch vermeidbarer Irrtum zweier neurotischer Patriarchen beschrieben (was sie anscheinend trotzdem waren), sondern als eine diesen extrem schwierigen, unverstandenen chaotischen Abläufen abgerungene Erkenntnis. Er lässt deutlich werden, dass diejenigen, die gegenwärtig meinen sie seien *on top of the knowledge*, eigentlich nicht so recht begriffen haben, dass wir alle eine Art von Durchgangsstation für die Weitergabe ganz unverstandener Dinge sind« (Krause in Haynal 1995, S. 9f.).

Lassen wir André Haynal im Zusammenhang mit unserem Thema der Blechaffen-Folgen selbst sagen:

»Es ist verlockend, die Vermischung der Beziehung zwischen FERENCZI und FREUD, ihr Gebrauch und Missbrauch der Psychoanalyse, ihre Indiskretionen und ihre Handlungen einzuschätzen, und dies aus unserer Perspektive, die man als ›überlegen‹ auffassen könnte. So als ob die heutigen Analytiker mit ihrer ganzen Ausbildung, ihren Lehr- und Supervisionsanalysen, mit ihrem ganzen zwischenzeitlich hinzugefügten theoretischen und technischen Handwerkszeug es leichter hätten, eine Trennung (oder eine optimale Verbindung) zwischen ihrer *persönlichen Identität* und ihrem *Privatleben* zu finden! Dennoch, wie viele Analytiker schlafen auch heute noch mit ihren Patientinnen oder wie viele heiraten sie, wie viele Dinge zwischen den Analytikergenerationen der Eltern und Kinder können nicht gesagt und aufgearbeitet werden!

Die Analyse ist, so die Worte FREUDs: ›eigentlich eine *Heilung durch Liebe*‹. Der Begriff ›Liebe‹ bedeutet für Freud ›Übertragungsliebe‹ und für FERENCZI ›Gegenübertragungsliebe‹. Freud bestätigt, dass der Versuch, mit Abziehbildern von Emotionen zu arbeiten, fehlschlägt, ›... denn schließlich kann niemand *in absentia* oder *in effegie* erschlagen werden‹ [...] sonst würde man sich verhalten ›wie jener wenig potente Mann, der seiner jungen Frau nach dem ersten Koitus der Brautnacht sagte: ›So jetzt hast du das kennen gelernt; alles andere ist auch nur immer dasselbe‹‹ (Freud an Ferenczi 20.1.1930)« (Haynal 1995, S. 177f.).

Oder mit den Worten des leider vor Kurzem verstorbenen Paul Parin: »Die Psychoanalyse kann man am besten verstehen, wenn man ihrer Geschichte nachgeht« (2009, S. 88).

Ferenczi ist der einzige, der eine »Hypokrisie der Berufstätigkeit« beklagt, die er als Widerstand, als »übergroße Ängstlichkeit« des Analytikers vor den eigenen Liebesgefühlen versteht (Ferenczi 1919, S. 191).

Der Analytiker wird zum »schafsgesichtigen Blechaffen« (Stone 1978), der seine Behandlungsräume »kahl und unpersönlich« (Cremerius 1984, S. 777) gestaltet, der sich »morgens vor Praxisbeginn den Trauring« (ebd.) abstreift und einen weißen Kittel überzieht (Klauber 1980).

Der Blechaffe wird im Berliner Psychoanalytischen Institut zum Standard-Analytiker ausgerufen, und die Haltung der zwanghaften Vermeidung jeglicher Gefühle und Nähe zum Patienten wird zur Norm und Richtschnur dessen, was analytisch, was verwerflich und gefährlich ist. So entsteht ein Diskurs über die Gefahren des Handgebens bei der Begrüßung: Es wird empfohlen, »den Sprachkontakt auf ein Minimum zu reduzieren« (Cremerius 1984, S. 777) und eine »schafsgesichtige« Miene aufzusetzen. Gute Wünsche für einen Analysanden vor einer gefährlichen Operation gelten als unanalytisch. Im New Yorker Psychoanalytischen

Institut wird die Frage diskutiert, »ob der Analytiker einem Patienten gegenüber, dessen Vater gerade gestorben sei, Mitgefühl äußern dürfe [...]. [Charles] Brenner verneinte es« (Cremerius 1984, S. 778).

Diese sich scheinbar ausschließende Gegensätzlichkeit von strengster, unnahbarer Abstinenz als Über-Ich-bestimmte Standardhaltung des Analytikers einerseits und sexuellen Beziehungen mit Analysandinnen andererseits in jenen Jahren sind lediglich zwei Seiten ein und derselben Medaille. Denn die Angst vor den Liebeswünschen der Analysandin und das Verleugnen des eigenen sexuellen Begehrens, was beides durch eine per Dekret erlassene Haltung in Schach gehalten werden muss, provozieren Entgleisungen geradezu.

Freud selbst begrüßt im Brief an Ferenczi vom 4. Januar 1928 dessen Arbeit über *Die Elastizität der psychoanalytischen Technik*: »Ihre beigelegte Arbeit [...] zeugt von jener überlegenen Reife, die Sie sich in den letzten Jahren erworben haben, und in der Ihnen niemand nahe kommt« (Jones 1982, Bd. II, S. 287). Dann zieht Freud ein Resümee aus seinen vierzehn Jahre zuvor gegebenen Ratschlägen:

> »Der Titel ist ausgezeichnet u. verdiente auf mehr angewendet zu werden, denn meine seinerzeit gegebenen Ratschläge zur Technik waren wesentlich negativ. Ich hielt es für das Richtigste, herauszuheben, was man nicht tun soll, die der Analyse widerstrebenden Versuchungen aufzuzeigen« (ebd.).

Nach dieser Selbstkritik äußert sich Freud bestürzt darüber, dass seine Ratschläge zur psychoanalytischen Behandlungstechnik als Gesetze befolgt werden und registriert erschrocken die Auswirkungen:

> »Dabei erzielte ich aber, daß die Gehorsamen die Elastizität dieser Abmachungen nicht bemerkten und sich ihnen, als ob es Tabuverordnungen wären, unterwerfen. Das müßte einmal revidiert werden, allerdings ohne die Verpflichtungen aufzuheben« (ebd.).

Aus seinen eigenen Falldarstellungen und den Berichten vor allem seiner Analysandinnen wissen wir, dass Freud in seinen späten Jahren nicht nur keine Angst vor der Liebe seiner Patientinnen hat, sie manchmal regelrecht fordert und keineswegs eine neutrale und unpersönliche Haltung einnimmt.

Von Hilda Doolittle, eine bekannte amerikanische Dichterin, wissen wir, dass Freud ihr mit besonderer Zärtlichkeit zugetan war: Appignanesi/

Forrester nennen die Behandlung eine »analytische Liebesgeschichte zwischen Freud und H.D.« (Appignanesi/Forrester 1992, S. 535).

Die erste analytische Tranche 1933 dauerte vier Monate bei einer Frequenz von vier Stunden pro Woche, der zweite Behandlungsabschnitt begann im Oktober 1934 und dauerte sechs Wochen.

In ihren Erinnerungen an ihre Analyse bei Freud schildert Hilda Doolittle, wie Freud voller Entrüstung auf das Kopfende der Couch schlägt, auf der Hilda Doolittle liegt, und sich beklagt: »Das Schlimme ist – ich bin ein alter Mann –, Sie halten es nicht für der Mühe wert, mich zu lieben« (Doolittle 1956, S. 47). In einer anderen Stunde überreicht er ihr einen Goldorangenzweig, um symbolisch wieder gutzumachen, was ihre Eltern ihr angetan haben. Er fordert seine Patientin auf, ihn zu lieben, nimmt ihre Übertragung an und verleiht seiner Gegenübertragung in der Handlung Ausdruck, die der Patientin eine korrigierende emotionelle Erfahrung (Alexander 1950, S. 403) ermöglicht. Nach Beendigung der Analyse schreibt der 80jährige Freud Hilda Doolittle:

> »Was Sie mir gaben, war kein Lob, sondern Zuneigung, und ich brauche mich meiner Befriedigung nicht zu schämen. In meinem Alter ist das Leben nicht einfach, aber der Frühling ist schön, und so ist auch die Liebe« (ebd., S. 220).

Anna von Vest stellt er lockend bei ihrer Genesung »gesellschaftlichen Umgang in Aussicht« (Goldmann 1985, S. 312f.), spricht sie in Briefen mit »Grausame!« oder »Liebstes Fräulein Anna!« an. Seinen berühmten Patienten, den »Rattenmann«, lädt Freud zu sich zum Essen ein; dem »Wolfsmann« springt er finanziell fürsorglich zur Seite und spricht mit ihm über die eigenen Kinder. Einer amerikanischen Analysandin überreicht er Zigarren für ihren Mann usw. »Nach den Berichten einiger seiner Analysanden nahm er warmherzig Anteil und ließ sich als Freund, Mentor und Analytiker aktiv auf sie ein« (Wolf 1988, S. 191).

Richard Sterba bietet ein gutes Beispiel, um die ängstliche Haltung seiner Schüler in den 20er Jahren zu illustrieren. Er beginnt 1924 bei Eduard Hitschmann seine Analyse, sechs Monate danach behandelt er erstmals analytisch; sein Kontrollanalytiker ist Hans Robert Jokl. Ein junger Patient Sterbas leidet unter einer »Befangenheitsneurose« (Sterba 1982, S. 36), einer Erythrophobie. Es »war unschwer ein starker homosexueller Triebdrang hinter dem manifesten Benehmen zu erkennen« (ebd.), der zu Beginn des zweiten Monats der Behandlung als »homosexuelle

Übertragung in fast explosiver Weise manifest« (ebd., S. 37) wird. Die »Explosion« geht folgendermaßen vor sich: Der junge Mann übergibt Sterba ein Geschenk, ein »Ölgemälde, das einen nackten Satyr darstellte, der eine fliehende nackte Nymphe verfolgte« (ebd.). Darüber wird in der Behandlungsstunde geschwiegen; danach allerdings ruft Sterba sofort Jokl an und bittet ihn um Rat. Dessen Antwort lautet: »Rücksichtslos analysieren« (ebd.). Was dann geschieht, bedarf keines Kommentars:

> »Als der Patient das nächste Mal kam, begann ich ihm die homosexuelle Bedeutung des Geschehens zu erklären. Der Patient hörte eine Weile schweigend zu, dann stand er auf, nahm das Bild, das noch dort stand, wo er es hingestellt hatte, und verließ wortlos das Zimmer. Ich habe nie wieder von ihm gehört. Ich mußte erkennen, daß die Befolgung des technischen Rates meines Kontrolleurs, meinen ersten analytischen Versuch zu einem schmählichen Ende verurteilt hatte« (ebd.).

Doch Sterba bleibt durchaus beim »rücksichtslosen« Analysieren: Zehn Jahre später, 1934, fordert eine seiner Patientinnen unmissverständlich Liebe von ihm. In die Defensive geraten, versucht er sich »mit eindringlichen rekonstruktiven Deutungen« (Körner 1989b, S. 125) zu helfen. Er besteht darauf, dass das sexuelle Begehren seiner Patientin, ihre Forderung nach Liebe, gar nicht ihm, sondern einem anderen aus der Vergangenheit gelte, ihrem Vater. Ihr Wunsch sei Widerstand und behindere die Analyse.

Anders verhält sich Ferenczi, dessen Forderung nach »Elastizität« der psychoanalytischen Technik von Freud begrüßt wird. Er plädiert für eine »aktive Technik«, in der auch die sprödesten Charaktereigenschaften der Patienten in der »Siedehitze der Übertragungsliebe« (Ferenczi 1921, S. 246) zum Schmelzen gebracht werden. Später distanziert sich Ferenczi von den »aggressiven« Zügen seiner aktiven Technik ebenso wie von der »Fixierung der Relaxation«, betont jedoch: »Die Atmosphäre des Vertrauens und das Gefühl vollkommener Freiheit […], Zärtlichkeit, nicht aber heftige Äußerungen der Leidenschaftlichkeit […] sind das, was die Patienten brauchen« (Ferenczi, zit. n. Haynal 1987, S. 37).

Nachdem Freud Ferenczi zunächst ermuntert hat, zieht er sich immer mehr von ihm zurück, als er u. a. von Clara Thompson, einer späteren »Neo-Freudianerin« um Sullivan, Horney und Fromm, die als Kind von ihrem Vater sexuell missbraucht wurde, erfährt: »Ich kann Papa Ferenczi küssen, so oft ich will« (Ferenczi 1985, S. 41). Während Ferenczi sich küssen lässt und dies »als etwas in der Analyse Zulässiges gestattet und höchstens theoretisch kommentiert« (ebd.), ruft es bei Freud Unverständnis und Unmut hervor. Er schreibt ihm spöttisch zu seiner »Technik des Kusses« am 13. Dezember 1931 und macht ihm Vorwürfe. Er warnt: Besonders »die jüngeren unter unseren Kollegen werden es schwer finden, in den angeknüpften Beziehungen an dem Punkt stehen zu bleiben, wo Sie ursprünglich wollten« (Jones 1982, Bd. III, S. 198). In seinem Antwortbrief vom 27. Dezember 1931 stellt Ferenczi erstmals ein »Moment des Nichteinverstandenseins« (Ferenczi 1985, S. 41) zwischen sich und Freud fest und versucht, ihn zu beruhigen, indem er u.a. beteuert: »Ich halte Ihre Angst, daß ich mich zu einem zweiten Stekel entwickle, für unbegründet« (ebd., S. 42), womit er unmissverständlich auf sexuelle Beziehungen Stekels zu seinen Patientinnen hinweist. Haynal[1] sieht die entscheidende Ursache für die Differenzen zwischen Freud und Ferenczi in der für Freud unerträglichen Tatsache, »daß Ferenczi sich dem ›Gottesurteil‹ stark regredierter Patienten ausgeliefert hatte« (Haynal 1987, S. 30). Haynal bezieht sich in diesem Zusammenhang ausdrücklich auf Breuer. Michael Balint stellt dazu fest: »In stillschweigender Übereinkunft wurde die Regression in der analytischen Behandlung zum gefährlichen Symptom erklärt« (Balint 1968, S. 163).

Zu Ferenczis technischen Experimenten mit der Übertragungs- und Gegenübertragungsliebe (»Es kann keine Analyse gelingen, in der es uns nicht gelingt, den Patienten wirklich zu lieben.« – Ferenczi 1985, S. 184) bis hin zur »mutuellen Analyse« mit seiner »Hauptpatientin«, »Kollegin« und »Lehrmeisterin«, siehe Ermann (1994), Fortune (1994) und Wolstein (1989). Letzterer räumt der Behandlung Elisabeth Severns (»R.N.«) eine überragende Bedeutung ein:

> »Der Fall R.N. ist meiner Ansicht nach ein Meilenstein, ein wichtiger Wendepunkt in der Entwicklung der psychoanalytischen Therapie. Er hat seinen Platz neben den anderen beiden wohlbekannten gescheiterten Fällen in der Geschichte der Psychoanalyse, neben Breuer's Fall der Anna O. und Freud's Fall Dora […]. [B]ei allen dreien handelt es sich um Therapien, die, obwohl in einigen kritischen Aspekten mißlungen, Meilensteine in der Ausarbeitung zentraler Konzepte der zeitgenössischen psychoanalytischen Therapie sind: im Falle der Anna O. der Theorie des hypnotischen Zustandes, im Fall Dora der Übertragung und im Fall R.N. der Gegenübertragung« (Wolstein 1989, S. 676, zit.n. Fortune 1994, S. 701).

1 Zur Person Ferenczis, seinem Wirken und seiner Bedeutung für die Psychoanalyse verweisen wir auf die Arbeiten von Haynal, André (1987): Die Technik-Debatte in der Psychoanalyse – Freud, Ferenczi, Balint und (1995): Psychoanalytische Erkenntnis.

Die Ablehnung von Ferenczis Therapie-Techniken und späten theoretischen Arbeiten durch Freud hat eine jahrzehntelange regelrechte Verleumdung Ferenczis in der psychoanalytischen Gemeinschaft zur Folge, bei der Ernest Jones, sein Lehranalysand, eine beschämend tragende Rolle spielt. Ferenczis psychoanalytische Schriften werden zunehmend ignoriert und unterschlagen. Manch einer greift seine Gedanken auf, führt sie fort, ohne ihn zu nennen. Um nur ein Beispiel zu erwähnen: Der Begriff der »Urübertragung« wird bezeichnenderweise von Leo Stone (1973) und Josef Dantlgraber (1989) ohne Verweis auf Ferenczi verwendet. Irwin Hirsch (1988) sieht in den Geschehnissen um Ferenczis Experimente die Quelle einer Phobie unter Psychoanalytikern, eigene Liebesgefühle zu erwähnen oder gar über sie zu schreiben.

Wir wenden uns im Folgenden der Entwicklung des Begriffs der Gegenübertragung zu. 1915 erscheint Freuds Arbeit *Triebe und Triebschicksale*, in der er die »Entstehungs- und Beziehungsgeschichte der Liebe« als ein »Oszillieren des Begehrens zwischen Liebe und Haß, zwischen Liebe und Geliebtwerden, zwischen dem Ich und dem Anderen« (Weiß 1988, S. 57) beschreibt und von geschichtlichen Gestalten der Liebe spricht. In *Zur Einführung des Narzißmus* (1914) geht er auf den »primären Narzißmus« ein, ein Zustand, in dem das eigene Ich begehrt wird, was in seiner Selbstbezogenheit scheitern muss. Deshalb »muß man beginnen zu lieben, um nicht krank zu werden, und muß erkranken, wenn man infolge von Versagung nicht lieben kann« (Freud 1914b, GW X, S. 151f.).

In seinen *Vorlesungen zur Einführung in die Psychoanalyse* (1916/17) wiederholt Freud seine Gedanken zur Übertragungsliebe und erwähnt die Liebesübertragung von männlichen Patienten zum männlichen Analytiker als genauso unvermeidbar und häufig, allerdings mit folgendem Unterschied:

> »Die sublimierten Formen der Übertragung sind zwischen Mann und Mann in dem Maße häufiger, und die direkte Sexualforderung seltener, in welchem die manifeste Homosexualität gegen die anderen Verwendungen dieser Triebkomponente zurücktritt.«

Und er fügt hinzu:

> »Bei seinen männlichen Patienten beobachtet der Arzt auch häufiger als bei Frauen eine Erscheinungsform der Übertragung, welche auf den ersten Blick allem bisher Beschriebenen zu widersprechen scheint, die feindselige oder negative Übertragung« (Freud 1916/17, GW XI, S. 460).

Freud versteht die feindselige Übertragung des Mannes als Abwehr der Übertragungsliebe. Zudem macht er wiederholt deutlich, was er für das wichtigste Geschehen im analytischen Prozess hält: Die Übertragung belebt die zu Symptomen verformten, verdrängten Konflikte, entledigt dabei die Symptome ihrer ursprünglichen Bedeutung und formiert sie zu einer neuen »künstlichen Neurose« in der Beziehung zum Arzt, der »Übertragungsneurose«. Die in der »Übertragungskrankheit« vorherrschenden Gefühle für den Arzt und der Kampf um dieses neue Objekt wiederholen etwas früher Vorgefallenes. Durch die deutende Rückführung des aktuellen »Übertragungsschlachtfelds« auf seinen Ursprung in der Vergangenheit des Patienten wird Erinnerung derart freigesetzt, dass eine Unterbrechung des Zwanges nach seiner Wiederholung möglich wird. Auch in dem Artikel »Die Frage der Laienanalyse« (1926) wiederholt Freud seine Bemerkungen zur Übertragungsliebe in Form eines Dialoges mit einem psychoanalytisch Interessierten, aber Unkundigen, ohne Neues hinzuzufügen.

An anderer Stelle in den *Vorlesungen* betont Freud, dass Sexualität nicht mit Genitalität, dem Modus der biologischen Fortpflanzung, identisch ist, und wir nicht umhin können, »ein ›sexuell‹ gelten zu lassen, das nicht ›genital‹ ist, nichts mit Fortpflanzung zu tun hat« (ebd., S. 332). Er greift in dezidierter Form auf, was er schon 1910 in *Über »wilde« Psychoanalyse* so formuliert: »Wir gebrauchen das Wort Sexualität in demselben umfassenden Sinne, wie die deutsche Sprache das Wort ›Lieben‹!« (Freud 1910b, GW VIII, S. 120)

Im April 1928 schreibt Freud im Zusammenhang mit seiner Aversion gegen psychotisch Erkrankte an den ungarischen Psychiater und Psychoanalytiker István Hollós, der nach dem Tod Ferenczis Präsident der Ungarländischen Psychoanalytischen Vereinigung ist: »Ich gestand mir endlich ein, es komme daher, daß ich diese Kranken nicht liebe, daß ich mich über sie ärgere, sie so fern von mir und allem Menschlichen empfinde!« (Gay 1989, S. 605) Und er fragt mehr sich selbst, welchem Umstand es zuzuschreiben sei, dass er sie nicht lieben könne: »Ist es die Folge einer immer deutlicher gewordenen Parteinahme für den Primat des Intellekts, der Ausdruck einer Feindseligkeit gegen das Es? Oder was sonst?« (ebd.) In »Über die weibliche Sexualität« (1931) spricht er von der kannibalischen »Gier der kindlichen Libido«. Dort wird deutlich, wie

> »Freud für die Wörter ›Liebe‹ und ›Sexualität‹ einen gleich umfassenden Bedeutungsgehalt veranschlagt, daß er in der Liebe ein universales Streben anerkennt, das sich weder auf ein ideelles Prinzip noch auf einen Instinktmechanismus reduzieren läßt. Er situiert das Phänomen Liebe vor jeder Bewußtwerdung in einer intersubjektiven Dialektik des Begehrens. Ein Begehren, das um die gefährdete Einheitserfahrung des Menschen zentriert ist und dessen Persistenz sowohl in der Liebe als auch im Haß bis zu einem gewissen Grade geleugnet wird« (Weiß 1988, S. 56f.).

1940 charakterisiert Freud im *Abriss der Psychoanalyse* erneut die Haltung des Analytikers während des wechselseitigen Geschehens der Übertragungsliebe im analytischen Prozess:

> »Die Gefügigkeit gegen den Vater [...], das Werben um seine Gunst wurzelte in einem erotischen und auf seine Person gerichteten Wunsch. Irgendeinmal drängt dieser Anspruch auch in der Übertragung hervor und besteht auf Befriedigung. Er kann in der analytischen Situation nur auf Versagung stoßen. Reale sexuelle Beziehungen zwischen Patienten und Analytiker sind ausgeschlossen, auch die feineren Weisen der Befriedigung wie Bevorzugung, Intimität usw. werden vom Analytiker nur in spärlichem Ausmaß gewährt« (Freud 1940, GW XVII, S. 101f.).

Das theoretische Interesse der psychoanalytischen Gemeinschaft verlagert sich in den 20er Jahren bis Anfang der 30er auf die negative Übertragung als eine Form der Abwehr der Übertragungsliebe, ohne dies dabei in den Diskurs aufzunehmen. Wir verstehen die Tatsache, dass sich die institutionalisierte wissenschaftliche Psychoanalyse gerade nicht dem sich gegenseitig bedingenden Widerspruchsverhältnis von Übertragung und Gegenübertragung widmet, sondern eine jahrzehntelange Flucht in monadische Metapsychologie antritt, als kollektive Angstabwehr gegen Liebe und sexuelles Begehren im analytischen Prozess.

Nur wenige Stimmen erheben sich. Hans von Hattingberg beklagt 1924 in seiner hervorragenden, leider nur wenig beachteten Arbeit *Zur Analyse der analytischen Situation* die starre Abstinenzhaltung, erkennt sie als Widerstand gegen die Gegenübertragung, der dem Analysanden »den Weg zum Anderen« (von Hattingberg 1924, S. 42), dem Analytiker, erschwert. Er betont die Aktivität des Analytikers, der den anderen zur Liebe »zwingt«, und die Angst des Analytikers vor der Liebe des Anderen durch die Deutung der Liebe als bloße Übertragung. Die Angst des Analytikers lege es nahe, »sich theoretisch zu drücken, indem man methodisch korrekt die Übertragung analysiert und im übrigen die Augen schließt« (ebd., S. 43). In der Übertragungsneurose verspürt der Analysand erotisch-sexuelle Wünsche gegenüber dem Anderen, dem Analytiker, und muss lernen,

> »daß man dem Anderen trotzdem oder gerade dadurch besonders nahe kommen kann, daß man sie sich eingesteht und auf die körperliche Verwirklichung verzichtet […] Wenn einer, der nach ›Liebe‹ greift, dabei immer nur ›Geschlechts-Teile‹ in die Hand bekommt, so ist das zwar für ihn charakteristisch, nicht aber für die Liebe« (ebd., S. 54f.).

Von Hattingberg fordert: »Wir dürfen die psychoanalytische Lehre nicht als etwas ein für allemal Feststehendes behandeln, wir werden sie vielmehr mit jedem einzelnen Analysanden neu zu entdecken haben« (ebd., S.49), und er warnt davor, das theoretische Bemühen der Psychoanalyse als »›Drahtverhau‹ zum Schutze gegen die allzu nahe Berührung mit dem Anderen« (ebd., S. 41) einzusetzen.

Helene Deutsch beschreibt 1926 in ihrer Arbeit *Okkulte Vorgänge während der Psychoanalyse* ausgesprochen feinsinnig und klar u. a. die Aufgabe des Analytikers während des Übertragung-Gegenübertragungsprozesses, den sie als eine notwendige Einheit versteht:

> »Wir wissen doch, daß der Analysierte seine unbefriedigten, infantillibidinösen Wünsche dem Analytiker zuwendet. Als Objekt dieser Wünsche wird er mit jenen Objekten identifiziert, auf die sich einst dieselben bezogen haben. Die Aufgabe des Analytikers beruht nun auch darin, in der ubw-Einstellung seine reale Persönlichkeit aufzugeben und gleichsinnig zu den Übertragungsphantasien des Patienten seine Identifizierung mit den Imagines desselben vorzunehmen […]. [D]as Wesen der ubw ›Gegenübertragung‹ und die Verwendung derselben und ihrem Zweck entsprechende Bewältigung gehören zu den wichtigsten Aufgaben des Analytikers« (Deutsch 1926, S. 423).

Otto Fenichel bekräftigt 1935 die Bedeutung der Gegenübertragung mit der Bemerkung, dass das Unbewusste des Analytikers das Instrument der psychoanalytischen Technik schlechthin ist.

1931 greift Anton Mißriegler in den *Bemerkungen über die »Gegenübertragung«* von Hattingbergs Gedanken auf und stellt fest: »[D]ie positive Gegenübertragung ist ebenso Liebe wie die Übertragung« (Mißriegler 1931, S. 12). Er empfiehlt, die Analytiker mögen bei Stockungen in der Analyse sich »nicht auf den Widerstand des Kranken herausreden, sondern vorerst die Ursachen in [sich] suchen« (ebd., S. 16).

Bereits Ende der 20er Jahre beginnen die ersten Attacken der Nationalsozialisten gegen die Psychoanalyse als eine jüdische Wissenschaft. 1931 erscheinen in den *Süddeutschen Monatsheften* etliche Artikel, die sie als zersetzend diffamieren und verteufeln: Die Lehren der Psychoanalyse in ihrer

> »Wirkung auf die Patienten, ja auf die ganze Menschheit sind die Vergiftung eines der wenigen menschlichen Verhältnisse, die ihr, der Menschheit, noch als heilig gelten. Sie liegen auf der Linie des europäischen Nihilismus, der Zersetzung aller geltenden Werte, die wir von Nietzsche herleiten. Hier beginnt unser Kampf gegen die Psychoanalyse« (*Süddeutsche Monatshefte* 1931, S. 761).

Adler und besonders Stekel leisten den Nationalsozialisten Schützenhilfe. Stekel bezeichnet jetzt die Freudsche Psychoanalyse als einen »Tummelplatz von Metaphysik und Metapsychik« und verspricht, »die Wiedereroberung der Psychoanalyse für den naturwissenschaftlich gerichteten Arzt und die Wiederherstellung der Brauchbarkeit für die klinische Medizin« (ebd., S. 783) zu gewinnen.

Es wird auf die Gefahr katastrophaler Folgen für Kinder und Erwachsene durch die »Aufpeitschung sexueller Gedanken und Triebneigungen« (ebd., S. 786) hingewiesen. Falldarstellungen von Theodor Binswanger, Freud, Ferenczi und Reik dienen hierfür als Beweise. Unter diesem ungeheuren Druck veröffentlicht der Analytiker von Stoltenhoff 17 Jahre nach Freuds *Bemerkungen über die Übertragungsliebe*, 1932, im *Zentralblatt für Psychotherapie und ihre Grenzgebiete* den Artikel »Übertragungsliebe und Liebe«. Unter Bezug auf Freud versucht er, auf widersprüchliche und anbiedernde Art nachzuweisen, dass Übertragungsliebe und Liebe doch qualitativ zu unterscheiden seien, und zwar am Kriterium der »mangelnden Rücksicht auf die Realität« in der Übertragungsliebe: »›Übertragung macht blind‹, Liebe nicht« (von Stoltenhoff 1932, S. 474).

Zwei Jahre später, 1934, entgegnen Ludwig Jekels und Edmund Bergler darauf in ihrem Artikel »Übertragung und Liebe«. Beide versuchen, theoretisch zu begründen, dass Übertragungsliebe und Liebe qualitativ anders sind. Im Gegensatz zu Freud unterscheiden sie Liebe und Übertragung triebpsychologisch auf dem Hintergrund des Dualismus von Eros und Thanatos. In seinem Mittelpunkt steht das Über-Ich als neutralisierte Zone. Im Kampf zwischen beiden Strebungen soll die Eros-Liebe den Dämon entwaffnen; das vom Thanatos befreite Über-Ich kann sich mit den erotischen Strebungen verbinden, die Liebe ermöglicht die Erneuerung des Ich-Ideals, wobei als das Wesentliche der Liebe die Re-Introjektion des projizierten Ich-Ideals ins Ich verstanden wird. Übertragung sei dagegen ein aus panischem Schrecken entspringender Verzweiflungsakt, bei dem das ganze Über-Ich, also auch der Dämon, übertragen wird. Daher ist der Analytiker sowohl das Liebes- als auch das Angstobjekt des Patienten.

Was die Autoren in hochkomplizierter Metapsychologie abzuleiten versuchen, ist unserer Meinung nach das Übertragungsgeschehen zwischen Analytiker und präödipal fixierten Patienten in Unterscheidung zur Liebe beim »Gesunden«, zur Übertragungsliebe. Auch dem überstürzten Beginn einer Übertragung im analytischen Geschehen können wir nichts Pathologisches abgewinnen; denn immer, wenn ein Mensch große Hoffnungen und Erwartungen in die Begegnung mit einem anderen setzt, setzt Übertragung schon vor der ersten direkten Begegnung ein.

Michael Balint nimmt u.a. 1935 Ferenczis Gedanken von 1909 über die »Ur-Übertragung« auf, wenn er davon ausgeht, dass sich in der Übertragung der Ur-Wunsch des Patienten manifestiert, ohne Bedingungen geliebt zu werden. »Für ihn ist die Ur-Form der Liebe so zentral, daß der Narzißsmus nur ein Umweg ist, um von sich selbst das zu erhalten, was die anderen nicht gegeben haben« (Haynal 1987, S. 83). 1936 lehnt Sterba die Position Jekels und Bergers ab, ebenso wie Freuds Eros-Thanatos-Entwurf. Abschließend ist festzuhalten, dass ausgerechnet im Nationalsozialismus die Diskussion über die Übertragungsliebe kurz aufflackert. 20 Jahre nach dem Erscheinen von Freuds Artikel über die Übertragungsliebe werden dieser Begriff und seine Bedeutung in der psychoanalytischen Öffentlichkeit nicht mehr diskutiert.

Von der Übertragungsliebe zum »erotic horror«

Die Motive für die Veränderungen des Übertragungs-Konzeptes von Freud im Zusammenhang mit der psychoanalytischen Technik sind einerseits in der Angst-Abwehrbewegung der psychoanalytischen Gemeinschaft vor den Liebesgefühlen und dem sexuellen Begehren der Analysanden, andererseits in dem der Analytiker zu suchen. Wozu sollte sich ein Analytiker ohne eigenes Begehren, ohne eigene Liebeswünsche, vor dem Begehren des anderen, des Analysanden, schützen?

Unter dem Eindruck heftiger Liebesübertragungen entwickelt Richard Sterba sein Konzept der »therapeutischen Ich-Spaltung«, das er als *Das Schicksal des Ich im therapeutischen Verfahren* 1932 auf dem Internationalen Kongress für Psychoanalyse in Wiesbaden vorstellt und 1934 veröffentlicht. Mit Blick auf den Patienten konstruiert er – in Begriffen des Freudschen Strukturmodells, nämlich mit der Unterscheidung von Übertragungs- und Nicht-Übertragungs-Beziehungen – ein defensives »technisches« Konzept.[1] Sterba stößt auf zum Teil heftige Kritik bei einigen seiner Kollegen (Helene Deutsch, Paul Federn), setzt sich aber dennoch durch. Er bereitet so den Weg für eine Entwicklung des Übertragungsbegriffes in Form einer immer deutlicheren Trennung zwischen einer neurotischen, infantilen Übertragungsbeziehung und einer von ihr getrennten, realorientierten und vernünftigen Beziehung.

1 Für Peter Fürstenau (1977) ist die »therapeutische Ich-Spaltung«sogar eine Grundvoraussetzung, die ein Patient erfüllen muss, um im Standardverfahren überhaupt analytisch arbeiten zu können. Eine Fähigkeit, über die Patienten mit »strukturellen Ich-Störungen« nicht verfügen, und für die deshalb eine Veränderung des Behandlungsrahmens notwendig ist, um so die ich-psychologischen Voraussetzungen für eine Analyse erst zu schaffen.

Sieben Jahre später, 1941, wird aus der »unanstößigen« Übertragung Freuds bei Otto Fenichel die »rationale« Übertragung, Leo Stone (1973) kreiert den Begriff der »reifen« Übertragung und schließlich Ralph Greenson (1975), in Anlehnung an Elisabeth Zetzel (1956), den des »Arbeitsbündnisses«, der »übertragungsfreien« Beziehung. So wird schließlich aus der »unanstößigen«, zärtlichen Übertragung ein Arbeitsbündnis, von dem Heinrich Deserno sagt: »Der Analytiker schließt das Arbeitsbündnis mit niemand anderem als sich selbst«[2] (Deserno 1990, S. 27).

Sterba leitet eine »Spaltung in zwei nebeneinander existierende Beziehungsformen mit jeweils eigenen Interaktionsregeln, -gegenständen und -zielen« (Körner 1989a, S. 211) ein. Alle Autoren betonen den Kontrast »zwischen neurotischer Beziehung einerseits und einer relativ unneurotischen bzw. gänzlich vernünftigen Beziehung andererseits« (ebd.).

Was Freud als zwei Seiten ein und derselben Medaille betrachtet, wird künstlich getrennt, um die Angst vor dem eigenen Begehren einzugrenzen. Die Übertragungsliebe mit einem »unanstößigen«, positiven und einem »anstößigen«, erotisch-sexuell fordernden Anteil, der der rekonstruktiven Deutung nicht zugänglich ist, taucht als Begriff in seinem ursprünglichen Bedeutungsgehalt unseres Wissens außer in den von uns angeführten Aufsätzen so gut wie nicht mehr auf. Stattdessen treten an seine Stelle reduzierte, spezialisierte Begriffe, wie »milde positive« Übertragung, »starke positive«, »idealisierte«, »erotische«, »sexuelle« und »sexualisierte« Übertragung, um nur einige zu nennen, die alle nur Teilaspekte dessen meinen, was Freud Übertragungsliebe nennt. Die Flucht der Analytiker vor Liebe und Begehren im analytischen Prozess in monadische Metapsychologie setzt sich fort, das Einheitliche, Ganze der Übertragungsliebe wird bis zur Unkenntlichkeit aufgespalten.

Freud spricht in seinem Aufsatz über die Übertragungsliebe (s.o.) auch von der Klasse von »Frauen von elementarer Leidenschaftlichkeit«, den »gewalttätigen Verliebten, die nur zugänglich sind für Suppenlogik mit Knödelargumenten« (Freud 1915a, GW X, S. 315). Für die Art der Beziehungen, die diese Frauen eingehen, führt Lionel Blitzsten nach einem Zitat von Ernest Rappaport (1956) und Max Gitelson (1952) als eine besondere Form der erotischen Übertragung den Begriff der »erotisierten Übertragung« ein. Rappaport schreibt:

2 Zur Diskussion des Arbeitsbündnisses verweisen wir auf die scharfsichtige Analyse Desernos.

»Blitzten vermerkt, daß der Analytiker in der Übertragung so gesehen wird, als ob er das Elternteil wäre, in der Erotisierung der Übertragung aber so, als wenn er das Elternteil ist. Der Patient ist nicht einmal in der Lage, das Als-Ob zuzulassen oder zu erkennen« (Rappaport 1956, S. 515).

Nach Rappaport sei diese Erotisierung der Übertragung Ausdruck einer schweren Störung des Realitätssinnes. Diese Frauen seien keine Neurotikerinnen, sondern Patientinnen mit Borderline-Syndrom und Schizophrenie. Das Bild des Analytikers in seiner Eigenschaft als Analytiker gehe bei dieser Form der Übertragung vollkommen verloren. Leon Saul (1962) warnt:

»Der Analytiker muß das sexuelle Verlangen und die Liebesbedürfnisse des Patienten klar erkennen, er darf aber in keinem Augenblick daran zweifeln, daß sich hinter dem, was der Patient hier offen und sogar eindeutig zum Ausdruck bringt, Feindseligkeit und Schuldgefühle lauern« (Saul 1962, S. 59).

Es kann nicht sein, was nicht sein darf.

Greenson (1975) hält bei erotisierter Übertragung ich-stützende Psychotherapie für notwendig; Patientinnen mit eben dieser Form der Übertragung seien mit psychoanalytischer Methode nicht behandelbar; dabei siedelt er die erotisierte Übertragung in der analytischen Behandlung ausschließlich zwischen Analysandinnen und Therapeuten an: »Immer dann, wenn erotische Übertragung in der psychoanalytischen Behandlung auftritt, ist sie heterosexuell zwischen einem Analytiker und einem Analysanden« (zit. n. Martin Bergmann 1985/1986, S. 36). Vielleicht ist das, was in der Diskussion um die sogenannte »erotisierte Übertragung« nie auftaucht, nämlich das Gefühlspendant beim Analytiker, der Grund dafür, weshalb Greenson Marilyn Monroe »psychoanalytisch« während abendlicher Autofahrten am Strand behandelte. »Honni soit, qui mal y pense.«

Jacob Swartz (1967) unterscheidet zwischen »triebgereinigter« Übertragungsliebe in Form einer positiven Übertragung, die für das Arbeitsbündnis nutzbar zu machen ist, und einer triebhaft bedrohlichen erotisierten Übertragung, die eine psychoanalytische Behandlung unmöglich macht. »In der erotisierten Übertragung stellt der Patient exzessive unrealistische Forderungen an den Analytiker« (Swartz 1967, S. 317). Er nennt Kriterien, wie der Analytiker vorzeitig eine Erotisierung der

Übertragung erkennen kann, um zu verhindern, dass sich diese so weit entwickelt, dass eine analytische Arbeit nicht mehr möglich ist. Swartz greift Gitelsons, Rappaports, Harris und Blitzstens Hypothesen auf, dass eine unbehandelbare erotisierte Übertragung vorauszusehen sei, wenn der Analytiker bereits im Initialtraum ad personam auftaucht.[3] Er spricht die Empfehlung aus, schon im Erstinterview die Entwicklung und die Natur einer zu erwartenden erotisierten Übertragungsbeziehung zu erkennen und zu bekämpfen.

Indikatoren für eine zu erwartende erotisierte Übertragung sind für Swartz Gefühle und Fantasien, die den Analytiker betreffen. Der Analytiker muss gewarnt sein bei alleinstehenden Frauen, bei Frauen, die sich in unglücklicher Ehe gefangen fühlen oder ihre bis dahin glückliche Ehe als nicht mehr zufriedenstellend erleben. Ebenso »bei Patientinnen, die nur wenig zu erzählen haben und gleichzeitig mehr Wert auf ihr Äußeres wie Haare und Kleidung legen« (ebd., S. 314f.). Für den Umgang mit der erotisierten Übertragung, die das analytische Arbeiten blockiere, empfiehlt er, den Fokus des dargebotenen Materials aktiv zu verändern, besonders dann, wenn das sexuelle Material den Analytiker direkt betrifft und »solche Phantasien und Assoziationen im Verlauf der Behandlung zunehmen« (ebd., S. 316). Bei therapeutischer Resistenz empfiehlt er, die psychoanalytische Behandlung abzubrechen und zu einem späteren Zeitpunkt bei einem gleichgeschlechtlichen Therapeuten fortzusetzen. In extremen Fällen soll eine stationäre Unterbringung und eine damit verbundene »Verdünnung der erotisierten Übertragung« durch ein verändertes therapeutisches Setting (Gruppe) erwogen werden. Sandler et al. (1973) reihen die erotisierte Übertragung in die speziellen Übertragungsformen ein. Sie bringen sie in ihrer »mangelnden Realitätsprüfung« mit der psychotischen Übertragung in Verbindung und deklarieren sie so als eine maligne Form der Übertragung. Harold Blum (1973, S. 74) beschreibt die erotisierte Übertragung als einen »Teilbereich der erotischen Übertragung« und hebt sie gleichzeitig von der erotischen Übertragung ab. Für Patienten mit erotisierter Übertragung stelle die analytische Situation die Wiederholung einer sexuellen Verführung in der Kindheit dar, bei der die Erwachsenen ihre Komplizenschaft leugnen.

3 In einer interessanten eigenen Untersuchung widerlegt Ursula Grunert (1975) die oben genannten Autoren; dennoch hat diese »Gesetzmäßigkeit« bei vielen Analytikern bis heute Gültigkeit.

Die erotisierte Übertragung sei so der »Verführungsstil der Abwehr« (ebd., S. 75). Eine Abwehr, die dann erfolgreich ist, wenn der Therapeut aufgrund der erotisierten Übertragung dazu neigt, die Patientinnen wegzuschicken, wie es Gitelson, Leon Saul, Thomä/Kächele (1989) und andere vorschlagen.

Blum (1973) diagnostiziert bei diesen Patientinnen narzisstische und präödipale Aspekte hinter einer ödipalen Fassade, vertritt aber die Ansicht, dass die erotisierte Übertragung durchaus Teil einer analysierbaren Übertragungsneurose sei, weil sie als verzerrter Versuch gesehen werden muss, ein Kindheitstrauma durch aktive Wiederholung zu überwinden. Er beschränkt das Phänomen der Erotisierung der Übertragung somit nicht auf Borderline-Patienten.

Milton Eber setzt sich in seiner Arbeit »Neue Überlegungen zur erotisierten Übertragung: Erweiterung des Gegenübertragungsbegriffes« (1996) unter anderem mit Harald Blum und seinem Verständnis der erotisierten Übertragung auseinander, der die Bedeutung der Gegenübertragung bei der Entwicklung einer erotisierten Übertragung völlig außer Acht lässt. Langs (1981) teile zwar Blums Sichtweise der erotisierten Übertragung als Subtyp der narzisstischen und Borderline-Übertragung, betone jedoch mögliche Beiträge des Analytikers zur Entstehung der erotisierten Übertragung: »Manchmal könnten die unbewussten Bedürfnisse des Analytikers zu einer Mesalliance mit dem Patienten führen, wo die erotischen Begierden des Patienten durch das verführerische Verhalten des Analytikers hervorgerufen werden. In anderen Fällen wiederum könnte eine erotisierte Übertragung von einer masochistischen Fügsamkeit gegenüber dem Sadismus des Analytikers herrühren« (Eber 1996, S. 439f.).

Stanley J. Coen (1981) beklagt einerseits zurecht die unscharfe Begriffsbestimmung der Sexualisierung der Übertragung und bezeichnet sie andererseits in der Behandlung jedoch ausschließlich als eine Haltung der Abwehr aggressiv-destruktiver Impulse gegen den Analytiker, als einen Abwehrmodus, den er allen Patientengruppen unabhängig vom Grad der Pathologie zuordnet. Ivri Kumin führt schließlich im Jahre 1986 den Begriff »erotic horror« in den Diskurs über die Übertragungsliebe ein – »erotic horror« als Schreckgespenst erotischer und triebhafter Wünsche im Patienten und im Analytiker.

Mit Helen Silverman ist es im Jahre 1988 erneut eine Frau, die versucht, ihren männlichen Analytikerkollegen die Furcht vor einer gierigen, infantil-libidinösen Frau, die keine Grenzen kennt, zu nehmen. Sie lehnt den Terminus der erotisierten Übertragung ab. Für sie ist die erotisierte Übertragung eine extreme Form der erotischen Übertragung. Die erotisierte Übertragung ist also eine Form der erotischen Übertragung, die sich allerdings in Stärke und Intensität des Begehrens von dieser unterscheidet. Die Wahrnehmung der Intensität und Stärke der erotischen Übertragung ist, wie Silverman zu Recht bemerkt, abhängig von der Persönlichkeit des Analytikers, seiner theoretischen Ausrichtung und schließlich von dem, was in diesem Zusammenhang Gegenübertragung genannt wird. Was der Analytiker bei dem einen Patienten als angemessene Form der Übertragungsliebe begrüßt und erlebt, empfindet er bei einem anderen Patienten als übertrieben, unangemessen bedrängend und pathologisch.

»Eine negative Reaktion auf die erotische Übertragung auf Seiten des Analytikers, wie Ängstlichkeit, Vermeidung oder Zurückweisung, kann eine normale erotische Übertragung verschärfen oder intensivieren« (Silverman 1988, S. 177). Silverman unterstreicht, dass in der erotischen Übertragung präödipale und ödipale Residuen sich mit späteren adoleszenten und erwachsenen Liebesregungen verbinden und somit nicht weiter angenommen werden darf, dass sie nur Elternimagines repräsentiere. Vermutet Saul (1962) hinter jeder erotischen Übertragung »lauernde Feindseligkeit«, so greift Silverman auf Freud zurück, wenn sie vor einer der erotischen Übertragung oft zugrundeliegenden Feindseligkeit und Agressivität im Patienten warnt. Silverman widerspricht Greenson hinsichtlich dessen Einschränkung, dass erotisierte Gegenübertragung ausschließlich ein Spezifikum der Dyade Analysandin-Analytiker sei. Sie verweist darauf, dass es seit Mitte der 80er Jahre als »ein spätes Abfallprodukt der Frauenbewegung« vermehrt Untersuchungen zum Phänomen der erotisierten und erotischen Übertragungen in allen vier möglichen Geschlechterkonstellationen gibt, mit dem Schwerpunkt Analysand-Analytikerin.

Bereits 1936 schildert Ludwig Eidelberg die Übertragungsliebe zwischen einer Analytikerin und ihrem Analysanden. Nachdem die Analytikerin sich lange Zeit vergeblich bemüht, dem Patienten den Übertragungscharakter seiner Liebe zu deuten, ihn von »der Irrealität« und dem »Wiederholungscharakter« zu überzeugen, greift sie zu einem energischen Mittel. Sie erklärt sich bereit, sich von ihrem Mann zu trennen, um eine neue Ehe mit dem Analysanden einzugehen. Die Reaktion des Patienten:

»Der Patient erschrak tödlich, wehrte ihren Vorschlag entschieden ab und mußte sich so als überzeugt bekennen« (Eidelberg 1936, S. 496).

Eva P. Lester stellt in ihrer Untersuchung über erotische Übertragungsmanifestationen bei Analysanden mit Analytikerinnen nur eine »milde, vorübergehende, instabile, erotische Übertragung« fest (Lester 1985, S. 284 – eigene Übersetzung).

Ethel S. Person (1985) kommt zu ähnlichen Ergebnissen. Laut Person sind aber erotische »female-female«-Übertragungen häufiger anzutreffen und können durchaus intensiv sein. Keine erotischen Übertragungsmanifestationen findet sie in ihrer Untersuchung bei der Konstellation Analysand-Analytiker. Demgegenüber erwähnt schon Freud 1916/17 in seinen Vorlesungen zur Psychoanalyse eine Übertragungsliebe zwischen Analytiker und Analysand.

Marianne Goldberger und Dorothy Evans kommen zu anderen Ergebnissen: Sie stellen fest, dass männliche Patienten »die ganze Skala erotischer Übertragungserscheinungen mit weiblichen Analytikern offenbaren« (Goldberger/Evans 1985, S. 308), dass diese erotischen Übertragungen jedoch meist erst im späteren Verlauf der Analyse auftauchen. Janine Chasseguet-Smirgel hält die »Züge, die die Übertragungsliebe beim Mann kennzeichnen« (Chasseguet-Smirgel 1988, S. 69), für »getarnter« als bei der Frau und meint, dass »das vollständige Bild der Übertragungsliebe, die mit der Verliebtheit zusammenfällt [...], bei Übertragungserscheinungen männlicher Patienten jedenfalls seltener zu sein [scheinen] als bei Frauen« (ebd., S. 70).

Eulalia Torres de Beà (1987) spricht von einer Form der erotischen Übertragung, bei der die Analytikerin in den Fantasien des Patienten als ein entwertetes erotisches Objekt gesehen wird. In ihr schlagen sich gegen die Analytikerin gerichtete hasserfüllte und aggressive Triebe und Fantasien des Patienten nieder, verkleidet in Liebe und sexuelle Bedürfnisse.

Helen Silverman (1988) berichtet aus eigener Erfahrung – die viele Kolleginnen mit ihr teilen –, dass es viele unterschiedliche Formen oder Typen der erotischen Übertragung in Behandlungen mit männlichen Patienten gibt: Übertragungen, die nach der ursprünglichen Klassifikation in ihrer Direktheit und Deutlichkeit sowie in ihren Forderungen der erotisierten Übertragung entsprechen; oder weniger direkte Übertragungen, die sich in Form von Träumen oder Fantasien manifestieren. Sie beschreibt das Ausagieren einer erotischen Übertragung am Beispiel eines Patienten, der seine Analytikerin nach der Therapiestunde direkt anspricht: Ein Herr A., der hinter der Therapeutin zur Haustür geht, spricht voller Begeisterung von dem »impertinent ass« der Analytikerin, als erstes Auftauchen einer erotischen Übertragung, die sich später im Verlauf der Behandlung weiterentwickelt.

Von der Gegenübertragung zum Leibhaftigen

Den Begriff der Gegenübertragung benutzt Freud zum ersten Mal im Zusammenhang mit der Jung-Spielrein-Affaire in seinem Brief an Jung vom 7. Juni 1909; insgesamt verwendet er ihn lediglich fünfmal – zum letzten Mal in seinen *Bemerkungen über die Übertragungsliebe* (1915) –, wenn er die Übertragungsliebe in Abgrenzung zur Übertragung (als allgemeines Phänomen) bestimmt. Er spricht von der Gegenübertragung als terminus technicus für das Begehren des Analytikers und fordert, wie es die Metapher der Spiegelplatte und des Chirurgen veranschaulicht (1912), eine Haltung der Abstinenz. Dabei weist er auf die Gegenliebe hin, die der Arzt »erkennen und bewältigen« muss (1910). Freud empfiehlt, diese mithilfe einer »Selbstanalyse« (1915) zu zähmen. Er warnt die psychoanalytische Gemeinschaft aus »strategischen« Gründen davor, sich öffentlich zu diesem obszönen Thema der Psychoanalyse zu äußern. Entsprechend diesem Verbot wird dieses Thema tabuisiert, was zur Folge hat, dass die Erörterung von Begriff und Bedeutung der Gegenübertragung für Jahre aus der psychoanalytischen Diskussion verschwindet. Allein Sándor Ferenczi (1919) greift dieses Phänomen auf, als er in seiner Arbeit »Zur psychoanalytischen Technik« über die Anforderungen spricht, die die psychoanalytische Therapie an den Arzt stellt, und

> »die einander schnurstracks zu widersprechen scheinen. Einerseits verlangt sie von ihm das freie Spielenlassen der Assoziationen und der Phantasie, das Gewährenlassen des eigenen Unbewußten; wir wissen ja von Freud, daß uns nur hierdurch ermöglicht wird, die im manifesten Rede- und Gebärdenmaterial versteckten Äußerungen des Unbewußten des Patienten intuitiv zu erfassen. Andernteils muß der Arzt das von seiner und des Patientenseite

> gelieferte Material logisch prüfen und darf sich in seinen Handlungen und Mitteilungen ausschließlich nur vom Erfolg dieser Denkarbeit leiten lassen [...]. Diese fortwährende Oszillation zwischen freiem Spiel der Phantasie und kritischer Prüfung setzt aber beim Arzte eine Freiheit und ungehemmte Beweglichkeit der psychischen Besetzungen voraus, wie sie auf einem anderen Gebiete kaum gefordert wird« (Ferenczi 1919, S. 191f.).

Diese Überlegungen Ferenczis werden ebensowenig aufgegriffen wie Freuds Aufsatz zur Übertragungsliebe. Es erscheinen nur wenige Arbeiten zu diesem Thema. Sie sind ausschließlich defensiv, mahnend oder verbietend und fordern, die Gegenübertragung zu kontrollieren und sich in Abstinenz zu üben. So der Artikel von E.M. Cole (1922) mit dem bezeichnenden Titel: »A few ›don't's‹ for beginners« (»Einige ›Tu-es-nicht‹ für Anfänger«) oder Sterns Ausführungen (1924): *On the counter-transference in psychoanalysis (Zur Gegenübertragung in der Psychoanalyse).* 1926 erscheint der wenig beachtete Aufsatz von Helene Deutsch: »Okkulte Vorgänge während der Psychoanalyse«. Sie betont die Einheit des Übertragungs-Gegenübertragungs-Prozesses als notwendige Voraussetzung für die analytische Behandlung.

Ella Sharp ist eine der ersten in der Analytikergeneration, die es wagt, das von Freud geforderte Axiom »Niederhaltung der Gegenübertragung« aufzuheben. »Man kann, so lehrt sie, als Analytiker sehr wohl lebhaft fühlen, sogar neurotisch sein, Konflikte haben, auf den Patienten Übertragungen vornehmen und dennoch ein guter Analytiker sein« (Gysling 2009, S. 113).

Sie plädiert damit für eine angstfreie Wahrnehmung und einen ebensolchen Umgang mit der Gegenübertragung. Hierbei hebt sie den Grad der Bewusstheit der Gegenübertragungsgefühle als wesentliches Merkmal hervor, was für sie gleichbedeutend mit der Beherrschung der Gegenübertragung ist, und sie warnt »vor jeder Form von unbewusster Gegenübertragung, selbst vor einer positiv gefärbten ...« (Gysling 2009, S. 115).

Auf einzigartige Weise schränkt sie das Spektrum der »erlaubten« Gegenübertragungsgefühle ein: Sie verteufelt Übertragungsliebe in Form sexueller Wünsche oder Erregung.

> »Wer derlei in seiner Gegenübertragung wahrnehmen muss, der entlässt [...] seinen Patienten am besten sofort aus seiner inkompetenten Behandlung und meldet sich stattdessen selber noch einmal zur Analyse an. Ein solcher Analytiker gehört deshalb ein weiteres Mal auf die Couch, weil er

> Tendenzen hat, seinen Patienten, in dem er doch nur das bedürftige Kind sehen dürfte, als erwachsenen Liebespartner zu missbrauchen« (Gysling 2009, S. 118).

Unser Kommentar: Hierzu erübrigt sich jeglicher Kommentar!

Fanny Hann-Kende (1936) definiert die Gegenübertragung als »Funktion der Übertragung des Patienten und des Analytikers«. 1949 hält Paula Heimann auf dem Internationalen Psychoanalytischen Kongress in Zürich gegen den Rat von Kollegen, die sie eindringlich davor warnen, einen Vortrag über die Gegenübertragung. Sie entwickelt unter Rückgriff auf Ferenczi – den sie allerdings nicht erwähnt – ein Gegenübertragungskonzept, das bis heute die Diskussion prägt:

> »Unsere Grundannahme besteht darin, daß das Unbewußte des Analytikers das Unbewußte des Patienten versteht. Dieser Rapport in einer tiefen Schicht kommt in Form von Gefühlen an die Oberfläche, die der Analytiker in Antwort auf seine Patienten wahrnimmt, in seiner ›Gegenübertragung‹« (Heimann 1949, zit. n. Langs 1981, S. 141).

Heimann sieht sich zu dem Vortrag veranlasst, weil sie in Kontrollanalysen immer wieder feststellt, dass Ausbildungskandidaten »erschrocken« und »schuldbewußt« sind, wenn sie plötzlich Gefühle für ihre Patienten empfinden und

> »diese Gefühle durch Verdrängung und verschiedene Verleugnungstechniken abwehren zum Schaden ihrer Arbeit [...]. Sie neigten auch dazu, Bemerkungen über die positive Übertragung mit den damit verbundenen sexuellen Phantasien zu übersehen oder zu übergehen und willkürlich Zeichen der negativen Übertragung herauszugreifen, weil sie hierdurch das Ziel der ›kühlen Distanziertheit‹ sicherer zu erreichen glaubten« (Heimann 1964, S. 483).

Sie erwähnt, dass »Probleme der Gegenübertragung sogar sehr erfahrene ältere Analytiker haben« (ebd., S. 484), und betont, dass diese Schwierigkeiten dann entstehen, »sobald wir die Neigung fühlen, von der analytischen Situation weg zu gewöhnlichen zwischenmenschlichen Beziehungen überzugehen« (ebd., S. 492). Dieser Vortrag Heimanns zieht eine Reihe von Arbeiten zur Gegenübertragung nach sich. Viele Autoren sprechen sich für einen mutigeren Umgang mit der Gegenübertragung aus und regen an, sie für das Verständnis der analytischen Situation zu nutzen. Wir verzichten hier auf eine ausführliche Darstellung der weiteren Entwicklung des Begriffes der Gegenübertragung und verweisen auf die Übersichtsarbeiten von Franz Heigl (1960), Heinrich Racker (1982) und James McLaughlin (1981).

Zwar ebnet Paula Heimann durch ihren Aufsatz von 1949 den Weg zu einem neuen Verständnis der Gegenübertragung, doch fällt das, was ursprünglich mit Gegenübertragung gemeint war, nämlich die Gegenübertragungsliebe des Analytikers als Antwort auf die Übertragungsliebe des Patienten, einem noch wirksameren Diskussions-Tabu in der psychoanalytischen Gemeinschaft zum Opfer als die Übertragungsliebe.

Lucia Tower greift dieses Thema 1956 auf:

> »Nahezu jeder, der über Gegenübertragung schreibt, stellt gleichlautend fest, dass keine Form der erotischen Reaktion gegenüber einem Patienten toleriert werden kann. Das würde bedeuten, dass die Verführungen in diesem Bereich groß und vielleicht allgegenwärtig sind [...]. Andere Gegenübertragungsmanifestationen werden nicht routinemäßig verurteilt. Ich schließe darum hieraus, dass erotische Reaktionen jeden Analytiker bis zu einem gewissen Grad beunruhigen« (Tower 1956, S. 250 – eigene Übersetzung).

Harold F. Searles (1959) bestätigt die Allgegenwärtigkeit der Gegenübertragungsliebe in der psychoanalytischen Behandlung. Er betont, dass der Analytiker fähig sein müsse, ohne Angst, Schuld und Verlegenheit für die Liebe der Patienten empfänglich zu sein. Er hält es für die Beendigung einer Analyse für dringend erforderlich, dass der Analytiker seine Gegenübertragung in Form von Liebe und Begehren auf ödipal-genitalem Niveau aufgelöst hat.

Nach N.S. Lehrman (1960) sind sexuelle Gefühle des Analytikers nahezu unvermeidbar, wenn er längere Zeit mit einer für ihn attraktiven Patientin arbeitet. Er macht den Grad des Erfolges einer Analyse abhängig von der Bereitschaft des Analytikers, diese Regungen bei sich wahrzunehmen.

Heinrich Racker stellt zwar fest: »Das Verstehen des Analytikers erwächst aus der Liebe« (Racker 1978, S. 75). Allerdings hindere ihn die sexualisierte Gegenübertragung ebenso wie die negative Gegenübertragung daran, den Patienten zu verstehen. Beide Prozesse müssen daher ständig analysiert und aufgelöst werden. Die Nichtbeachtung dieser Gefühle komme einem »Untergehen in der Gegenübertragung« (ebd.,

S. 156) gleich, und die Gefahr des Ausagierens sei dann umso wahrscheinlicher. Ethel S. Person (1985) kritisiert, dass männliche Analytiker dazu neigen, erotische Übertragungen zu evozieren, ohne sie zu analysieren. Dieses Verhalten wird in der psychoanalytischen Gemeinschaft gefördert, indem vermieden wird, über Liebe und Begehren im psychoanalytischen Geschehen offen und angemessen zu diskutieren.

1985 publiziert Michael Gorkin seinen Aufsatz »Varieties of Sexualized Countertransference« (»Die Vielfalt sexueller Gegenübertragung«). Er beschreibt in eindrucksvoller Weise eigene sexuelle Gegenübertragungsgefühle während der Behandlung von Patientinnen und bedauert, dass die analytische Gemeinschaft sich zwar mit der »aggressiven« Gegenübertragung auseinandersetzt, dabei aber die Nützlichkeit und Wichtigkeit der »sexuellen« Gegenübertragung als Instrument des Verständnisses für die Patienten unterschätzt und übersieht. Er unterstreicht, wie wichtig der bewusste Umgang mit der sexuellen Gegenübertragung ist: zum einen als Mittel zum besseren Verstehen der Patienten, zum anderen, um ein Ausagieren oder subtile Formen der Abwehr sexueller Gegenübertragung eher ausschließen zu können. Zu Recht stellt er fest, dass Blum und Rappaport und andere in ihren Arbeiten zwar über erotische und erotisierte Übertragungen berichten, aber ihre eigene sexuelle Gegenübertragung angesichts »solch wilder Angriffe sexueller Wünsche und Forderungen« (Gorkin 1985, S. 427) unterschlagen. Sie schweigen über ihre Gefühle und deklarieren stattdessen zum eigenen Schutz das Begehren der Patientinnen als schwere Pathologie. Würden sie sich ihre sexuelle Gegenübertragung eingestehen, müssten sie sich selbst pathologisieren, denn Gegenübertragung wird schon lange nicht mehr als bloße Reaktion des Analytikers auf seinen Patienten verstanden. Es handelt sich prinzipiell um einen Widerstand gegen die Gegenübertragung, wenn Analytiker in langjährigen Behandlungen sich verbieten, ihren Analysanden gegenüber erotische und sexuelle Fantasien zu entwickeln (Weinstein 1986), Liebe und Begehren zu empfinden – ein Widerstand, der selbst der Analyse und Auflösung beim Analytiker bedarf.

Wenn es schon zum Thema der sexuellen Gegenübertragung zwischen Analytiker und Analysandin nur wenige Veröffentlichungen gibt, so sind Publikationen zur Dyade Analytikerin-Analysand noch seltener.

Ethel S. Person (1985), Nancy M. Kulish (1986), Helen Silverman (1988) und Janine Chasseguet-Smirgel (1988) sind unseres Wissens die einzigen, die sich dazu geäußert haben. Almut Massing und Hartmut

Wegehaupt eröffnen 1987 im deutschen Sprachraum die Diskussion über die sexuelle Gegenübertragung, indem sie die Manifestation der eigenen sexuellen Gegenübertragung auf verschiedene Patienten in ihrer ganzen Bandbreite skizzieren. Sie weisen auf die Gefühle von Schuld und Scham hin, »die dann entstehen können, wenn der Analytiker bei sich sexuelle Erregung verspürt« (Massing/Wegehaupt 1987, S. 57), und betonen, wie wichtig es sei, sich mit diesen Gefühlen auseinanderzusetzen – Gefühle von Schuld und Scham, die einem Klima von »Genußfeindlichkeit« im öffentlichen Diskurs entstammen, gerade so, als dürften Analytiker sich nicht geliebt und bewundert fühlen, die Gegenübertragung genießen, »sich sexuell erregen zu lassen oder als Erreger erlebt zu werden« (ebd., S. 56). Sie unterstreichen, dass die sexuelle Gegenübertragung in ihrer »körperlich-sinnlichen Dimension verstanden werden muß« und genossen werden darf. »Die technische Kunst des Analytikers liegt nun darin, die lustvollen Spannungen in sich nicht nur anklingen zu lassen, sondern sich anhaltend stimulieren zu lassen und atmosphärisch empathisch mitzustimulieren« (ebd., S. 70).

Das setzt beim Analytiker »die relativ angstfreie und freiwillige Aufhebung seines Inzesttabus« (ebd., S. 74) voraus, bei gleichzeitig aktivem, nicht normativem Lustverzicht. Gelingt das nicht, liegen Abwehr oder Agieren der sexuellen Gegenübertragung nahe: eine Abwehr, die sich in Verlegenheitsgefühlen, Errötungsangst oder übersteigerter Neutralität äußern kann, ein Agieren, das von langem Schweigen, zu frühen Deutungen, Rivalisieren mit dem Partner des Analysanden, bis hin zu manifesten Beziehungsangeboten reicht, die schließlich zu einer sexuellen Beziehung führen können.

In seiner eindrucksvollen und letzten Arbeit gebraucht Johannes Grunert (1989) nicht mehr den traditionellen Begriff der Gegenübertragung, sondern spricht von einer Verführungsbereitschaft des Analytikers, die mit bewussten und unbewussten Verführungsintentionen des Patienten korrespondiert. Dabei betont er die Verpflichtung des Analytikers zur Einhaltung einer Intimitätsdistanz, weil er in diesem Prozess massiven Triebspannungen unterworfen ist, deren Existenz er sich ungern eingesteht und die er schamvoll verschweigt, weil er sie als Schwäche erlebt. Im Kollegenkreis und nach ihrem eigenen Selbstverständnis werden diese Triebspannungen als unreif und unanalysiert angesehen; denn »sexuelle Gefühle zu haben ist nahezu indiskutabel« (J. Grunert 1989, S. 207).

Diese in der psychoanalytischen Gemeinschaft verbreitete repressive

Haltung, auf die wir in Gesprächen mit erfahrenen älteren Kollegen immer wieder aufmerksam gemacht wurden, ist mit der normativen Wirkung der traditionellen psychoanalytischen Abstinenzregel allein nicht zu erklären. Die Anfeindungen und Entwertungen, die diejenigen erfahren, die in offenen Werkstattberichten über eigene sexuelle Erregung sprechen, sind in hohem Maße in einem Sexualneid auf diese Kollegen begründet. Ähnlich wie für Denis V. Carpy (1989) in »Tolerating the Countertransference: A Mutative Process« (»Für eine Tolerierung der Gegenübertragung: ein veränderlicher Prozess«), steht für Grunert außer Frage, dass sich der Analytiker auf die Wünsche und Fantasien des Patienten einstellen muss, sie potenziell annehmen, als gedankliche Wirklichkeit erwidern und gewähren lassen muss, ohne der auf ihre Konkretisierung hinzielenden Verführungskraft zu erliegen.

> »Nimmt der Analytiker die Übertragung voll an, so muß er sich auch in die Vorstellung hineinversetzen können, Liebhaber seines Patienten zu sein. Vorurteilsfrei und unbefangen sollte er in der Lage sein, ohne Hemmungen etwas zu denken, was das Inzest-Tabu der Menschheit zu denken – und erst recht zu tun – verboten hat. Er muß fähig sein zu denken, was die Abstinenz ihm zu tun verbietet, weil es die analytischen Erfordernisse gebieten« (J. Grunert 1989, S. 224f.).

Wahrt der Analytiker die Intimitätsdistanz nicht, die er der Patientin zu Beginn der Behandlung zugesichert hat und für die er allein verantwortlich ist, sondern geht er eine sexuelle Beziehung zu seiner Analysandin ein, so geschieht »ein Verbrechen, das dem Inzest an Schwere nicht nachsteht« (Ehlert 1990c, S. 564). Es droht dann die Gefahr einer »dämonischen Abhängigkeit«, deren Dynamik »bis in die letzten Verästelungen der Logik des inzestuösen Mißbrauchs folgt« (ebd., S. 563). Durch die im analytischen Prozess notwendig in Gang gesetzte Regression entwickelt sich zwischen Analysandin und Analytiker eine Beziehungsstruktur, »die im ödipalen Bereich der zwischen Vater und Tochter entspricht, die sich demnach auch nach Abschluß der Analyse in der Frage der Abstinenz nicht auflösen kann« (Pfannschmidt 1987, S. 211).

Mathias Hirsch (1987) sieht zwar den inzestuösen Aspekt in sexuellen Beziehungen zwischen Therapeuten und Patienten insofern, als er die Patientinnen als schwach und abhängig, die Therapeuten dagegen als stark und dominant beschreibt, stellt jedoch fest: »Natürlich ist es möglich, daß zwischen Analysand und Analytiker eine ›wirkliche‹ Liebesbeziehung entsteht, und sicher sind häufig analytische Beziehungen zu realen Liebesbeziehungen geworden« (M. Hirsch 1987, S. 158). Er führt allerdings nicht aus, wann Liebe im analytischen Geschehen »wirklich« ist und wann nicht!

Erschreckend wirkt Walter Schindlers Versuch, eine intime Beziehung zwischen dem Analytiker und seiner Patientin zu legalisieren und damit ungeschehen zu machen: »Sollte es sich nicht um Ausbeutung, sondern um eine ernsthafte, ›reife‹ Liebesbeziehung handeln, sollten Analytiker und Patient – heiraten« (Schindler, zit. n. ebd., S. 159). Als ob der Inzest zwischen Vater und erwachsener Tochter keiner mehr wäre! Ein Abbruch der Analyse mit der Absicht, außerhalb derselben eine sexuelle Beziehung »legal« zu beginnen oder weiterzuführen, indem beide Beteiligten heiraten, bedeutet doch gerade, »daß der entscheidende Entwicklungsschritt während der Analyse nicht stattgefunden hat, daß damit auch nicht die Rede davon sein kann, daß der ödipale Konflikt bearbeitet und gelöst wurde« (Pfannschmidt 1987, S. 211).

Verstöße gegen das ärztliche Inzest-Tabu sind bekannt, seit es Ärzte gibt, daher auch das entsprechende Gebot im Hippokratischen Eid:

> »Ich schwöre, Apollon, den Arzt und Asklepios und Hygieia und Panakeia und alle Götter und Göttinnen zu Zeugen anrufend, daß ich nach bestem Vermögen und Urteil diesen Eid und diese Verpflichtung erfüllen werde […]. Welche Häuser ich betreten werde, ich will zu Nutz und Frommen der Kranken eintreten, mich enthalten jedes willkürlichen Unrechtes und jeder anderen Schädigung, auch aller Werke der Wollust an den Leibern von Frauen und Männern, Freien und Sklaven! […] Wenn ich nun diesen Eid erfülle und nicht verletze, möge mir im Leben und in der Kunst Erfolg zuteil werden und der Ruhm bei allen Menschen bis in ewige Zeiten; wenn ich ihn übertrete und meineidig werde, das Gegenteil« (Wirtz 1989, S. 248f.).

Verstöße gegen das psychoanalytische Inzest-Tabu gibt es in der Geschichte der Psychoanalyse seit Beginn. Daher auch das Gesetz ihres Begründers: »Die Kur muß in der Abstinenz durchgeführt werden« (Freud 1915, GW X, S. 313).

Dennoch hat sich an den Überschreitungen der »Intimitätsdistanz« (J. Grunert 1989), der »intimen Trennung« (Stone 1973) in den Anfängen der psychoanalytischen Praxis nichts geändert: Das Inzest-Tabu wird in einem unüberschaubaren Ausmaß gebrochen. Es gibt nach unseren Recherchen offenbar weder in Deutschland noch anderswo ein traditionsreiches psychoanalytisches Institut, in dem nicht hinter vorgehaltener Hand detailliert von sexuellen Beziehungen zwischen Analytikern und Analysandinnen, zwischen Lehr-Analytikern und Lehr-Analysandinnen geredet wird. Dass man es nicht wagt, unverhohlen über diese skandalösen Verhältnisse zu sprechen, ist auf die institutionelle Macht zurückzuführen, die diese Analytiker repräsentieren. Wo kein Kläger ist, gibt es auch keinen Angeklagten.

Die Unterminierung des psychoanalytischen Inzest-Verbotes tradiert sich als Privileg der »Söhne«, die als institutionelle Hüter der väterlichen Gesetze angetreten sind und durch ihre Tat den symbolischen Vater des Clans, nämlich Freud, töten. Gerade der institutionelle Machtfaktor macht die psychoanalytische Bearbeitung dieses Inzests aufseiten des Analytikers scheinbar unmöglich: Er bricht nicht einfach das Gesetz und macht sich dadurch schuldig, sondern er führt sich selbst anstelle des Gesetzes ein. Jemand, der sich selbst an die Stelle des Gesetzes setzt, es machtvoll-institutionell verkörpert, kann sich nicht schuldig machen – er ist ja das Gesetz. Und das zerstört die Gemeinschaft.

Dies ist der Hintergrund des von Cremerius und Grunert beklagten Umstands, dass die in Inzest-Beziehungen verwickelten Analytiker auch auf Aufforderung hin nicht bereit sind, sich wieder in Eigen-Analyse zu begeben und wenigstens vorübergehend auf die Durchführung von Analysen und Lehr-Analysen zu verzichten. Vielmehr ist es häufig der Fall, dass sie wiederholt sexuelle Beziehungen zu Analysandinnen aufnehmen.[1]

Diese Geschehnisse führen zu merkwürdigen Situationen. Analytiker, die nicht zum »Augias«-Institut gehören, werden zu Spezialisten, bei denen sexuell missbrauchte Analysandinnen in ihrer Not aufgrund der für sie grausamen Folgen mühsame Restitutionsversuche unternehmen, wenn sie den realisierten analytischen Inzest nicht mehr ertragen können.

Wird das skandalöse Treiben bekannt, kann das absurde institutionelle Folgen haben: Anstatt einen öffentlichen Diskurs zu beginnen, werden Analytiker in Ausbildung (!) inquisitorisch nach sexuellen Gegenübertragungsmanifestationen ausgehorcht. Uns wurde bisher ein einziger Fall berichtet, in dem es während der Ausbildung zu einer sexuellen

1 Zur Diskussion der Inzest-fördernden oder -eindämmenden Faktoren verweisen wir auf die Arbeiten von Cremerius (1984, 1986, 1987, 1988), Pfannschmidt (1987) und J. Grunert (1989).

Beziehung zwischen einem Analytiker in Ausbildung und einer Analysandin kam.

Hier droht die Psychoanalyse an jenen fatalen Ort ihrer Geschichte zurückzufallen, an dem die Vertuschung und Verschleierung des Inzests auf der Couch in der psychoanalytischen Gemeinschaft eine jahrzehntelange Abwehrbewegung verursachte und so »schafsgesichtige Blechaffen« Liebe und sexuelles Begehren um einen Leichnam kreisen ließen.

Unseres Wissens gibt es in Europa keine empirische Untersuchung speziell über inzestuöses Verhalten bei Psychoanalytikern, mit Ausnahme der von Hans Füchtner (1987) zitierten Befragung ehemaliger Analysanden in Frankreich aus dem Jahre 1977. Dabei berichteten vier von fünfzehn Analysandinnen von sexuellen Beziehungen mit ihren Analytikern, die als erfahren gelten. In den USA allerdings werden seit Ende der 60er Jahre quantitative Studien über sexuellen Missbrauch in Psychotherapien durchgeführt, die fast ausnahmslos Psychologen und Psychiater betreffen. Insgesamt geben etwa 10% der Therapeuten sexuelle Beziehungen zu ihren Patientinnen an!

Die staatlichen Zulassungsbehörden für Psychologen in Kanada und den USA registrieren seit Beginn der 80er Jahre eine stetig steigende Anzahl von Anklageverfahren gegen Psychologen wegen sexuellen Missbrauchs in der Therapie. Gartrell et al. (1986) kommen in ihrer nationalen Studie über Sex zwischen amerikanischen Psychiatern und deren Patientinnen zu einer angegebenen Häufigkeit von 6,4%. Das hat bei amerikanischen Berufshaftpflichtversicherungen für Psychologen dazu geführt, dass sie Verfahrenskosten und Schadensersatzansprüche im Zusammenhang mit sexuellem Missbrauch ausschließen.

Das in der Bundesrepublik jüngste, in Düsseldorf durchgeführte Gerichtsverfahren dieser Art endete mit einem Schuldspruch für den angeklagten Psychologen und einer Geldbuße von DM 10 000.[2]

Bedauerlicherweise führen Untersuchungsergebnisse und das Wissen um ständig neue Verletzungen des psychoanalytischen Inzest-Tabus in der psychoanalytischen Gemeinschaft weder zu offenen Diskussionen an den Instituten noch zu einer theoretischen Auseinandersetzung in der Fachöffentlichkeit.

2 Wir verzichten an dieser Stelle auf eine ausführlichere Darstellung der Untersuchungen und verweisen auf die Übersichtsarbeiten von Ehlert (1988, 1990b), Reimer (1990) und Wirtz (1989).

Nach wie vor ist es ein Glück und keine Selbstverständlichkeit, wenn Analytiker in der Ausbildung auf Kontroll-Analytiker treffen, die sie zu einer Arbeit in der Übertragungs- und Gegenübertragungsliebe ermuntern und die gemeinsam mit ihren jungen Kollegen genügend vom Libidinösen kosten können, um eine angstfreie Rede von Liebe und Begehren in der psychoanalytischen Behandlung möglich zu machen.

Wir haben sehr viele Analytiker in Ausbildung zu diesem brisanten Thema befragt. Die große Mehrzahl wagt nach wie vor nicht, in Kontroll-Analysen eigene Begehrlichkeit gegenüber Analysanden zur Sprache zu bringen, die meisten fühlen sich in ihrer Ausbildung unter diesem Aspekt im Stich gelassen. Die stichprobenartige Sichtung der Vorlesungsverzeichnisse der psychoanalytischen Institute von Berlin, Göttingen, Frankfurt, Stuttgart und anderen, die sich zum Teil auf den Zeitraum der letzten 25 Jahren bezieht, bestätigt auf eine erschreckende Weise, dass Übertragungs-, Gegenübertragungsliebe, Liebe, Begehren und Sexualität im analytischen Geschehen, sexuelle, erotische, erotisierte Übertragung und Gegenübertragung nicht vorkommen, weder als Vorlesungs- noch als Seminarthemen. So bleibt es eine für unseren Berufsstand beschämende Tatsache, dass erst Publikationen von missbrauchten Analysandinnen und die öffentliche Empörung darüber nur zögerlich und gegen starke Widerstände eine Diskussion in der psychoanalytischen Gemeinschaft eröffnet haben (Phyllis Chesler 1977, Anonyma 1988, Joëlle Augerolles 1989, Bates/Brodsky 1990, Peter Rutter 1990). Das Buch *Verführung auf der Couch* von Anonyma, das inzwischen auch in Frankreich und Italien erschienen ist, hat in der Bundesrepublik viele öffentliche Reaktionen ausgelöst. Auffällig ist, dass die Resonanz der Institutionen in allen drei Ländern sich auf beschämende Weise gleicht: zuerst Empörung, dann Schweigen.

Das Buch ist die Niederschrift einer häufigen Missbrauchs-Konstellation: Ein Lehr-Analytiker unterhält eine langjährige sexuelle Beziehung zu seiner Analysandin, die Analytikerin werden möchte. Es ist

> »die Geschichte einer geradezu dämonischen Abhängigkeit, aus der sich die Autorin trotz des unsagbaren Leidens, das mit ihr verbunden war, über Jahre nicht lösen konnte und von der sie sich bis heute nicht erholt hat; eine Geschichte, die sie sich nur unter genauester Beachtung selbst auferlegter Schreibbeschränkungen gegen schlimmste Selbstbeschädigungsimpulse abringen konnte; eine Geschichte, die sie beinahe zerstört und völlig beziehungsunfähig zurückgelassen hat, die sie gut ihr Leben hätte kosten können

> und von der sie sich dann über Jahre mit Hilfe eines anderen Analytikers schreibend zu befreien suchte« (Ehlert 1990c, S. 561).

Dass die Autorin ihren Berufswunsch, Psychoanalytikerin zu werden, aufgegeben hat, verwundert nicht. Diese Tragödie wirft ein grelles Licht auf die Macht und die zerstörerische Potenz des Analytikers, wenn er in der Verstrickung von Liebe und Begehren im analytischen Geschehen seinen Eid bricht, das psychoanalytische Inzest-Tabu zu wahren.

Mit der Missachtung des Abstinenz-Gebotes zerfällt die Beziehung in der psychoanalytischen Begegnung. Es gibt keine Orientierung mehr, wenn der Analytiker sich selbst an die Stelle des Gesetzes setzt: Joëlle Augerolles, die Autorin von *Mon analyste et moi* (1989) fragt während einer Analysestunde ihren Analytiker, der eine sexuelle Beziehung mit ihr bereits nach den ersten Stunden begonnen hat, ob das für die Analyse ratsam sei oder ihr schade. Seine Antwort: »Auf diesem Gebiet gibt es keine Regeln.«

Muss denn Liebe Sünde sein?

»Jede psychoanalytische Behandlung ist ein Versuch, verdrängte Liebe zu befreien« (Freud 1907, GW VII, S. 118). Freud bringt mit diesen Worten die Bedeutung und Allgegenwärtigkeit von Liebe und Begehren in der psychoanalytischen Arbeit klar zum Ausdruck. Dabei versteht er Liebe a priori als wesensgleich mit Sexualität und Begehren. Misslingt der Versuch des Analytikers und der Analysandin, das »Theater der Seele« (McDougall 1988) im psychoanalytischen Geschehen derart zu inszenieren, dass Liebe Befreiung erfährt, ist die psychoanalytische Behandlung gescheitert.

In jeder psychoanalytischen Behandlung wiederholt sich die Geschichte der Psychoanalyse mit jenen Bruchstellen, an denen Verwirrung stiftende Liebe einen Hiatus setzt.

An diesen therapeutisch schwierigen Markanten haben wir uns jedes Mal aufs Neue zu entscheiden, ob wir in kollektiver Angstabwehr die Liebe des Anderen um einen Leichnam kreisen lassen, oder ob wir den Mut haben, im Schutz und mit der Sicherheit des analytischen Rahmens unsere Verführung und unser Begehren dem Anderen zur Verfügung zu stellen, damit er sich selbst im wechselseitigen Prozess der Liebe erkennen kann. Denn »Liebe [...] ist ein unvermeidbarer Bestandteil der Behandlung [...] und [...] das Fehlen einer erotischen Übertragung ist darum in sich selbst beachtenswert und ein zu analysierender Behandlungsaspekt« (Silverman 1988, S. 173 und 177).

Hierbei ist es nicht unerheblich, ob die Übertragung des Patienten eine Gegenübertragung beim Analytiker auslöst oder ob die Liebe des Patienten direkt die Gegenliebe des Analytikers weckt, ob sich das emotionale »Angebot des Analytikers« im »Echo des Analysanden« bricht

(Morgenthaler 1986). Stekel sagt schon 1937: »Es gibt keine Übertragung ohne Gegenübertragung« (Stekel 1937, S. 68). Die moderne interaktionelle Beschreibung des lediglich unbewussten Anteils der Kommunikation zwischen zwei Subjekten als ein von Beginn an wechselseitiger Dialog zwischen dem Unbewussten des Patienten und dem Unbewussten des Analytikers, die Josef Dantlgraber (1982) in Anlehnung an John Klauber (1980) gibt, macht in der Tat glauben, es sei letztendlich unbedeutend, was zuerst da sei, die Henne oder das Ei.

Doch: Die Terminus-technicus-Beschreibung des analytischen Geschehens vernebelt die Verteilung von Verantwortlichkeiten, sie vertuscht Skandale und lässt sprachlich nur noch das bestehen, was übrig bleiben darf. Was geschieht also, wenn von Liebe und Begehren im analytischen Prozess die Rede ist? Unsere Antwort bezieht sich auf die häufigste Geschlechterkonstellation in der therapeutischen Praxis von Analytiker und Analysandin und findet durch unsere männliche Sichtweise ihre Begrenzung.

Eine Frau sucht in Hoffnung auf Heilung von ihren Symptomen einen Psychoanalytiker auf, mit dem unbewussten Wunsch, ihn dazu zu verführen, sie bedingungslos zu lieben (Ferenczi 1909, Balint 1935).

Ein Anderer, der völlig und ohne Bedingungen liebt, kann jedoch kein Anderer im Sinne eines Gegenübers sein – soll es auch nicht, und soll es doch. Gewünscht ist einer, der nur dort Kontur annimmt, wo er die Phantasmen der Vergangenheit und Gegenwart personifiziert und sich dadurch gleichzeitig nicht konturieren kann. Der Analytiker weiß, dass er in seinem Begehren, Analytiker zu sein (Bataille 1986), versuchen wird, die Analysandin zu verführen (Neyraut 1976, Morgenthaler 1986), ihre Liebe hervorzulocken (Freud 1915), sie zur Liebe geradezu zu zwingen (v. Hattingberg 1924). Doch bevor sie einander wirklich begegnen können, müssen beide die »einst frisch gedeckten Tische ihrer Kindheit« (Morgenthaler 1986, S. 90) verlassen. Es genügt nicht, dass der Analytiker als verspäteter Gast an der Tafel seiner Analysandin Platz nimmt; es kann geschehen, dass die Spuren der Gäste am Tisch der einen, die dort »gegessen, gefressen, gewütet, gefastet, verachtet, verschlungen, gespuckt, gestohlen und getrunken haben« (Morgenthaler ebd.), auf die Zeichen eines zerwühlten Liebesnestes des anderen treffen, wo »geschmust und gestreichelt, umarmt, geküßt, verführt und geliebt, geschlagen und gequält, ausgebeutet und benutzt, beherrscht und vergewaltigt, sexuell erregt und sexuell begehrt« (Massing/Wegehaupt 1987, S. 56) wird. Möglicherweise entsteht dann das, was Ferenczi (1933) die Sprachverwirrung zwischen dem Erwachsenen und dem Kind nennt: Der Dialog entgleist, und der Diskurs der Liebe kann gar nicht erst beginnen. Wenn die beiden sich begegnen wollen, müssen sie sich von den vertrauten Plätzen erheben und sich gemeinsam zu unbekannten Orten aufmachen, nachdem sie festgelegt haben, in welchem Rahmen das vor sich gehen soll. Heben wir also den Vorhang zur Übertragungsliebe, die schon im Wort ihre Ambiguität (David 1971) offenbart; denn die Wortzusammensetzung suggeriert eine Nicht-Deckungsgleichheit, eine prinzipielle Unterscheidung der Begriffe Liebe und Übertragung. Dies mag der Grund dafür sein, dass Lionel Blitzsten vor einer bestimmten Art von Initialtraum warnt: »[W]enn der Analytiker selbst im ersten Traum erscheint, ist die Prognose für die Behandlung ungünstig und ein Hinweis auf einen sehr schwierigen Verlauf der Analyse« (Swartz 1967, S. 311).

Rappaport und Gitelson machen aus dieser mündlichen Äußerung Blitzstens zum prognostischen Faktor in der Analyse eine auf jeden Fall von Beginn an vorhandene erotisierte Übertragung, obwohl bereits Milton Rosenbaum (1965) in seiner Untersuchung zu ganz anderen Ergebnissen kommt, wie Ursula Grunert (1975) bemerkt. Donald W. Winnicott spricht 1974 von Initialträumen bei Kindern bereits vor der ersten Begegnung mit dem Analytiker, Michel Neyraut (1976) erwähnt Serge Lebovici und M. Soule und deren Beobachtungen, dass schon am ersten Tag von Behandlungsträumen berichtet wird, und weist selbst auf frühe ödipale Träume hin. Grunert (1975) falsifiziert die Gültigkeit von Blitzstens Aussage anhand einer eigenen Untersuchung, ebenso wie Paul Bradlow und Stanley Coen (1975). Auch Jean Laplanche erwähnt den Initialtraum, »der sich häufig in dem Zeitraum einstellt, der zwischen dem ersten Interview und dem Beginn der Analyse verstreichen kann« (Laplanche 1996, S. 180), ohne darin eine ungünstige Prognose für den Analyseverlauf zu sehen.

Dennoch ist es seither noch nicht verworfene Norm, dass Initialträume, in denen der Analytiker unverstellt auftritt, womöglich noch in einem eindeutig erotisch-sexuellen Zusammenhang, sofort analysiert werden müssen. Besser sei es, die Behandlung erst gar nicht aufzunehmen, weil es sich um eine von Beginn an erotisierte Übertragung mit exzessivem Verlangen handele, in der die Patientin nicht mehr zwischen Analytiker und »tatsächlich« gemeintem Elternteil unterscheiden könne. Hier entlarvt sich, wie die angebliche Kompetenz einzelner Autoritäten, die als

Meinungsführer gelten, theoriebildend wirkt, unreflektiert übernommen und weitergetrieben wird, selbst wenn die Untersuchungen von Experten diese Theorien widerlegen (Bräutigam 1988). Nach Gitelson sei diese Art von Träumen jedoch ohne besondere Bedeutung, wenn sie im späteren Verlauf der Analyse auftrete. Martin S. Bergmann (1985/1986) weist darauf hin, dass Ralph Greenson das Phänomen der erotisierten Übertragung einzig und allein der Dyade Analytiker-Analysandin zuordnet.

Was sind das für Zeiten, in denen Analysandinnen das nicht mehr zu dem Zeitpunkt träumen dürfen, was von ihrem Unbewussten an die Oberfläche drängt, wenn das »timing« eines bestimmten Traumszenariums die Analysierbarkeit bestimmt.

Bleibt dem Analytiker diese Art von Initialtraum erspart, steht er vielleicht schon vor der nächsten Barriere, nämlich der einer »malignen Übertragungsliebe« (Ermann 1989). Michael Ermann skizziert den Zusammenhang zwischen Übertragungsliebe, maligner Regression und Narzissmus unter Bezugnahme auf Conrad Steins *Neue Beobachtungen zur Übertragungsliebe* (C. Stein 1989).

Stein wehrt sich gegen die für ihn unerträgliche Übertragungsliebe seiner Patientin bewusst mit einer Erhöhung des Honorars. Die Patientin bleibt, wie gewünscht, weg. Das primäre pathologische Syndrom dieser unbehandelbar krankhaften Liebe sei, dass die Patientin bereits mit der Wunschphantasie komme, ihren Analytiker sexuell zu verführen, und versuche, mit ihrem Symptom (den Analytiker zu begehren) die Offenlegung ihrer »primären narzißtischen Verwundung« in der analytischen Beziehung abzuwehren (Ermann 1989, S. 4). Ermann meint hier den bewussten Wunsch der Patientin, den Analytiker zu Liebeshandlungen zu verführen; denn die Hoffnung auf Erfüllung der unbewussten Liebes-Wunschfantasie ist immer ein entscheidendes Agens in der Beziehung zum Analytiker, wie wir seit Freud, Ferenczi und Balint wissen. Das Kriterium für die Unterscheidung zwischen Übertragungsliebe und maligner Übertragungsliebe sieht Ermann im Zeitpunkt ihres Auftretens: Da die Patientin bereits mit dem bewussten Verführungswunsch zum Analytiker kommt, wird ihr Begehren nicht erst während des Behandlungsverlaufes in der aktuellen Beziehung zum Analytiker geweckt und ist damit keine unbewusste Wunschfantasie, die aufzudecken in der analytischen Arbeit möglich wäre. Wird eine unbewusste Wunschfantasie dagegen während des Behandlungsverlaufes zur manifesten Übertragungsliebe, ist sie behandelbar. Wie beim manifesten

Inhalt des Initialtraumes ist auch der Zeitpunkt des Auftretens der bewussten Übertragungsliebe entscheidend für die Qualität der Pathologie und deren Behandelbarkeit. Das stellen wir in Frage. Wir bezweifeln, dass es qualitative Unterschiede der Übertragungsliebe gibt, und gehen von graduell unterschiedlichen Intensitäten und verschiedenen Zeitpunkten des Auftretens aus. Denn sowohl die manifeste Übertragungsliebe, in der von Beginn der Behandlung an bewusst Gegenliebe eingefordert wird, sowie die sich langsam entwickelnde, »reife« Übertragungsneurose mit der dann ins Bewusstsein gedrungenen, manifesten Übertragungsliebe haben primär-prozesshaften Charakter.

Wir stimmen lediglich darin mit Ermann überein, dass der Zeitpunkt des Auftretens zwar Dreh- und Angelpunkt ist, jedoch nur insofern, als der Analytiker auf dem Prüfstein seines Begehrens steht. Die Deklaration einer schweren Pathologie kann nicht davon abhängen, ob die Liebeswünsche und das sexuelle Begehren von Analysandinnen quasi pianissimo vom Unbewussten an die Oberfläche schweben, damit der Analytiker sie rechtzeitig bemerken und sich darauf einrichten kann, oder ob die Patientin mit der Liebes-Tür ins Haus des Analytikers fällt, sie damit gleichsam »unmittelbar in die Übertragung springt« (U. Grunert 1975, S. 866). Vielleicht sollte man an dieser Stelle besser von Liebe als Widerstand sprechen, an der sexuelles Begehren gegen eine tiefe Kränkung protestiert – gegen ein Leiden, das in kindlicher Ohnmacht ohne Gegenwehr erduldet werden muss (David 1971).

Der Begriff »maligne Übertragungsliebe« meint also das, was Blitzsten als »erotisierte Übertragung« einführt und was Harold P. Blum (1973, S. 75) als »Abwehr gegen Feindseligkeit, Homosexualität und narzißtische Kränkung« bezeichnet. »Maligne« scheint uns in diesem Zusammenhang missverständlich, weil »maligne Regression« (Balint 1968) eher das Auftreten der narzisstischen Urwunde während der Analyse meint.

In seinem Vergleich »der gutartigen Form der Regression« (Balint 1973, S. 178) mit der »bösartigen« (ebd., S. 179) stellt Michael Balint »gutartig« – »Die Regression geschieht mit dem Ziel des Erkanntwerdens« – und »bösartig« – »Die Regression hat das Ziel der Befriedigung durch äußere Handlung« – gegenüber. Das ist nicht so, denn welche Regression hätte nicht auch das Ziel der Befriedigung durch eine äußere Handlung?

Michel Neyraut (1976) und Catherine Parat (1982) verzichten auf eine Dichotomisierung sexueller und nicht-sexueller Übertragungen. Parat betont, dass der »unanstößige« Übertragungsaspekt dieselbe erotische

Quelle habe wie der »anstößige«, lediglich triebgehemmter sei. Neyraut spricht von einer dem Bewusstsein direkt verfügbaren Übertragung, die lediglich ein »Widerschein« der indirekten, dem Bewusstsein noch nicht zugänglichen Übertragung sei.

Oft kommt die Frage eben erst schrecklich lange nach der Antwort. Denn in der von Anfang an ihrem Bewusstsein direkt zugänglichen Übertragungsliebe oder mit ihrem Initialtraum vom Analytiker präsentiert die Analysandin ihm bereits die Antwort, während sie erst lange danach die Frage zur Antwort finden kann. Vorausgesetzt, der Analytiker flüchtet nicht vorzeitig vor der begehrlichen Versuchung. Verdrängte Liebe stürzt sich auf aggressive Weise dann förmlich ins Aktuelle. Dabei mag sich diese punktförmige Präsenz als blinder Impuls einer reinen Wiederholung entpuppen, um sich gegenüber Be-Deutungen zu verschließen.

In der indirekten, dem Bewusstsein noch nicht zugänglichen Übertragungsliebe, führt die Frage nach der Bedeutung der schambesetzten Unruhe des Mangels zu der Antwort, dass es Liebe und Begehren zum Analytiker ist, die Erfüllung fordert. Es scheint so, als wären die nach wie vor gültigen Worte längst vergessen:

> »In einem Liebesrezidiv vollzieht sich der Prozeß der Genesung, wenn wir alle die mannigfaltigen Komponenten des Sexualtriebes als ›Liebe‹ zusammenfassen, und dieses Rezidiv ist unerläßlich, denn die Symptome, wegen derer die Behandlung unternommen wurde, sind nichts anderes, als die Niederschläge früherer Verdrängungs- und Wiederkehrkämpfe und können nur von einer Hochflut der nämlichen Leidenschaften gelöst und weggeschwemmt werden« (Freud 1907, GW VII, S. 118).

Das kann in unterschiedlicher Weise vor sich gehen:

> »Liebe kann plötzlich und unerwartet, lärmend und störend oder langsam, schüchtern und verstohlen in der Behandlungssituation auftreten. In ihren unzähligen Formen und endlosen Variationen ist sie ein unverzichtbarer Bestandteil der Behandlung« (Silverman 1988, S. 173).

Hat der Analytiker nun das »Glück«, einem verhängnisvollen Initialtraum sowie der noch verfänglicheren malignen Übertragungsliebe einer »gierigen, infantil-libidinösen Frau«, die keine Gesetze kennt, entronnen zu sein, dann ist die psychoanalytische Bühne frei für die Aufführung von Illusion und Wahrhaftigkeit, die in jeder Analyse inszeniert wird und dennoch im offiziellen psychoanalytischen Programm gestrichen zu sein scheint: Übertragungs- und Gegenübertragungsliebe.

Auf unserem Streifzug durch die Geschichte der Unterwelt-Bewegung lassen wir uns von Freud sagen, dass sich die Liebe auf dem Weg der falschen Verknüpfung in einer vorerst dem Bewusstsein nicht zugänglichen Intersubjektivität einstellt, sich dort als ein Begehren artikuliert, »das immer schon über das bewußte Subjekt verfügt, bevor es sich diesem noch irgendwie verrät« (Weiß 1988, S. 54). Das Begehren der Analysandin erfährt somit seine Bestimmung immer erst auf den Analytiker als Gegenüber hin. Vincent Crapanzano weist auf die Bedeutung des Begehrens in einem umfassenderen Zusammenhang hin: das Begehren spielt schon im

> »Prozeß der Selbstkonstituierung eine entscheidende Rolle. Das Selbst kann den Anderen nicht rein nach seinem Begehren formen, denn dieses findet seine Grenzen im Widerstand – mit Hegel gesprochen: im Begehren – des Anderen« (Crapanzano 1987, S. 402).

Wir wissen natürlich, dass wir keinen Analysanden in Analyse nehmen können, »ohne daß dieser versucht, uns zu verführen und wir können keinen analytischen Prozeß einleiten, wenn wir uns nicht eingestehen, daß wir ihn dazu verführen« (Morgenthaler 1978, S. 25). Damit tut sich eine entscheidende doppelte Lücke auf. Die Lücke der einen – zwischen ihrem Bedürfnis und der möglichen Befriedigung ihres Begehrens durch den Anderen, die Lücke, die den Ort des Analytikers bestimmt. Und die Lücke des Anderen – zwischen seinem Verführen und der möglichen Befriedigung seines dadurch geweckten Begehrens durch die eine, die Lücke, die den Ort der Analysandin markiert.

In dem Augenblick des Eingeständnisses, dass er die Analysandin zur Analyse verführt – und damit beginnt jede analytische Behandlung – weiß der Analytiker von seinem Wunsch, der begehrte Andere zu sein. So fallen in der Tat vorübergehend das Begehren der Analysandin und das Begehren des Analytikers zusammen, mit einem entscheidenden Unterschied: Die Analysandin drängt auf Erfüllung ihres Begehrens, drängt auf Liebeshandlung durch den Analytiker. Der Analytiker strebt danach, dass die Analysandin von ihrem Begehren zu ihm vorangetrieben werde, aber – in eine andere Richtung. Hier nehmen wir einen anderen Standpunkt ein als Laurence Bataille, die sagt, dass in jeder analytischen Behandlung das Subjekt sich

> »dem Genießen seines Analytikers überläßt, sofern dieser für es den großen Anderen repräsentiert […]. Es ist jedoch vorzuziehen, daß das Subjekt den Analytiker nicht an diesem Platz vorfindet […]. Was den Analytiker als Begehrenden spezifiziert, ist, daß er nicht wünscht, das Objekt dieses Begehrens des Anderen zu sein« (Bataille 1986, S. 6).

Wie soll man sich denn das Begehren, Analytiker zu sein, vorstellen, ohne den Wunsch, begehrt zu sein? Bataille räumt jedoch ein, dass der Wunsch des Analytikers, sich von den Abenteuern seiner Analysandin berichten zu lassen, dazu im Widerspruch steht und konzidiert: »Das ist eine der Aporien der Psychoanalyse« (ebd., S. 8). Doch bevor es dazu kommt, geschieht vieles und wichtiges.

Die Analysandin und der Analytiker begegnen sich in der analytischen Situation und sprechen. Und sie treffen sich, um nur zu reden. Die Einführung der Sprache in dieser Begegnung hat vielfache Bedeutung. Einmal meint sie den symbolischen Gestus, in dem von der einen, verbal oder nicht-verbal – mit Stimme, Blick oder Symptom – Bedürfnisse, Fantasien, Wünsche und Gefühle geäußert werden, um den Anderen damit zu erreichen, also etwas Verbindendes. Rede und Gegenrede konstituieren gleichzeitig die Anerkennung eines Getrennt-Seins zwischen der Analysandin und dem Analytiker, wobei Gestalten und Geschlechter Wandlungen unterliegen können. Sprechen meint auch die Rekonstruktion der eigenen Geschichte über den Weg der symbolischen Ordnung der Sprache, der zwar erst zum Anderen hin führt, aber gerade hierdurch die Erkenntnis des Eigen-Seins möglich macht, ein befreiender Akt.

»Nur reden« hat einen doppelten Sinn: Reden als Sprache zwischen Analysandin und Analytiker ortet letzteren als den symbolischen Vater (Lacan), womit die Funktion des Vaters in der psychischen Entwicklung angesprochen ist. Die Sprache selbst symbolisiert schon die Trennung zwischen Kind und Mutter. Die Einführung des Vaters als Dritten zerreißt das Band der Dyade und ermöglicht die zugleich befreiende (Abelin) und beängstigende präödipale Triangulierung (Ermann). Mit der Einführung des Vaters geht die Einführung des Gesetzes einher, indem der Vater Regeln setzt, die es dem Kind verbieten, »alles für die Mutter zu sein, und der Mutter, das Kind für sich zu behalten« (Moij 1987, S. 56).

Mit diesem Gesetz muss sich das Kind identifizieren, nicht einfach mit dem Vater. Würde sich das Kind nur mit dem Vater und nicht auch mit dem Gesetz identifizieren, wäre es zwar nicht mehr in der Abhängigkeit von der Mutter, stattdessen in der vom Vater, könnte sich somit tatsächlich nicht lösen auf ein Eigenes hin. Zudem hieße die Identifikation mit dem Vater, das zu tun, was verboten ist, nämlich mit der Mutter das zu tun, was der Vater mit ihr tut.

Wir sind beim »Nur« angekommen. Mit dem Gebot, das der Analytiker als Vertreter des väterlichen Gesetzes zur Eingrenzung des begehrlichen Geschehens ausspricht, ist das Inzest-Verbot zwischen Vater und Tochter an der Markierungslinie des doppelten Berührungsverbotes (Anzieu 1984) zwischen erwachsener Analysandin und erwachsenem Analytiker erneuert. Dieses Gesetz lautet: »Die Kur muß in der Abstinenz durchgeführt werden« (Freud 1915, GW X, S. 313).

Die Haltung als eine doppelte ist gemeint. Sie ist dem Analytiker eigen, noch bevor Übertragungs- und Gegenübertragungsliebe eine Eingrenzung erfordern und kann dennoch erst gefunden werden, wenn die Begegnung stattfindet. Diese Haltung als Teil des väterlichen Prinzips in der psychoanalytischen Technik (Schürmann 1990) macht sich jeder, der Psychoanalyse praktiziert, als Grundeinstellung in verschiedener Weise zu eigen.

Diese Einstellung kann der Analytiker erst finden, wenn er den Wiederholungscharakter des neurotischen Lösungsversuches der Analysandin objektivierend-zurückhaltend diagnostiziert und seine eigene, für diese Begegnung spezifische Gefühlshaftigkeit als Instrument für seine Erkenntnisse einsetzt. Erst dann kann er aus seiner »exzentrischen Position« der Übertragungsdeutung heraus der Analysandin den Übertragungs-Beziehungs-Konflikt als bislang nicht zu vereinbarenden inneren Konflikt nahebringen (Körner/Rosin 1985, Körner 1990b).

Der zeitliche und beziehungsräumliche Ort des Analytikers, an dem die Arbeit in der Übertragungs- und Gegenübertragungsliebe ihn in Anspruch nimmt (Körner 1989a), wird von dem »diachronischen Pol« (Neyraut 1976) bestimmt, in dessen Richtung sich das Geschehen bewegt. Die Richtung ist regredient (verbunden, jedoch nicht identisch mit der gleichzeitigen Regression der Analysandin), wenn die aktuelle Versuchung – sich ihr Begehren vom Analytiker befriedigen zu lassen – Angst bei der Analysandin auslöst. Dies kennzeichnet die Ambivalenz, der jede Übertragungsliebe in unterschiedlicher Ausprägung unterliegt, auch und gerade dann, wenn die Forderung nach Liebeshandlungen sofort zu Beginn gestellt ist und dazu dient, sich Be-Deutungen gegenüber zu verschließen (David 1971).

Die Angst vor dem Aktuellen reaktiviert den »infantilen Wunsch«, um der als gefährlich erlebten Versuchung zu entrinnen. In seiner Verformung als neurotischer Lösungsversuch bedrängt er jedoch, wie wir wissen, gerade die Realität. Genau hier wird die Bewegung des begehrlichen Geschehens progredient und läuft wieder auf die aktuelle Person des Analytikers zu. Solange die Analysandin angstabwehrend im regredienten Labyrinth den neurotischen Lösungsversuch ihrer verdrängten Liebe nachvollzieht und dabei die Inszenierung der ersten Szenen ihres Lebens-Dramas zur inneren Wiederaufführung bringt, vollzieht sich die Regredienz der Therapie hin zu den Ursachen ihrer Neurose. Wendet sich das Geschehen in die progredient-begehrliche Richtung auf den aktuellen Analytiker zu, wird die Angstabwehr brüchig und die begehrlichen Gefühle der Analysandin bilden vorübergehend den Bereich zwischen dem bereits Erinnerten und den gegenwärtig möglichen Taten mit dem Anderen; den Bereich oder die Lücke, die den Ort des Analytikers bestimmt. Das leibliche Substrat der Liebesgefühle der Analysandin und die von außen, vom Analytiker an sie herangetragene Verführung zur schamlosen Rede bewirken, dass sich das Geschehen auf einen Punkt der Handlung zubewegt.

Lucio Sarno (1988) schildert in seiner Arbeit »Appunti sull'oggetto sessuale e sulla relazione analitica« (»Anmerkungen zum Sexualobjekt und zur analytischen Beziehung«) u. a. den Versuch eines Analysanden, die Lücke, die den Ort des Analytikers markiert, mit einem Kompromiss zu füllen. Immer, wenn der Analysand eine Stunde als besonders »fruchtbar« erlebt, masturbiert er anschließend. »Ich spüre, daß die Masturbation mir hilft, den Kopf von all den Stimuli zu befreien, die Ihre Worte in mir hervorrufen« (Sarno 1988, S. 143). Allerdings versagt uns das sonst hilfreiche Modell des Freudschen Regressionsverständnisses (Körner 1989c) die Aufklärung dessen, was mit dem Trick der »falschen Verknüpfung« zur Übertragung versandet: Die aktuelle Liebe und das Begehren der erwachsenen Analysandin dem erwachsenen Mann, dem Analytiker gegenüber. Selbst Freud versteht unter Übertragung Wiederholung und gleichzeitig etwas anderes als die bloße Wiederholung. Ferenczi betont gerade den Kontrast zwischen der Beziehung des Kindes zu seinen primären Bezugspersonen und der der Erwachsenen zum Analytiker. »Die analytische Situation ist keine bloße Reproduktion der Lebenssituation und schon gar nicht der Kindheit« (J. Grunert 1989, S. 223). Im Zusammenhang mit dem Freud'schen Regressionsmodell bemerkt Jürgen Körner:

> »In dieser Sichtweise ist gut zu erkennen, daß die Patientin in ihrer Übertragungsverliebtheit auf infantile Erlebnisse und Konflikte zurückgreift, aber wir erfassen weniger gut, daß die Patientin gleichzeitig als erwachsene Frau unübersehbar einen ernstgemeinten, der realen Person ihres Analytiker geltenden Beziehungsversuch unternimmt. So sehr ihre Libido ›zurück-fluten‹ mag, so sehr meint sie doch ihn und keinen anderen« (Körner 1989d, S. 3).

Ähnliches stellt Christian David (1971) fest: Im Verlauf der Übertragungsliebe entfaltet sich parallel zu den ödipalen Wiederbelebungen und deren allmählicher Bewusstwerdung durch Aufhebung der Widerstände eine neue und ungewöhnliche Liebesgeschichte, »punktiert von fragmentarischen Geständnissen, die immer schwierig und angstbeladen sind«, weil dieses Eingeständnis der Liebe und des Begehrens verbunden ist mit elementarer Abhängigkeitsscham und der Angst, den Geliebten zu verlieren, was in jeder Analyse passiert.

»Niemals sind wir ungeschützter gegen das Leiden, als wenn wir lieben. Niemals hilfloser unglücklich, als wenn wir das geliebte Objekt oder seine Liebe verloren haben« (Freud 1930, GW XIV, S. 441). Dies umso mehr, als oft Liebesgefühle und sexuelles Begehren dem Analytiker gegenüber von stärkerer Intimität und Intensität sind, als es die in der Vergangenheit meist versteckt und geschminkt geäußerten jemals waren.

Doch bestimmt dies nur den Ort des Analytikers. Der der Analysandin beginnt erst dort sichtbar zu werden, wo die Angst des Analytikers vor der Versuchung sich in seiner Bereitschaft verliert, fantasmatisch der Liebhaber seiner Analysandin zu sein, »ohne Hemmung etwas zu denken, was das Inzesttabu der Menschheit zu denken – und erst recht zu tun – verboten hat« (J. Grunert 1989, S. 224). Zu denken, diese skandalöse Imagination beschränke sich darauf, die Fantasien und Wünsche der Analysandin in sich aufzunehmen, gewähren zu lassen und sie »als gedankliche Wirklichkeit zu erwidern« (ebd.), reduziert das Subjekt zu einem Objekt, zu einer Maschine, die reagiert, wenn sie gereizt wird. Hier besteht die Gefahr, dass sich das einschleicht, was Ermann als Widerstand gegen die Gegenübertragung beschreibt:

> »Je tiefer aber die Regression, und je intensiver sich die Dynamik des Behandlungsprozesses verdichtet, umso intensiver werden auch archaische Gegenübertragungs-Inhalte – und dadurch entsprechend intensive Widerstände im Analytiker, welche sie abwehren« (Ermann 1987, S. 106).

Denn ES ist natürlich das Begehren, Analytiker zu sein – das Begehren, der Begehrte zu sein –, was die Analysandin dazu verführt, den Analytiker zu lieben und sein Begehren zu begehren. Die Verführung, die der Analytiker ausübt, ist »eine Realität im Sinne von psychischer Realität. Von sexuellen Dingen zu reden, ist eine Realität, diese Realität ist eine Verführung; von der Verführung zu reden, ist eine Verführung« (Neyraut 1976, S. 149).

Dies gilt für beide Akteure des Geschehens. Jedoch:

> »Wieviele Wünsche hat ein Analytiker frei? Welche Phantasien darf er, muß er sich erlauben? [...] Und: Worauf soll er in der Analyse fokussieren? Auf ihre ›falsche Verknüpfung‹ (d.h.: Sie meint gar nicht mich?) Oder auf ihre falsche Erwartung (d.h.: Ich bin anders als ihr Vater)? Und was soll die Pat. einsehen? Daß ihre Verliebtheit und ihre Furcht vor dem Übergriff ganz anderen Personen ihrer Kindheit gelten? Oder daß sie mit ihrem Analytiker eine korrigierende Erfahrung machen kann?« (Körner 1989c, S. 8)

Mit diesen Fragen eröffnet sich uns der dritte Weg zu den Ebenen der Sprache und den bewussten wie unbewussten Fantasien, der Königsweg der elementaren Körpervorgänge, »der ursprüngliche, archaische Weg der Verständigung unter Einzelwesen« (Freud 1933a, GW XV, S. 59). Der Weg, der den Analytiker über sein Begehren direkt in die Unterwelt führt, »wo er im Garten der Lüste dem ›Leibhaftigen‹ begegnet, nämlich jener Leibhaftigkeit, die infantile und erwachsene Sexualität kennzeichnet und durchdringt« (Massing/Wegehaupt 1987, S. 77).

Wie viele »Löffel vom Libidinösen« darf sich der Analytiker gestatten?

Bei dieser Frage scheiden sich die Geister, seit es die Psychoanalyse gibt – und es sind seither viele Wege eingeschlagen worden, um eine Lösung zu finden. ES handelt sich hier um die Intimität des Analytikers (Kreuzer 1989), um seine Intimitäts-Distanz (J. Grunert 1989), die Klaus Frank (1990 – persönliche Mitteilung) in einer Zwiebel-Metapher so veranschaulicht, dass im analytischen Geschehen die Analysandin nur so viele Schichten beim Analytiker entfernen dürfe, dass sein Innerstes nicht berührt werde. Doch soweit muss ES gar nicht erst vordringen. Der Analytiker kann sich mit der Analysandin einigen, dass ihr geäußertes Begehren und ihre Angst vor dem Begehren des Analytikers in der Begegnung durchaus Raum habe, jedoch ihr Begehren und auch die begleitende Furcht vor dem inzestuösen Übergriff eigentlich dem großen Anderen aus ihrer Frühzeit gelte, dass sie sich sozusagen durch eine »falsche Verknüpfung« in der Person irrt und der »infantile Wunsch« vom Analytiker abzuziehen sei.

Eine andere Möglichkeit liegt darin, sie als »frühe Störung« zu erklären. Die Analysandin begehrt den Analytiker bzw. dessen Begehren in Form eines »sexualisierten Mißverständnisses«, um tiefergreifende, nicht mehr konflikthafte Pathologie abzuwehren. Diese Formen des Widerstandes gibt es. Die Häufigkeit der Diagnose »frühe Störung« in diesem Zusammenhang interpretiert Franz Alexander jedoch als »Widerstand«, Körner (1989c) sieht darin einen »diagnostischen Befreiungsschlag«, Ermann (1987) einen »Gegenübertragungswiderstand«. Dies führt uns geradewegs an die Gabelung, an der ein Wegweiser zu den triebgereinigten Orten psychoanalytischer Theoriebildung die Richtung bestimmt: »Die mit Hilfe der Selbst-Objekt-Konstruktion aufgehobene Objektliebe entzog der objektbezogenen interaktionellen Trieblehre den Boden« (J. Grunert 1989, S. 207). Die dazugehörige Haltung ist die der triebentleerten Empathie der Kohutschen Selbst-Psychologie.

Eine weitere Möglichkeit, die zweifache Lücke des beiderseitigen Begehrens zu gestalten, ist es, das begehrliche Geschehen durchaus zu begrüßen, ES solange und erträglich für beide zu begrenzen, bis die Analysandin »ihre projektive Identifizierung eingesehen und zurückgenommen hätte« (Körner 1990a, S. 97). Eine Haltung im Rahmen des »instrumentellen Gegenübertragungskonzeptes«, wobei das Entscheidende »die Wahrnehmung einer Dissonanz zwischen ihrer Beziehungsphantasie einerseits und ihrer realen Erfahrung in der therapeutischen Situation andererseits« (ebd.) wäre.

Kehren wir noch einmal zu dem Hiatus zurück, an dem sich die vorhin erwähnte zweifache Lücke befindet. Es ist der Bereich, in dem die begehrlichen Wünsche der erwachsenen Analysandin zwischen dem bereits Erinnerten und den gegenwärtig möglichen Taten mit dem erwachsenen Anderen den Ort des Analytikers kennzeichnet. Und die Lücke zwischen dem begehrlichen Verführen des Analytikers einerseits und die Versuchung der möglichen Befriedigung dessen, was er bereits fantasiert, nämlich Liebhaber der erwachsenen Analysandin zu sein, andererseits. Das ist der Ort, der die erwachsene Analysandin konturiert. Die zweifache Lücke, in der sich das Geschehen auf einen Punkt der Handlung zubewegt, die gewünscht und gefürchtet zugleich ist, die immer leidvollen Verzicht auf beiden Seiten erfordert.

> »Solche Momente unmittelbaren Angerührt- und Angezogenseins, geschlechtlicher Affinität und Beunruhigung, elementarer Leidenschaftlichkeit und sexueller Erregung stellen Zustände außergewöhnlicher Erhebung dar, deren Konfliktcharakter das Arbeitsbündnis erschüttern kann [...]. Nur wer diese Klippen am eigenen Leibe schmerzhaft spürte, weiß, wovon die Rede ist« (J. Grunert 1989, S. 208/228).

Was ist also zu tun, was zu unterlassen? Freud weist auf einen vermeintlichen »Ausweg« hin, dessen verheerende Folgen für die Analysanden und Implikationen für die psychoanalytische Gemeinschaft wir in den vorangegangenen Kapiteln beschrieben haben:

> »Gewiß ist auch ein dritter Ausweg denkbar, der sich sogar mit der Fortsetzung der Kur zu vertragen scheint, die Anknüpfung illegitimer und nicht für die Ewigkeit bestimmter Liebesbeziehungen; aber dieser ist wohl durch die bürgerliche Moral wie durch die ärztliche Würde unmöglich gemacht« (Freud 1915, GW X, S 307).

Andere mögen auf diese Frage antworten: »Eine gute Deutung und der Ständer ist weg.« Was meint das? Die »Deutung muß [...] angelegt sein, die Gefahr exzessiver sexueller Stimulation beim Analytiker wie beim Patienten zu reduzieren« (Klauber 1980, S. 125).

Damit befänden wir uns aber wieder in den psychoanalytischen Urzeiten auf der Suche nach defensiven Techniken. Es gehört zu den Aufgaben des Analytikers, die Analysandin als erwachsene Frau in ihrer sexuellen Identität anzuerkennen, indem er sich selbst zu erkennen gibt. Sonst wiederholt sich eine sehr häufige, oft zu lebenslanger Fixierung führende Konstellation zwischen Vater und Tochter: Ein Vater verleugnet »die liebevollen sexuellen und erotischen Bedürfnisse und Impulse seiner Tochter« (Pfannschmidt 1987, S. 209), um sein für ihn bedrohliches eigenes sexuelles Begehren nicht wahrnehmen zu müssen. Er verwehrt ihr damit die entwicklungsnotwendige Erfahrung, ungefährdet sexuell verführerisch und begehrt sein zu können. Wiederholt sich diese Erfahrung in der Analyse, wird sie beendet, ohne dass die Liebe aus dem Käfig der sich zwanghaft wiederholenden Bestätigungssuche befreit worden ist.

Anerkennen heißt für den Analytiker, sich darin erkennen zu geben, dass die Analysandin ihn berührt, er für sie verführbar ist, sie sein Begehren wecken kann. Und er muss zeigen können, dass er sich vor seinem eigenen Begehren nicht fürchtet, er der Versuchung nicht nachgibt und beide sich deshalb sicher sein können, dass es keine Verletzung des psychoanalytischen Inzest-Tabus geben wird.

> »Intimität und Abstinenz erweisen sich [so] als zwei Pole der Interaktion, die zu verbinden die eigentliche Kunst der psychoanalytischen Arbeit darstellt […]. Dabei ist – und dies mag paradox erscheinen – produktive Intimität nur möglich im Schutze zuverlässiger und verantwortlicher Abstinenz, d.h. bei Wahrung der Intimitätsdistanz« (J. Grunert 1989, S. 228).

Dieses Zu-erkennen-Geben der eigenen Verstricktheit bei gleichzeitiger hinreichender Unabhängigkeit von der Analysandin kennzeichnet eine »transaktionale Haltung«, in »der wir den inneren Konflikt des Patienten als Beziehungs-Konflikt erleben und ihn – gewissermaßen als Vorleistung – selbst durcharbeiten müssen« (Körner 1990b, S. 3).

Allerdings – und das ist entscheidend – müssen wir nach der Durcharbeitung des angebotenen Beziehungs-Konfliktes in uns die entwicklungsfördernde und zugleich entwicklungshemmende Dyade, die Ebene der Arbeit in der Übertragung verlassen und uns in die exzentrische Position des Dritten begeben.

Nur von dort aus ist es möglich, den zugespitzten Beziehungskonflikt der Analysandin als bis dahin nicht zu integrierenden inneren Konflikt verständlich und erlebbar zu machen und es ihr dadurch zu ermöglichen, mit uns den exzentrischen Standort außerhalb der Übertragung zu teilen.

Auf diesem Hintergrund verliert sich für den Analytiker die Angst vor der unausweichlichen, ernst gemeinten und ernst zu nehmenden Frage der Analysandin: »Lieben Sie mich?« Diese Frage fordert eine Antwort; denn an dieser progredienten Markanten in der Analyse kündigt sich die Zeit des Verzichts und des Abschiedes an. Sie könnte etwa so lauten: »Darauf werde ich Ihnen nicht antworten.«

»Muß denn Liebe Sünde sein?«

Die Liebe, ein (un-)erwünschter Gast der Psychoanalyse, oder: »in dubio pro libido«[1]

Obwohl Freud erkennt, dass sich die Übertragungsliebe »weder in Qualität noch Intensität von der ›echten‹ Liebe unterscheidet« (Schneider 2001, S. 114), verfahren viele Psychoanalytiker bis heute mit der Übertragungsliebe, als sei sie ein metapsychologisch ableitbares Phänomen mit Widerstandscharakter, deklarieren sie als Abwehrformation und stellen sie als pathologische Entität in Abrede. Sie leugnen, dass Freud der Liebe lediglich den Namen »Übertragungsliebe« verleiht, um sie als wichtigstes Instrument der psychoanalytischen Kur zu kennzeichnen.

Schon in der Wortzusammensetzung drückt sich die Ambiguität dieses Zustandes aus, der Übertragungsliebe genannt wird. Übertragungsliebe ist Liebe und Übertragung zugleich, sie ist unerwünscht und dennoch erwünscht. – Erwünscht, weil sie ein zentrales Agens der psychoanalytischen Beziehung ist. Unerwünscht, weil sie die größten »technischen« Schwierigkeiten in die psychoanalytische Behandlung einführt und sich einer »technischen« Handhabung entzieht. ES ist eben keine Frage der »Technik«. Sie bedarf einer psychoanalytischen Haltung, die sie willkommen heißt und zur Entfaltung kommen lässt.

Seit der ersten Auflage unserer Arbeit *Muß denn Liebe Sünde sein? Über das Begehren des Analytikers* sind 19 Jahre vergangen. Damals bestätigte uns die Sichtung der Vorlesungsverzeichnisse der vergangenen 25 Jahre aus den psychoanalytischen Instituten von Berlin, Göttingen, Frankfurt, Stuttgart und anderen auf eine erschreckende Weise, dass die zentralen psychoanalytischen Themen – Übertragungs- und Gegen-

1 Dem kundigen Altsprachler sei an dieser Stelle versichert: Wir wissen Bescheid!

übertragungsliebe, Liebe, Begehren und Sexualität in der psychoanalytischen Beziehung – weder als Vorlesungs- noch als Seminarthemen existierten.

Die Tabuisierung der Liebe als zentrales Agens der psychoanalytischen Behandlung war offensichtlich Teil der umfassenden Verflüchtigung des Sexuellen in der Psychoanalyse. Lilli Gast verweist in ihren Arbeiten von 1992: *Libido und Narzißmus. Vom Verlust des Sexuellen im psychoanalytischen Diskurs. Eine Spurensicherung* und von 1998: *Doch alle Lust will Ewigkeit … Ein (theoriegeschichtlicher) Streifzug am San-Andreas-Graben der Psychoanalyse* ebenso wie André Green in seinem Aufsatz aus dem Jahre 1996: »Has sexuality anything to do with psychoanalysis?« auf diese triebgereinigten Konzepte der modernen Psychoanalyse.

Ein prominentes Beispiel für die Entsexualisierung des psychoanalytischen Prozesses im Zusammenhang mit der Übertragungsliebe ist das Konzept der »Engel-Übertragung« von Jessica Benjamin, die die Übertragungsliebe als eine Transformation beschreibt, in der der Analytiker einem Engel ähnlich wird. Sie unterscheidet zwischen dem mütterlichen und dem väterlichen Engel. Sie stellt fest, »dass die väterliche Übertragungsliebe oft weniger ödipal sein kann, als bisher angenommen wurde [und beklagt] die Entsexualisierung und Enterotisierung der Mutter in unserer Kultur« (Benjamin 1993, S. 125f.).

In ihrer »Suche nach dem Engel im mütterlichen Gewand [hofft sie] unausgesprochene Aspekte erotischer Erfahrung« (ebd.) zu finden, jedoch verharrt sie hierbei in präödipaler entsexualisierter Suchbewegung nach oben zu den Engeln. Man könnte dieses Konzept auch bezeichnen als »Engelübertragung oder Die unbefleckte analytische Empfängnis«, und Benjamins Frage, wodurch sich der mütterliche Engel vom väterlichen Engel unterscheidet, beantworten wir mit Freud: durch das Geschlecht!

Die von uns diagnostizierte Flucht des Psychoanalytikers vor der Liebe in psychoanalytischer Theorie und Praxis wird von Yecheskiel Cohen (1994) in »Die Angst zu lieben« aufgegriffen. Er bezieht sich dabei auf Christopher Bollas (1989), der die Scheu der Analytiker, sich in psychoanalytischen Behandlungen mit der Liebe zu befassen, damit erklärt, dass dies ein Hinweis auf eine Bedürfnisbefriedigung durch den Analytiker sein könnte, »die über die allgemein akzeptierten Kontakte zwischen Patient und Analytiker hinausgehen« (Cohen 1994, S. 9). Cohen zufolge scheuen Freuds Schüler, »sich mit der Liebe und all ihren komplexen Zusammenhängen zu beschäftigen« (ebd., S. 10) und konzentrieren sich in erster Linie auf Aggression und Hass, weil die Liebe auch den Analytiker verletzlich macht.

Der Diskurs über die Liebe in der psychoanalytischen Behandlung hat dennoch in den letzten 19 Jahren deutlich zugenommen – es ist Bewegung festzustellen. Noch ist nicht entschieden, ob diese Bewegung rückwärts gerichtet den Stillstand einer Gewissheit von schon lange nicht mehr hinterfragten Antworten wiederholt und so die beträchtlichen Gefahren aufrecht erhält, wenn sich Verführung, Begehren und Liebe in der analytischen Begegnung nicht entwickeln können oder unterdrückt werden müssen. Vielleicht ist es aber auch der Beginn einer Entwicklung, in der endlich vorantreibende, enttabuisierte Reden geführt werden können, die es ermöglichen, verdrängte Liebe zu befreien.

Im Folgenden wollen wir versuchen, dem Leser zu einer eigenen Standortbestimmung zu verhelfen, indem wir den Diskussionsstand der letzten 19 Jahre in einem Überblick zusammenfassen. Allerdings divergieren die Argumentationslinien beträchtlich. Das ist gut so, denn es verhilft zu einer Klärung der eigenen Haltung.

Nachdem wir die schlechten Nachrichten über die Folgen des Diskurstabus über Liebe im analytischen Geschehen überbracht hatten – zum einen die vom schafsgesichtigen Blechaffen als standardisierte Analytikerhaltung, zum anderen die der »Kultur der Grenzüberschreitungen« (Ermann 1993, S. 14) gegen den ethischen Standard, »die Kur muß in der Abstinenz durchgeführt werden« (Freud 1915a, S. 313) –, rief das heftige Reaktionen hervor. Zahlreiche Analytiker präsentierten sich als ätherische Geistwesen, unerreichbar für den Schwefelgeruch des Leibhaftigen und die Gier nach begehrlichen Reizen, immun gegen die Lust der Verführung. Gerade institutionell machtvolle männliche Erforscher des zügellos-abgründigen Unbewussten erlebten unsere Ergebnisse als Anschlag moralisierender Über-Ich-Raserei auf die letzte Bastion autonomer Analytikerindividuen. Selbstgerechte Gegenreaktionen nach dem Motto: »Freie Fahrt für freie Bürger« und Beschwörungsformeln an die regulierende Kraft kritischer Selbstreflexion der einzelnen Mitglieder und Institutionen waren die Folge. Und das, obwohl die Geschichte der Psychoanalyse – die Gegenwart eingeschlossen – uns gerade die begrenzte Wirkung von Appellen an die individuelle Eigenverantwortung und das kollektive Verantwortungsbewusstsein von psychoanalytischen Institutionen lehrt (Essers/Krutzenbichler 1998).

Vielleicht verhält es sich ja so, wie Bettina Reiter (1999) pessimistischresümierend ausführt, dass die »Lulu-G'schichterln« der Psychoanalyse sich zu einer höchst unangenehmen »Familienchronik« summieren, die in der psychoanalytischen Gemeinschaft

> »genau dieselbe Abwehr hervorruft wie jede andere unanständige Familie« (S. 46).
>
> »Nur rebellieren können wir nicht, weil – zumindest als Gruppe – die Idealisierung der Vorväter aufrecht erhalten werden muß und die Bestimmung der jeweiligen Übertragung auf Freud« […]. »So bleibt oft nichts anderes, als die Augen zuzumachen vor den schrecklichen Geschichten aus der Vergangenheit, als die Urhorde noch wild war und die Technik noch nicht so gut« (ebd.).

Seit längerer Zeit sind Anstrengungen zu registrieren, gemeinsam die Augen zu öffnen: Das Gespräch über das Spannungsfeld zwischen Liebe und Abstinenz wird in Seminaren, Vorlesungen und Kontrollanalysen in zunehmendem Maße gesucht; Tagungen zum Thema finden statt. Hierbei steht meist die Thematik der »Grenzüberschreitung« in Psychoanalyse und Psychotherapie im Vordergrund:

- 1991 Bern: »Therapie als sexuelles Agierfeld«;
- 1993 Göttingen: Jahrestagung der DPG zu »Grenzüberschreitungen in der Psychoanalyse«;
- 1994 Heidelberg-Mannheim: 7. Interne Arbeitstagung des Heidelberg-Mannheimer Psychoanalytischen Institutes zu »Grenzüberschreitung/Mißbrauch«;
- 1996 Lindau: Jahrestagung der DGPT zu »Psychoanalyse der Liebe«;
- 1997 Fulda: DGPT-Symposion zu »Sexueller Mißbrauch in der Psychotherapie«.

In deutschsprachigen psychoanalytischen Fachzeitschriften wie dem *Forum der Psychoanalyse*, der *Zeitschrift für psychoanalytische Theorie und Praxis*, der *Psyche*, der *Psychoanalyse im Widerspruch* und im *Österreichischen Werkblatt* findet die Liebe nicht nur als Untersuchungsgegenstand der Psychoanalyse, sondern auch als vorantreibendes Agens zwischen Übertragung und Gegenübertragung zunehmend Beachtung.

Unsere Sichtweise, Übertragungs- und Gegenübertragungsliebe als das, was sie sind, nicht weiter zu verleugnen, ihnen nicht die Echtheit als

Gefühlsqualitäten abzusprechen, auf den immer gleichen, erfolglosen Versuch zu verzichten, sie von »normaler«, »echter« Liebe zu unterscheiden und die Tatsache, dass es sich bei einer psychoanalytischen Behandlung um eine gegenseitige sexuelle Verführung handelt, wird von Autoren verschiedenster Richtungen geteilt.

Hans-Martin Lohmann (1991) und Eva-Maria Alves (1992) verstehen diese Einstellung als notwendige innere Haltung, damit das Unbewusste des Analytikers für das Unbewusste der Analysandin überhaupt empfangsbereit sein kann: eine Einstellung, die die »Verführungsbereitschaft des Analytikers und die damit korrespondierenden Verführungsintentionen beim Analysanden als vorgängiges Faktum positiv annimmt« (Lohmann 1991, S. XI) und als ein »klares Statement, das einer längst fälligen Diskussion um die ›Verführung auf der Couch‹-Thematik zum Start verhelfen könnte« (Alves 1992, S. 14).

Christina Kurz (1993) und Ita Grosz-Ganzoni (1998) sehen in dieser Haltung jedoch einen Widerspruch zu einem autonomen weiblichen Begehren. Grosz-Ganzoni beschreibt diese Haltung als gefährliche »technische Handhabung«, die die Gefahr einer »verbal-exhibitionistischen Befriedigung sexueller Bedürfnisse des Analytikers« (Grosz-Ganzoni 1998, S. 76f.) beinhaltet. Sie kennt das Auftauchen eigener sexueller Fantasien selbst »in milder Form«, »Momente von Erregung, Verliebtheitsgefühle« ausschließlich bei Analysandinnen und Analysanden mit narzisstischer Pathologie und deutet dies »als eine Form von Abwehr der eigenen Hilflosigkeit und der damit verbundenen narzißtischen Kränkung« (ebd., S. 75).

Hierzu ist anzumerken: Das Heraufbeschwören eines autonomen Begehrens – ob weiblich oder männlich – ist Ausdruck einer Ideologie und erinnert an die Illusion des autonomen Bürgers, eines autonomen Ichs, ist Teil subjekt-entleerter und vor allem triebgereinigter Konzepte der Psychoanalyse; sie ist ahistorisch und entbehrt jeglicher Geschlechter- und Gesellschaftsbezogenheit.

Anfang der 90er Jahre nimmt in der deutschsprachigen Psychoanalyse auch die Debatte zur Dyade Analysandin und Analytikerin zu. Die spezifischen Probleme, die sich in Frau-Frau-Analysen ergeben können, sind Gegenstand der erschienenen Aufsatzsammlung: *Stumme Liebe. Der »lesbische Komplex« in der Psychoanalyse* (1993). Der Begriff »lesbischer Komplex« geht zurück auf Eva Poluda-Korte. Sie schlägt vor, »die zentrale, leidenschaftliche Phase der begehrlichen Liebe der Tochter zur

Mutter nicht ›negativer Ödipuskomplex‹, sondern ›lesbischer Komplex‹ zu nennen« (Körbitz et al. 1996, S. 41).

Brigitte Halenta (1993) stellt in *Zwischen Skylla und Charybdis. Übertragungen und Gegenübertragungen in der Behandlung lesbischer Frauen* fest, dass in Frau-Frau-Behandlungen lesbischer Analysandinnen Übertragungsliebe in Form von Verliebtheit oder erotisch-sexuelle Übertragung nicht vorzukommen scheinen und die Übertragungsprozesse triebgereinigt, narzisstischer Provinienz sein sollen. Diese Reduktion, sexuelle Gegenübertragungsmanifestationen allein in der Behandlung von Analysanden mit narzisstischer Pathologie zu orten, ist unserer Einschätzung nach eine Flucht zurück an das vermeintlich rettende Ufer sexualisierter Präödipalität und damit angesiedelt in der Tradition einer Verflüchtigung des Sexuellen in der Psychoanalyse – oder mit anderen Worten, ein Widerstand gegen die Wahrnehmung der Gegenübertragungsliebe.

Anna Koellreuter (1992, 1998, 2000) fragt: *Wie steht es mit den Trieben?* Sie untersucht auf dem Hintergrund von Jean Laplanches Verführungstheorie (Laplanche 1988), in welcher die fundamentale sexuelle Rolle der Mutter für das Kind im Mittelpunkt steht, wie sich das Triebhafte in der Frau-Frau-Analyse zeigt, »daß der triebhafte Umgang im Analyseprozeß primär von der Analytikerin abhängig ist« (Koellreuter 1998, S. 18) und betont: »Homosexuelle Übertragungen finden nicht nur im Analyseprozeß mit Lesben statt, sondern zeigen sich immer in der Frau-Frau-Analyse« (ebd., S. 23).

In *Das Tabu des Begehrens. Zur Verflüchtigung des Sexuellen in Theorie und Praxis der feministischen Psychoanalyse* (2000) stellt sie weiter fest:

> »Die Auseinandersetzung mit der feministisch-psychoanalytischen Literatur hat gezeigt, daß das Homosexualitätstabu unbewußt in die Texte einfließen kann. Dies muß für die Praxis Folgen zeitigen. Wenn behauptet wird, daß gerade in Therapien und Analysen mit lesbischen Frauen keine Verliebtheiten bzw. keine erotischen Übertragungen vorkommen […], sondern die Übertragungsprozesse dem narzißtischen (Kohutschen) Beziehungstyp zugerechnet werden […], dann ist dies als ein Indiz für Triebabwehr anzusehen. Erklärungen wie solche, die das Ausbleiben der Übertragungsliebe als frühe Störungen diagnostizieren, welche libidinöse Besetzungen nicht ermöglichen, sondern nur die Bildung von Selbstobjekten […], lassen die sexuelle, triebhafte Interaktion im Analyseprozess in den Hintergrund treten. Der Anteil der Analytikerin in dieser Interaktion kann so ausgeklammert werden. Meine Schlußfolgerungen zu solchen

> Überlegungen sind folgende: Die lesbischen Klientinnen zeigen neurotische Entwicklungen wie andere auch. Daß die Frauen lesbisch sind, ist offenbar ängstigend. D.h., die libidinöse Nähe oder die erotische homosexuelle Übertragung wird in solchen Analysen bedrohlicher erlebt als sonst. Was bei einer heterosexuellen Frau offenbar einfacher abgespalten werden kann, nämlich die Erotik, die selbstverständlich auch hier im Spiel ist, ist bei einer Lesbe schwieriger auszuhalten. Deshalb werden Erklärungen gesucht bzw. Pathologisierungskonzepte entworfen, die dem Homosexualitätstabu entstammen« (2000, S. 139f.).

Auch Johanna Schäfer (2000) weist auf das Homosexualitätstabu in der Psychoanalyse hin:

> »Daß der negative weibliche Ödipuskomplex innerhalb der Psychoanalyse lange nicht thematisiert wurde und nur wenig fallpraktische Beschreibungen homosexueller Übertragungen und Gegenübertragungen vorliegen, verweist darauf, daß homoerotische Aspekte in den Behandlungen übersehen werden und/oder Hemmungen existieren, homosexuelle Zusammenhänge als auch relevante Aspekte des therapeutischen Prozesses zu benennen. Das fördert wiederum eine allgemeine Tendenz innerhalb der Psychoanalyse, die ›erotische Natur‹ der Behandlung zu übersehen und zu vergessen, daß ›Neurotik behinderte Erotik ist‹ (Lickint 1994, S. 62)« (Schäfer 2000, S. 45).

Dem tragen Gabriele Harten und Angela Moré (2003) in: »Vor allen Worten und zwischen den Zeilen. Körperfantasien und Körpererleben im Gegen/Übertragungsprozess zwischen Patientin und Analytikerin – Ein Dialog«, sowie auch Johanna Schäfer (2003) in: »Der weibliche Körper in der psychoanalytischen Behandlung« Rechnung, indem sie entsprechende analytische Behandlungen darstellen und diskutieren.

Hier verweisen wir besonders auf die Arbeit von Jacqueline Godfrind (2000): »Die weibliche Homosexualität in der analytischen Kur«.

Godfrind weist zunächst auf die Hauptschwierigkeit in der Beschäftigung mit der weiblichen Homosexualität hin, die ihrer Überzeugung nach darin liegt, »dass es eine Kontinuität zwischen genitaler Homosexuelität und der primären Beziehung zur Mutter gibt« (S. 56).

Im Verlauf ihrer Untersuchung stößt sie am Ende ihrer Behandlungen auf das Phänomen heftiger sexueller Nebenübertragungen, die sie zunächst überraschen, vor allem deshalb, weil es auch Analysandinnen ohne homosexuelle Vorgeschichte sind. Sie kommt in ihrer Selbstanalyse zu dem Schluss, dass es z.T. ihr eigenes Unvermögen war, die Heftigkeit der Übertragungsliebe ihrer Analysandinnen anzunehmen. »Meine Analysandinnen haben mir die unumgängliche Notwendigkeit verdeutlicht, die homosexuelle Bewegung von Frau zu Frau zu verstehen und anzunehmen« (Godfrind 2000, S. 70).

Ihr fällt auf, dass das Agieren ihrer Analysandinnen nicht nur auf einer regressiven Ebene stattfindet und erlebt wird, sondern dass es »um die Begegnung zweier weiblicher Erlebnismodi auf der Ebene der ›sekundären Homosexualität‹ [geht] […], ohne Zweifel ein reichhaltiges, sinnliches und emotionales Erlebnis zwischen Frauen« (ebd., S. 73). Sie zieht durchaus in Betracht, dass dieses Ausagieren auch eine Reaktion auf die Grenzen der Analyse an dem Punkt verweist, »an dem der Versuch einer Vertiefung an den Bereich des körperlichen Unterbaus der phantasmatischen Organisation stößt« (ebd.).

Sie nimmt hier Bezug auf das »doppelte Berührungsverbot« (Anzieu 1984), das die Körper voneinander trennt und stellt fest, dass das Denken in der psychoanalytischen Beziehung die fleischliche Begegnung nicht ersetzen kann. – Das wiederum, so denken wir, betrifft alle analytischen Dyaden!

Christa Marahrens-Schürg (1993) beschäftigt sich damit, »wie spezifisch männliche Übertragungen auf eine weibliche Analytikerin und spezifisch weibliche Antworten der Übertragungen auf einen männlichen Analysanden ineinandergreifen« (S. 135f.) und sieht im Widerstand des Analysanden gegen das Bewusstwerden der Übertragungsliebe eine Angst davor, seine Männlichkeit zu verlieren und im Widerstand der Analytikerin vor der Wahrnehmung der Gegenübertragungsliebe eine Form schamvoller Angst, »als sexuell provozierend angesehen zu werden und schuldig zu sein, weil die geweckten Wünsche dann doch nicht erfüllt werden« (S. 159). Und sie spricht von einer Schamangst, als Analytikerin in ihren triebhaften Anteilen vom Analysanden erkannt zu werden. Hier drängt sich geradezu die Frage auf, ob das von Analytikerinnen so häufig beschriebene Vermissen von Gegenübertragungsliebe, und dabei besonders erotisch-sexuellen Gegenübertragungsgefühlen, möglicherweise das Abwehr-Pendant zum Widerstand des Bewusstwerdens der Übertragungsliebe der männlichen Analysanden ist.

Nur wenige Autorinnen wagen es, das rigide Über-Ich der psychoanalytischen Gemeinschaft zu überwinden und sich mit Falldarstellungen in der Fachöffentlichkeit als liebend und sexuell verführbar für ihre männlichen Patienten zu zeigen. Sie befürchten, in ihrer psychoanalytischen Kompetenz angezweifelt und als sexuell bedürftig pathologisiert zu werden. Beachtliche Ausnahmen sind die Falldarstellungen von Eva Poluda-Korte (1997) »Sexualität in der Gegenübertragung« und Marina Gambaroff (1997) »Abwehr der destruktiven Dimension in der Gegenübertragungsliebe«.

Unter dem vielversprechenden Titel *Im Garten der Lüste* erscheint 1994 ein Doppelheft der *Psyche*. In der nur wenig lustvollen Lektüre untersucht Ethel S. Person »Die erotische Übertragung bei Frauen und Männern: Unterschiede und Folgen«. Sie beschreibt die erotische Übertragung als allgemeines Phänomen in allen vier Geschlechtervarianten mit der Hypothese, dass Frauen »häufig dazu neigen, die erotische Übertragung als Widerstand zu benutzen« (Person 1994, S. 783), und Männer eher geneigt seien, »das Bewußtsein dieser Übertragung zu bekämpfen« (ebd.). Weder begründet, abgeleitet noch nachvollziehbar setzt sie die »erotische Übertragung« der Übertragungsliebe gleich und definiert sie als reines Widerstandsphänomen.

Der ausgetretene Pfad in diesem welken »Garten der Lüste« führt uns weiter zu Otto F. Kernbergs *Liebe im analytischen Setting* (1994):

> »Der Analytiker, der sich frei genug fühlt, die eigenen sexuellen Gefühle gegenüber der Patientin ausführlich zu erkunden, wird in der Lage sein, die Natur der Übertragungsentwicklungen einzuschätzen und dadurch eine abwehrende Leugnung seiner eigenen erotischen Reaktion auf die Patientin zu vermeiden. Gleichzeitig muß er frei genug sein, die Übertragungsliebe zu erkunden, ohne seine Gegenübertragung in einem verführerischen Vorgehen bei der Übertragungsuntersuchung auszuagieren« (S. 815f.).

Damit bezieht Kernberg eindeutig Stellung, sexuelle Reaktionen der Analytikerin und des Analytikers als normale Gegebenheit und als diagnostisches Instrumentarium anzuerkennen und nicht weiter mit einem falsch verstandenen psychoanalytischen Über-Ich als pathologische Entgleisung zu verdammen (s. Ernest S. Wolf 1992). Leider unternimmt Kernberg dann jedoch den traditionell immer gleichen und erfolglosen Versuch, Übertragungsliebe von »echter« Liebe zu differenzieren, wobei er als Unterscheidungskriterium das Fehlen oder Vorhandensein einer »Reziprozität« einführt. »Man könnte sagen, die Übertragungsliebe gleiche einer neurotischen Liebe darin, daß sie die vollständige Entwicklung einer unerwiderten Liebe fördere« (ebd., S. 809).

Hier stellt sich die Frage: Was ist, wenn die Übertragungsliebe der einen auf die Übertragungsliebe des anderen trifft, sich eine »Reziprozität« einstellt? Dieser Frage stellt sich Kernberg leider nicht.

Wir verlassen diesen »Garten der Lüste« – unsicher, ob wir reife Früchte oder Dörrobst vorgefunden haben.

Für Hansjörg Pfannschmidt (1998) ist die Liebe in der psychoanalytischen Behandlung ein willkommener Gast. Im »›Gebrauch der Lüste‹ in der Analysestunde. Oder: Warum es so schwer zu sein scheint, Psychoanalyse und Erotik unter einen Hut zu bekommen« beschreibt er die Schwierigkeiten im Umgang mit diesem Gast, ohne die bekannten und metapsychologischen Irrwege zu beschreiten. Er betont die seit Beginn der Psychoanalyse bestehenden Hindernisse gesellschaftlicher Konventionen:

> »Nach allgemeiner Übereinkunft gilt es als Antrag, intim zu werden, wenn man zu seinem Gegenüber von seinen sexuellen oder erotischen Empfindungen und Wunschvorstellungen, die man ihm gegenüber empfindet, spricht […]. Mit anderen Worten, das Aussprechen von erotischen Gefühlen, die man einem anderen Menschen gegenüber hat, konstelliert schon den Intimraum mit ihm. Will das Gegenüber den Antrag nicht annehmen, gibt es dem Antragsteller einen ›Korb‹, was eine deutliche Zurückweisung darstellt und in der Regel eine Distanzierung in der Beziehung zur Folge hat« (Pfannschmidt 1998, S. 367).

Um dieser Gefahr im analytischen Setting zu entgehen, versucht er, in »Erweiterung des Begriffs vom ›Übergangsraum‹ Winicotts die Vorstellung eines ›erotisch-sexuellen Spielraum[s]‹« zu entwickeln, »in dem eine Form der Abstinenz möglich wird, die den Widerspruch von Ersatzbefriedigung und Triebverzicht aufhebt« (ebd., S. 365).

Mathias Hirsch (1997) beschäftigt sich in seinem Aufsatz »Über Gegenübertragungsliebe« mit den unterschiedlichen Erscheinungsformen der Liebe in der psychoanalytischen Behandlung wie Sympathie, erotische Spannung, Verliebtsein, sexuelle und Liebesgefühle im Zusammenhang mit der Entwicklung möglicher Formen ihrer Dynamik und den Schwierigkeiten ihrer Handhabung:

> »Liebe in der Analyse und Therapie ist durchaus eine reale affektive Beziehungsqualität. Nicht die Existenz der Liebe zwischen Analytiker und Analysand ist gefährlich oder antitherapeutisch, sondern der nichtprofessionelle Umgang mit ihr – sie nämlich entweder zu unterdrücken und zu verleugnen oder in die Realität hinein auszuagieren« (M. Hirsch 1997, S. 120).

In: »The Countertransference: Erotic, Erotised And Perverse« diagnostiziert Emanuele Bonasia (2001) eine progressive Desexualisierung »mit einer konsequenten Rückkehr zu einer Art von Puritanismus in der Psychoanalyse« (S. 252 – eigene Übersetzung), verkörpert in triebgereinigten Beziehungstheorien, die »die Körper, diese unbequemen Gäste im Behandlungszimmer des Analytikers« (ebd., S. 249) ausklammern. Er betont im Vergleich dazu die Wichtigkeit, sich eigene sexuelle Empfindungen im psychoanalytischen Prozess zu gestatten, sie zu integrieren, um so in die Lage zu kommen, sie für den Patienten zu nutzen. Auch Bonasia weist auf die Gefahr hin, sie gegen den Patienten zu richten, wenn sie vom Analytiker niedergehalten und verleugnet werden.

Nikolaus Becker (1997) betont in seinem Aufsatz »Zur Übertragungs- und Gegenübertragungsliebe« die Wichtigkeit der Unterscheidung zwischen der Übertragung des Analytikers auf seine Patientin und seiner Gegenübertragung unter dem Aspekt der Gefahr einer Abstinenzverletzung. Er verzichtet darauf, den abstinenzverletzenden Psychoanalytiker zu pathologisieren und damit zu entschuldigen. Er belässt die alleinige Verantwortung für die Aufrechterhaltung des Rahmens der psychoanalytischen Behandlung bei dem, der sie innehat, dem Psychoanalytiker.

Manfred Klemann (1998) kommt in seiner ausführlichen Untersuchung zum Abstinenzkonzept in der Psychoanalyse im historischen Kontext und in seiner aktuellen Bedeutung *Abstinenz oder: Von der »Not zur Tugend«* zum Ergebnis einer »unter Analytikern weit verbreitete[n] Unterschätzung der grenzüberschreitenden Macht der Liebe« (S. 233) in der psychoanalytischen Begegnung und bekräftigt auf diesem Hintergrund »die Notwendigkeit der Abstinenzregel für eine Behandlungsethik der Analyse« (S. 232).

Sebastian Krutzenbichler (1998) differenziert in »Läßt sich die psychoanalytische Ethik kodifizieren?« die psychoanalytische Abstinenzregel als innere Haltung:

> »Mißverstanden als Verhaltensanweisung ist sie als Selbstschutz notwendig; denn die Versuchungen im analytischen Geschehen sind zu groß, um sich nicht darin zu verlieren. Erst Abstinenz konturiert den Spielraum der Psychoanalyse zwischen Phantasie und Handeln in jenen Grenzen, in denen man sich als Analytiker selbst finden kann. Erst die Identifizierung mit dem Gesetz als Schutz ermöglicht die Überwindung der narzißtischen Position. Wer Abstinenz zugunsten persönlicher Bedürfnisbefriedigung verwirft, zerstört seinen eigenen inneren Halt, kann sich selbst nicht mehr trauen« (Krutzenbichler 1998, S. 322).

In seinem Aufsatz »Verführung zur Übertragungsneurose oder die auferlegte Freiheit« vertritt Conrad Stein (1992) die These, dass die Verführung zur Übertragungsneurose durch den Analytiker geschieht, er durch diese Verführung zur Übertragung und zur Übertragungsneurose »eine im wahrsten Sinne des Wortes sexuelle Vefühung ausübt« (S. 355), und »der Eintritt in die Übertragungsneurose aus einer gegenseitigen Verführung hervorgeht« (ebd., S. 359). Er bezieht sich an dieser Stelle auf die »Ursprünge der Psychoanalyse selbst« (ebd.), nämlich auf Breuer und Freud und deren erste Patientinnen. Stein geht davon aus, dass Freud durchaus um die gegenseitige Verführung gewusst, den verführenden Anteil des Psychoanalytikers jedoch nicht thematisiert hat.

Jean Laplanche (1996b) stellt in seiner Arbeit *Von der Übertragung und ihrer Provokation durch den Analytiker* fest:

> »Was von Freud bleibt, ist zweifellos ein Kernpunkt, der aber nicht zwangsläufig gut begründet wird, sondern eine Intuition und eine gelebte Erfahrung darstellt: die Spezifität, der unvergleichliche Charakter dessen, was in der Analyse vor sich geht. Mit diesem außergewöhnlichen Charakter bleibt die Gewißheit verbunden, daß es sich um Sexuelles handelt und nicht nur um eine psychologische Übertragung im allgemeinen« (S. 182).[2]

David Mann, ein britischer Psychoanalytiker, stellt in seinem empfehlenswerten Buch: *Psychotherapy. An Erotic Relationship. Transference and Countertransference Passions* (1997), das in deutscher Übersetzung leider nur unter dem verkürzten Titel: *Psychotherapie: Eine erotische Beziehung* (1999) erschienen ist, fest, »daß zwischen der Übertragungsliebe und der normalen Liebe kein Unterschied besteht – Übertragungsliebe ist normale Liebe und umgekehrt« (1999, S. 56).

Ihm fällt auf, dass die englischsprachigen Veröffentlichungen zu unserem Thema überwiegend von amerikanischen Autoren stammen und kommentiert diese Tatsache so:

> »Da es unwahrscheinlich ist, daß Patienten schlicht aus geographischen Gründen unterschiedliches Material präsentieren, müssen wir annehmen,

2 Unsere Frage an Jean Laplanche während eines Spazierganges in den Weinbergen des Burgunds, warum man den Begriff »Übertragungsliebe« im Vokabular der Psychoanalyse vergeblich sucht, beantwortet er damit, dass für ihn »Übertragungsliebe« kein Begriff der Metatheorie ist, sondern ein unspezifischer, in der psychoanalytischen Beziehung erlebter Gefühlszustand und somit metapsychologisch nicht herleitbar.

daß hier auch kulturelle Faktoren eine Rolle spielen. So hat die britische Schule mit großem Elan die Aggressivität erforscht, am Erotischen aber offenbar weniger Interesse gezeigt. Vielleicht spiegelt diese Haltung jenes größere Unbehagen gegenüber sexuellen Dingen wider, das der englische Dramatiker Brian Rix in seiner Farce ›No Sex Please, We're British‹ so vortrefflich charakterisiert hat« (ebd., S. 51f.).

1990 veröffentlicht Ethel S. Person ihre Studie *Love and Fateful Encounters*, die auf Deutsch den reißerischen Titel *Lust auf Liebe* trägt, in der sie Gemeinsamkeiten zwischen Übertragungsliebe in der analytischen Begegnung und romantischer Liebe im allgemeinen beschreibt und letztendlich dennoch enorme Unterschiede feststellt:

»Übertragungsliebe ist in hohem Maße vorhersehbar, ein sich so regelmäßiges abspielendes Geschehen in der Analyse, daß sie schon fast unabhängig von der Person des Objekts oder gar promisk erscheint. Liebe im ›wirklichen‹ Leben ist dagegen sehr viel wählerischer« (1990, S. 333).

Sie führt verschiedene Charakteristiken der Übertragungsliebe auf, die ihrer Meinung nach für eine normale Liebe weit weniger gelten würden, wie z.B. das Fördern regressiver Wünsche, ein hoher Grad an Intimität und Vertrautheit, urteilsfreie und akzeptierende Begegnung, narzisstische Befriedigung und anderes mehr, eine Sichtweise, die von den meisten amerikanischen Autoren geteilt wird.

1993 geben Ethel S. Person, Aiban Hagelin und Peter Fonagy für die Internationale Psychoanalytische Vereinigung den Aufsatzband: *On Freud's »Observations on Transference-Love«* heraus, in dem zehn Beiträge internationaler Autoren Freuds Arbeit zur Übertragungsliebe von 1915 aus heutiger Sicht reflektieren und die traditionell große Bedeutung der Übertragungsliebe für die Psychoanalyse betonen.

»Die Aufsätze erläutern, was weiterhin ein Hauptproblem in allen Psychotherapien darstellt: unglückliche, oft tragische Enactments der erotischen Übertragungen und Gegenübertragungen« (Umschlagtext – eigene Übersetzung).[3]

3 Die deutschsprachige Ausgabe des Aufsatzbandes *Über Freuds ›Bemerkungen über die Übertragungsliebe‹* erschien, nachdem die Auflage unserer Arbeit, für die die Passage von uns übersetzt wurde, bereits beim Verlag war.

Es ist zu begrüßen, dass sich die Internationale Psychoanalytische Vereinigung veranlasst sieht, sich dem immer aktuellen Thema Übertragungsliebe zuzuwenden. Die Beiträge halten jedoch nicht, was der Titel verspricht. Schon im Umschlagtext wird die Übertragungsliebe auf erotische Übertragung und deren Gefährlichkeit für die psychoanalytische Behandlung reduziert.

Die Gefahr für den analytischen Prozess geht jedoch nicht von der Liebe aus, sondern vom nicht-professionellen Umgang des Analytikers mit der Liebe; denn: »Wenn einer, der nach ›Liebe‹ greift, dabei immer nur ›Geschlechts-Teile‹ in die Hand bekommt, so ist das zwar für ihn charakteristisch, nicht aber für die Liebe« (von Hattingberg 1924, S. 54f.).

Die meisten Autoren missverstehen die Übertragungsliebe weiterhin als Widerstandsphänomen und versuchen sich an der ewig gleichen erfolglosen qualitativen Unterscheidung zwischen Liebe und Übertragungsliebe. Wir schließen uns dem Resümee von David Mann (1999) an: »Meiner Ansicht nach schafft die von Person (1993) herausgegebene Aufsatzsammlung mehr Probleme, als sie zu lösen vermag […]. Die Übertragungsliebe sorgt in der Psychoanalyse nach wie vor für Durcheinander« (S. 91).

Eine Ausnahme stellt Jorge Canestri mit seinem Beitrag »A cry of fire: Some Considerations on Transference Love« dar. Er fragt:

> »[K]önnen wir mit Sicherheit feststellen, dass die Übertragungsliebe, die sich im Verlauf der Behandlung aus vielfältigen Leidenschaften zusammensetzt, weder real noch echt ist? Sicher nicht. Es ist wichtig, zu betonen, dass der Widerstand Gebrauch von der Liebe macht, aber er erschafft die Liebe nicht. Er bedient sich ihrer. Die Beteuerung, dass die von Patienten erklärte und geforderte Liebe eine Neuauflage vergangener Lieben sei, ist ein schwaches Argument. Freud hat sich zu Recht gefragt, welche Liebe keine Reproduktion infantiler Situationen oder infantiler Objektwahl darstellt. Übertragungsliebe ist dann echte Liebe« (Canestri 1993, S. 151 – eigene Übersetzung).

Etwa zeitgleich erscheinen in den Vereinigten Staaten Themenhefte: *Psychoanalytic Inquiry – Erotic transference: Contemporary Perspectives*, *Psychoanalytic Dialogues – Passion in the Counter-transference*, sowie Artikel in anderen amerikanischen Fachzeitschriften, wie z.B. dem *Journal of the American Psychoanalytical Association*, *Psychoanalytic Psychology* und im *Bulletin of the Menninger Clinic.*

Wie in einer Art metapsychologischer Beschwörungsformel wird die Übertragungsliebe der Analysanden von den Autoren verschiedener psychoanalytischer Richtungen einleitend vornehmlich als Widerstandsphänomen deklassiert. Im Fokus der Diskussion sind die Manifestationen der Gegenübertragungsliebe und deren technische Handhabung im psychoanalytischen Prozess.

Die Beiträge eröffnen ein breites Spektrum mit extremen Gegensätzen. Protagonist des einen Pols ist Ernest S. Wolf, der in seinem Aufsatz »On Being a Scientist or a Healer« folgende Haltung einnimmt:

> »Sexuelle Erregung oder sexuelle Getriebenheit innerhalb der psychoanalytischen Situation, ob aufseiten des Therapeuten oder des Patienten, sind immer ein Zeichen von Selbstfragmentierung. In einem kohäsiven und gut funktionierenden Selbst sind Sinnlichkeit und Sexualität in einer kohärenten und harmonischen Matrix integriert, die sexuelle Erregung und Stimulierung durch psychologische Reize nur unter erlernten und kulturell gebilligten Umständen erlaubt […]. Die therapeutische Situation ist keiner dieser Umstände, in der zu erwarten ist, dass sexuelle Erregung im Analytiker in seiner heilenden Funktion vorkommt, selbst wenn sich der Analytiker der Attraktivität des Patienten bewusst ist. Wenn Erregung und Stimulierung auftreten, sollten sie wie jede andere symptomatische Manifestation von Selbst-Desintegration behandelt werden, d.h., verstehend und erklärend, aber nicht ausagierend« (Wolf 1992, S. 125f. – eigene Übersetzung).

Wichtige Vertreter der aktuellen Gegenposition sind u.a. Stanley J. Coen (1994), Jody M. Davies (1994), Glen O. Gabbard (1994a, b, c) und Michael J. Tansey (1994), die einen gegensätzlichen Standort einnehmen:

> »Analytiker bringen ihre eigenen Wünsche und Bedürfnisse in die Analyse ein. Klassische Analytiker und diejenigen, die in der Beziehungsperspektive arbeiten, nähern sich einem Konsens an, der Gegenübertragungs-enactments für ubiquitär, wahrscheinlich unvermeidbar und potentiell hilfreich hält […]. Insbesondere sexuelle und Liebesgefühle drängen uns wahrscheinlich, zu agieren. Solche Gefühle sind heftig, unmittelbar und zwingend in ihrer Tendenz, die Reflexionsfähigkeit des Analytikers zu beherrschen« (Gabbard 1994b, S. 1084f. – eigene Übersetzung).

Für diese und andere Autoren stellt sich nicht nur die Frage, ob sie ihre Patienten lieben dürfen, sondern vielmehr, wie sie ihre Liebesgefühle handhaben. In ihrem enactment-Konzept propagieren sie ein »self-disclosure« des Analytikers, eine Selbstenthüllung ihrer Liebesgefühle dem Patienten gegenüber, die weit über unser Verständnis einer Abstinenzhaltung hinausgeht.

1994 erscheint endlich in deutscher Übersetzung Martin S. Bergmanns große und empfehlenswerte Untersuchung *Eine Geschichte der Liebe. Vom Umgang des Menschen mit einem rätselhaften Gefühl*. Im ersten Teil des Buches erzählt Bergmann »die Geschichte der Suche des Menschen nach dem Wesen der Liebe« und referiert im zweiten Teil den Beitrag der Psychoanalyse zu einer Theorie der Liebe.

Obwohl Bergmann feststellt, dass Freud in seiner Arbeit zur Übertragungsliebe seine frühere Überzeugung aufgibt, Übertragungsliebe sei ein Widerstandsphänomen, eine bestimmte Form des Widerstandes, und er von »Liebesübertragung« spricht, also Liebe meint, die übertragen wird, versucht Bergmann dennoch eine qualitative Unterscheidung zwischen Liebe und Übertragungsliebe aufrechtzuerhalten. Seine Charakterisierung des Unterschiedes kennzeichnet jedoch lediglich die Divergenz, wie der liebende Analysand einerseits und der diese Liebe abwehrende Analytiker andererseits mit der Liebe im analytischen Setting umgehen.

1996 widmet die *Revue française de Psychanalyse* der Liebe ein ganzes Heft, in dem Übertragungs- und Gegenübertragungsliebe ein eher kümmerliches Dasein fristen müssen. Die Autoren beschreiben mehr historische, theoretische und philosophische Aspekte der Liebe in der psychoanalytischen Behandlung. Als eine der wenigen klinisch ausgerichteten Autoren beschäftigt sich Catherine Parat in ihrer Arbeit »A propos de l'amour et de l'amour de transfert« mit der Gegenübertragungsproblematik in Zusammenhang mit der Liebe im analytischen Prozess.

> »Es ist notwendig, jederzeit feinfühlig auf die Gegenübertragung zu achten. Ich habe gesagt, dass sie unser Radar bei dieser delikaten Navigation sei, bei der jede rigide Abwehrhaltung die analytische Arbeit behindern kann. Diese Feinfühligkeit in der Nähe zum Patienten birgt natürlich eine Gefahr, wenn es sich hierbei um Liebesübertragung handelt, und ein Risiko der Destabilisierung und des Außer-Kontrolle-Geratens, dem man nicht entrinnen kann. Die beste Gewähr, dies zu verhindern, ist die Weiterführung der Analyse und der Selbstanalyse« (Parat 1996, S. 657 – eigene Übersetzung).

Es korrespondiert mit der allgemeinen Verflüchtigung des Sexuellen in der Theorie- und Technikdebatte der Psychoanalyse, wenn festzuhalten ist, dass in diesem Kompendium der offiziellen französischen Psychoanalyse die grundlegende Arbeit von Octave Mannoni (1982)[4] »L'amour de transfert et le réel« noch nicht einmal erwähnt, geschweige denn aufgegriffen und weiterentwickelt wird.

Mannoni erklärt den zentralen Unterschied zwischen der Wortbedeutung des Widerstandes aus den Anfängen der Psychoanalyse und dem Widerstand als später entwickeltem metapsychologischen Begriff: Widerstand gegen die Hypnosebehandlung als bewusster Vorgang, als Hindernis und Nicht-Wollen, der mit nicht-analytischen Mitteln, wie z.B. Handauflegen, bekämpft wurde. Dieser Wortsinn ist keinesfalls identisch mit dem metapsychologischen Begriff des Widerstandes als unbewusstem Mechanismus bestimmter Formen von Bewältigungs- und Abwehrprozessen. »Es ist also nicht die klassische Metapsychologie, die uns darüber Aufschluss geben kann, warum die Übertragungsliebe ein Hindernis für die Analyse ist« (Mannoni 1982, S. 8 – eigene Übersetzung). Aus diesem Grunde »war es unvermeidlich, dass die Übertragungsliebe die Theorie in Frage stellen würde […], und man kann sich hier nicht aus der [Liebes-]Affäre ziehen, indem man sich auf den Widerstand beruft« (ebd.).

Er gibt ein beredtes Beispiel für die Unmöglichkeit, Liebe und Übertragungsliebe voneinander zu unterscheiden:

> »Also, wenn ein junger Mann eine Braut wählt, die den gleichen Vornamen trägt wie seine Lieblingstante, dann wirkt das wohl wie eine Übertragung, und doch, wenn eine solche Liebe keine wahre Liebe wäre, gäbe es so gut wie nichts Unverfälschtes« (ebd., S. 10).

Mit anderen Worten: »Übertragungsliebe ist Liebe« (ebd., S. 12). Wir halten an dieser Stelle inne und betrachten das Standbild.

Übertragungs- und Gegenübertragungsliebe, Verführung und Begehren im psychoanalytischen Prozess werden zunehmend und salonfähig in der veröffentlichten Psychoanalyse zur Sprache gebracht. Vielleicht kündigt sich hiermit ein gewisser Einhalt der Verflüchtigung des Sexuellen in der institutionalisierten Psychoanalyse an – was wünschenswert wäre.

Bei näherer Betrachtung weist das Standbild jedoch einen gravierenden Mangel auf:

Die meisten Autoren argumentieren defensiv und deklarieren Über-

4 Den Hinweis auf diesen wesentlichen Aufsatz verdanken wir Jean Laplanche.

tragungs- und Gegenübertragungsliebe weiterhin als Widerstandsphänomen. Sie wollen nicht verstehen, dass sich die Liebe jeglichem metapsychologischen Würgegriff entzieht und sich durch keinerlei Technik in Schach halten lässt. Der ständig sich wiederholende Versuch, auf zum Teil groteske Art und Weise einen qualitativen Unterschied zwischen Liebe und Übertragungsliebe zu konstruieren, provoziert anhaltende Verwirrung im Umgang mit der Liebe in der psychoanalytischen Theorie und Praxis.

Übertragungsliebe ist Liebe und Liebe ist immer auch Übertragung.

Die Liebe, das wichtigste Instrument unserer Wissenschaft, führt im offiziellen psychoanalytischen Diskurs nach wie vor ein Chimärendasein. Sie muss sich mit einer erwünschten, aber zugleich gefürchteten illegitimen Existenz begnügen.

Vor 19 Jahren war unsere Frage nach der Angst des Psychoanalytikers vor der Liebe:

»Kann ein Schiff seekrank werden?«

Diesem ungelösten Rätsel fügen wir heute ein weiteres hinzu:

»Kann ein Luftschiff unter Höhenangst leiden?«

Sollten dem verehrten Leser während der Lektüre und dem geschätzten Kollegen bei seiner Arbeit dennoch Zweifel kommen – denken Sie daran: »in dubio pro libido«!

Liebe(r) nicht?! und die Liebe *vor* dem ersten Blick

Verehrte Leser, Freud hat die Liebe auf die Couch gelegt und mit dem Psychoanalytiker einen neuen Akteur der Liebe erfunden, den es so noch nicht gab und der sich selbst in jeder psychoanalytischen Begegnung erneut sein eigenes Vorbild ist. Doch wohin bewegt sich eine Psychoanalyse, die der Liebe keinen Platz einräumt und eine Verflüchtigung des Sexuellen betreibt?

Legen wir also die Psychoanalyse auf die Couch und hören, was sie uns zum Schicksal der Übertragungsliebe in der gegenwärtigen Psychoanalyse zu sagen hat.

> »Es ist möglich, dass viele Analytiker, ich selbst eingeschlossen, sich sicherer fühlten, wenn sie von erotischer Übertragung statt von Liebe sprachen, da die Existenz der Übertragung ein beobachtbares Phänomen darstellt, etwas, was wir aus erster Hand beobachten können, ohne relativ in sie verwickelt zu sein« (Person 1988 – eigene Übersetzung).

In der Zwischenzeit hat der Diskurs über die Liebe in der Psychoanalyse erheblich zugenommen. 2006 eröffnet Franz Wellendorf die Jahrestagung der Deutschen Psychoanalytischen Gesellschaft, indem er sagt: »Im Grundsätzlichen besteht Einigung: Es gibt heute keine psychoanalytische Position, die die zentrale Bedeutung der Liebe und der Übertragung in der Kur bestreiten würde. Was sie aber sind und welche Bedeutung ihnen in der Kur zukommt, wird in verschiedenen psychoanalytischen Gruppen unterschiedlich verstanden« (Wellendorf 2007, S. 23).

Er bezeichnet die Übertragung und damit auch die Übertragungsliebe als »Schlachtfeld« für Kontroversen innerhalb der psychoanalytischen

Gemeinschaft, auf dem, wie es scheint, ein Kampf um eine nicht geringe Verantwortlichkeit ausgetragen wird: »Debattiert wird die Frage, ob die Übertragung spontan entsteht, oder dadurch provoziert wird, dass der Analytiker implizit zu ihr einlädt, indem er das Setting vorschlägt und sich in einer Position platziert, die beim Patienten eine Liebesreaktion induziert« (Green 2005, S. 11, zit. n. Wellendorf 2007, S. 23f.). Infrage gestellt wird demnach nicht mehr, dass sich in jeder psychoanalytischen Behandlung eine Übertragung-Gegenübertragungs-Dynamik einstellt, die »im Kern ein wie auch immer verzerrtes Liebesgeschehen ist« (Wellendorf 2007, S. 42).

Wir fragen dennoch: Auf welche nicht gestellten Fragen verweisen uns die schon gegebenen Antworten, jede Übertragung-Gegenübertragungs-Beziehung sei ein »im Kern wie auch immer verzerrtes Liebesgeschehen« und die Liebe habe eine zentrale Bedeutung in der Kur?

Menschen, die in ihren frühen Beziehungen tiefgreifend verwundet wurden, da sie in diesen Begegnungen keine Liebe empfangen haben oder ihre Liebe für sich bleiben musste, weil sie keinen Empfänger vorgefunden hat oder weil sie nicht mehr lieben können, kommen mit der Hoffnung auf und mit dem Glauben an eine heilende Beziehung in die Psychoanalyse.

Hier wird deutlich: Dem Verlangen nach einer Analyse liegt das Begehren, geliebt zu werden zugrunde!

Was generiert diesen für jede psychoanalytische Behandlung zentralen Glauben an die heilsame Wirkung der therapeutischen Beziehung? Diese Frage führt uns direkt in die Stadt der fröhlichen Apokalypse, das Wien des auslaufenden 19. Jahrhunderts. In der Versuchsstation des befürchteten und angekündigten Weltuntergangs[1] befasste sich Sigmund

1 »Im November 1899 veröffentlichte die führende Tageszeitung Wiens auf der Titelseite einen kurzen Artikel mit der Überschrift ›Ansichtskarten vom Weltuntergang‹. Irgendeinem findigen Geschäftsmann war in Erwartung der bevorstehenden Apokalypse die Idee gekommen, Ansichtskarten drucken zu lassen: Das Jahr 1900 sollte bald beginnen, und so mancher abergläubische Mensch befürchtete, die Jahrhundertwende werde sich auf unheilschwangere Art und Weise einstellen. Die Zeitung berichtete über den Vorfall […] ›Wenn die Welt in den nächsten Tagen wirklich untergeht – es gibt furchtsame Leute genug, die das ernstlich glauben – so wird gewiss jedermann das Bedürfnis haben, seinen Freunden und Bekannten durch Ansichtskarten zu melden, ob er bei dem großen Krach mit dabei gewesen ist oder nicht.‹ Es wurden zwei verschiedene Arten von Karten gedruckt – eine für den Fall der Apokalypse, und eine andere, die zur ›Abwendung der allgemein befürchteten Gefahr‹ beglückwünschte. Damit war man auf beide Möglichkeiten vorbereitet« (Wolff 1992, S. 7).

Freud leidenschaftlich »hingebungsvoll mit der Heilung Neurotiker (stundenlang auf dem Boden liegend, wenn nötig neben einer Person in hysterischer Krise)« (Ferenczi 1932, S. 142). In seinen Studien über Hysterie betont Freud (1895), dass diese »Affektzustände mit einer bestimmten Erwartung an das Gegenüber einhergehen: Mit einer hoffnungsvollen, autoritätsgläubigen und schließlich verliebten Einstellung. Wie die Kinder sind die Hysterischen nur geliebten Personen gegenüber zugänglich. Freud verbindet die Gläubigkeit hier mit der Arzt-Patient-Beziehung und hebt ihren Wert für die psychotherapeutische Behandlung hervor« (Will 2006, S. 103). Er bekräftigt an anderer Stelle: »Bei der Heilung der Neurosen bemächtige man sich des Stückes flottierender Libido der Patienten und übertrage dieses auf seine eigene Person; mit dieser Übertragung leiste man dann die Übersetzungsarbeit aus dem Unbewussten ins Bewusste. Die Heilung geschehe also durch unbewusste Liebe […]. Der Patient glaubt, so wie das Kind, nur der Person, die es liebt« (Nunberg/Federn 1976–1981, Bd I S. 57f.). Diese Liebesgefühle sind es, die den Patienten in gläubige Erwartung versetzen, und der Glaube, so stellt Freud fest, ist ein Abkömmling der Liebe: »Soweit seine Übertragung von positivem Zeichen ist, bekleidet sie den Arzt mit Autorität, setzt sie sich im Glauben an seine Mitteilungen und Auffassungen um […]. Der Glaube wiederholt dabei seine eigene Entstehungsgeschichte. Er ist ein Abkömmling der Liebe und hat zuerst der Argumente nicht bedurft« (Freud 1916/1917, S. 463).

> »Was meint Freud mit ›Abkömmling der Liebe‹? Gerade weil seine Formulierung so schön klingt, sollten wir uns in Erinnerung rufen, wie nüchtern und desillusionierend er von der Liebe zu sprechen pflegt. Er löst sie auf. Sie hat bei ihm nichts zu tun mit der ›Sympathie‹, ohne die für Ferenczi keine ›Heilung‹ stattfinden kann, auch nichts mit dem Guten im Menschen, wie es das Christentum postuliert, sondern in die Formel gefasst: Liebe ist die libidinöse Besetzung des Sexualobjekts. Eine mir liebe Person ist eine, an die sich ein Stück meiner Libido geheftet hat. D.h. die libidinöse Objektbesetzung ist die Voraussetzung für die Bereitschaft, jemandem Glauben zu schenken« (Will 2006, S. 105; vgl. Gerlach et al. 2004).

Wenn Liebe die libidinöse Besetzung des Sexualobjektes ist, dann heißt das für den psychoanalytischen Prozess, dass dem Analytiker zugeschrieben wird, er sei im Besitz *des* Geheimnisses: »des Geheimnisses der Seele, des Körpers, des Wissens oder der Macht über den Geist.

Dem Analytiker wird, darin steht er in größter Nähe zu den Eltern, unterstellt, das sexuelle Wissen zu besitzen« (Pontalis 2007, S. 60).[2] Diese Liebesgefühle, die Übertragungsliebe des Patienten, ist ein zentrales Agens des psychoanalytischen Prozesses und ein wichtiges diagnostisches Kriterium. Die Übertragungsliebe gibt uns Einblick in die Beziehungszusammenhänge der tief greifenden Verwundungen der Patienten und gibt Aufschluss über die Beziehungsgestaltung der erwachsenen Analysanden.

Wie wir erkennen, ist die Übertragungsliebe des Patienten immer bereits eine Liebe *vor* dem ersten Blick, und wir wissen, dass Übertragung, Übertragungsliebe zugleich ein Agieren der Leidenschaften in der Gegenwart ist.

Das allein genügt jedoch nicht, um einen analytischen Prozess zu konstituieren, der verdrängte Liebe befreit. Es fehlt die vorgängige Antwort des Analytikers auf die Liebesgefühle seines Patienten, eine Antwort, die er gibt, ebenfalls *bevor* die Begegnung stattfindet. Es ist sein Begehren, Psychoanalytiker zu sein, das Begehren, der Begehrte zu sein, was seine Patienten dazu verführt, ihn zu lieben und sein Begehren zu begehren. Diese Verführung, die der Psychoanalytiker bereits vor der Begegnung bereithält, ist eine Realität im Sinne von psychischer Realität. Findet die Begegnung statt und wird von Liebesdingen gesprochen, wird die bereitgehaltene Verführung des Analytikers zur Realität, »diese Realität ist eine Verführung; von der Verführung zu reden ist eine Verführung« (Neyraut 1974, S. 149), oder, »wie immer man es sieht – radikalisiert heißt das, dass es keinen unschuldigen Psychoanalytiker gibt« (Scharff 2009, S. 5).

Die folgende Literaturrecherche haben wir mit dem Fokus dieser Grundvoraussetzungen vorgenommen.

»Wir gebrauchen das Wort ›Sexualität‹ in dem selben umfassenden Sinne, wie die deutsche Sprache das Wort ›lieben‹!« (Freud 1910b, GW VIII, S. 120)

Dieser Satz, den Freud den »wilden« Analytikern entgegenhält, hat nach wie vor Gültigkeit, denn bis heute ignorieren viele Psychoanalytiker die Wesenseinheit von Sexualität und Liebe, bis heute gibt es Strömungen in der psychoanalytischen Gemeinschaft, Liebe zu entsexualisieren oder Sexualität in der psychoanalytischen Beziehung der Liebe zu entkleiden.

2 Den Hinweis auf Jean-Bertrand Pontalis verdanken wir Bernhard Janta.

André Haynal, einer der profiliertesten Psychoanalytiker unserer Zeit, diagnostiziert in seiner brillanten Analyse: »Sexualität – Ein Essay zur Begrifflichkeit und Geschichte« (2005) beträchtliche Auswirkungen der triebgereinigten Konzepte der Psychoanalyse: »Wenn das Verstehen des latenten sexuellen Materials, das die psychoanalytische Situation (und das Leben insgesamt) durchdringt, in den Hintergrund treten, so liegt es meines Erachtens daran, dass die Analytiker sich heute manchmal mehr auf die Abwehrmechanismen als auf die sexuell geprägten Inhalte konzentrieren. Darüber hinaus mögen institutionelle und professionelle Rivalitäten, der Zeitgeist einer neuen (Post) Modernität sowie der Einfluss der Lerntheorien auf die Kultur zu dieser Verschiebung des Interesses beigetragen haben. Vielleicht spielt dabei auch die spezifische Sensibilität und Persönlichkeit des einzelnen Psychoanalytikers eine Rolle, die mit Vermeidung von zuviel Intimität oder auch mit besonderer Achtung vor Schamgefühlen verbunden sein kann. Behandlungstechnisch könnte man dies als »Widerstand bezeichnen«. Er warnt vor einer Austrocknung des psychoanalytischen Prozesses: »Die Vernachlässigung des Sexuellen birgt auch die Gefahr in sich, dass der Diskurs des Analysanden ausschließlich phänomenologisch verstanden wird, was der Psychoanalyse eine wichtige Dimension für das Verstehen des Analysanden entzieht« (Haynal 2005, S. 1035f.) und bezieht eindeutig Stellung, indem er darauf verweist, dass die »verführerische Botschaft« von Beginn an über das Angebot des Analytikers eine Mobilisierung der Libido des Analysanden und eine »Bewegung gegenseitiger Verführung in Gang« (ebd., S. 1041) setzt. Die Verleugnung der Bedeutung des Sexuellen im psychoanalytischen Prozess führt ihm zufolge zu einem gravierenden Verlust: »Wenn die Bedeutung geleugnet wird, die bestimmte sexuelle und emotionale Faktoren dabei haben, wird der Analyse die Möglichkeit entzogen, eine wichtige Dimension dieser Bindung zu verstehen, die in dem Dreieck von Sexualität, Phantasie und emotionaler Erfahrung stattfindet« (ebd., S. 1041). Er zeigt damit einem nicht geringen Teil der psychoanalytischen Gemeinschaft, die man beim Thema Übertragungsliebe vergeblich sucht, auf charmante Weise die gelb-rote Karte.

In seiner Untersuchung: »Sexualität zwischen Verdrängen und Agieren« (2001) stellt Siegfried Bettighofer fest, dass die Sexualität und damit die Liebe ihren zentralen Stellenwert in der Psychoanalyse verloren hat. Allerdings sieht er derzeit mutmachende neue Ansätze erlebnisaktivierender, handlungsorientierter, systemischer und körpertherapeutischer Art, die einen anderen, befreiten Zugang und damit eine Reintegration von Körper, Sexualität und Liebe möglich machen. Eine derartige »moderne« Psychoanalyse, in deren Zentrum ein interaktionelles Übertragungsverständnis steht, rückt »das ›Normale‹ der menschlichen Interaktion in den Mittelpunkt, so dass auch Übertragungsliebe etwas Normales wird, über das man reden kann, sogar bis hin zur Möglichkeit, dass der Analytiker […] offen Mitteilungen aus seinem persönlichen Erleben, seiner Gegenübertragung heraus machen kann, wenn es dem therapeutischen Prozess nützlich ist« (Geißler 2001, S. 35). Im Zusammenhang mit den sich immer wieder gleich erfolglosen Versuchen in der Psychoanalyse, die Übertragungsliebe von »normaler« Liebe zu unterscheiden, kommt Bettighofer zu dem Schluss: »Das bedeutet, dass Übertragungsliebe eine ganz normale Liebe ist. Natürlich beinhaltet sie auch neurotische Anteile wie jede Liebesbeziehung im Alltag auch. Es gibt keinen Unterschied zwischen Übertragungsliebe und Alltagsliebe« (Bettighofer 2001, S. 112).

Auch Hansjörg Pfannschmidt zählt für uns zu den Psychoanalytikern, die versuchen, die der Verdrängung anheim gefallenen Themen von Liebe und Sexualität wieder dort einzusetzen, wo ihr Platz ist, nämlich im Zentrum des psychoanalytischen Geschehens. Allerdings lehnt Pfannschmidt die Integration körpertherapeutischer Elemente in die psychoanalytische Behandlung wohlbegründet und aus eigener Erfahrung strikt ab. Einerseits betont er die Notwendigkeit,

> »dass der Analytiker einen Raum für Liebe und Begehren bereitstellt, indem jede Regung und jede emotionale, d.h. körperlich erlebte und damit für das Körpergefühl wirksame Berührung angenehmer, beängstigender, bedrohlicher, ekelhafter, erregender und abartiger Art erlebt, vermittelt und vor allem ausgesprochen werden kann [andererseits gelte dies nur] unter der Bedingung, dass und solange sie nicht physisch umgesetzt wird, denn die physische Berührung manipuliert massiv den körperlichen Fantasieraum des Patienten und zwar dergestalt, dass sich eine Körperfantasie nicht mehr frei und ungestört entfalten kann, sondern durch das Erleben des Körpergefühles des Analytikers überdeckt wird.
>
> Ich behaupte, dass das Nicht-physisch-Realisieren der erotischen Berührung in der Analyse das körperliche Erleben der Sexualität und damit der Körperlichkeit selbst ermöglicht. Umgekehrt gilt, dass die Reduzierung des Erlebens der Sexualität und der Erotik die Körperlichkeit reduziert. Wenn wir diese Körperlichkeit in der Analyse zulassen, wird sehr schnell spürbar, dass es sich bei dieser Art der Abstinenz nicht um Verzicht, son-

> dern im Gegenteil um eine ganz spezifische Art der Erfüllung handelt« (Pfannschmidt 2001, S. 148).

Im Gegensatz zur üblichen Abwehrargumentation, dass sich hinter der Übertragungsliebe des Patienten Hass oder andere negative Gefühle dem Analytiker gegenüber verbergen, versteht Pfannschmidt treffend Aggression und Entwertung durch den Patienten als Abwehr der Übertragungsliebe, die es zu deuten gilt: »Vom Patienten sind diese abgewehrten liebevollen Regungen deswegen so gefürchtet, weil sie in der frühen Erfahrung zu schweren Verletzungen geführt hatten« (ebd., S. 146), und bezeichnet Hass und Verachtung als Abwehr von Liebesgefühlen aus Furcht vor Zurückweisung dieser Gefühle durch den Analytiker.

Im Gegensatz hierzu halten amerikanische Kollegen auf den Spuren des »erotic horror« weiterhin daran fest, dass hinter Liebesmanifestationen in der psychoanalytischen Behandlung andere, negative Gefühle lauern.

Dies gilt auch für die Liebe des Analytikers.

> »Die Liebe des Analytikers für seinen Patienten ist genauso real. Wie auch immer müssen wir ebenfalls erkennen, dass auch die Liebe des Analytikers Gefühle von Verachtung, Neid, Wut und Hass verdecken (verschleiern) kann […]. Diese dunkle Seite der Liebe wird von den Analytikern, die von sich glauben wollen, ihren Patienten gegenüber nur positive Gefühle zu haben, oft vernachlässigt. Wir müssen beachten, dass die Liebe in der psychoanalytischen Behandlung immer eine komplexe Mischung aus einer Vielzahl von Gefühlen ist, und ein guter Analytiker verbringt eine ganze Menge Zeit mit Selbstanalyse, um die Vielschichtigkeit der Gefühle zu verstehen, die sich hinten dem Zustand der Liebe für den Patienten verbergen« (Lomax/Gabbard 2004, S. 973 – eigene Übersetzung).

Vor dem Hintergrund der nach wie vor zahllosen sexuellen Grenzüberschreitungen in psychoanalytischen Behandlungen (Celenza 1998, Gabbard/Peltz, 2001) wurden in den USA pseudomedizinische Diagnosen für diese Analytiker eingeführt, die zwischen zwei Haupttypen unterscheiden: dem »Predatory Psychopathic Therapist« und dem »›Lovesick‹ Therapist« (Procci 2007, S. 408). Für diese Therapeuten wurden differenzierte Rehabilitationsprogramme entwickelt, die in der Regel zwischen drei und sechs Jahren dauern und die die Betroffenen danach dazu befähigen sollen, wieder zu behandeln (Gabbard & Lester 1995, Margolis 1997, Celenza & Gabbard 2002).

In der Analytischen Psychologie wird dagegen die Zunahme der Entsexualisierung des psychoanalytischen Prozesses beklagt. Im Vorwort des jungianischen Kompendiums »Sexualitäten in der Psychoanalyse« (2004) beschreiben die Herausgeber,

> »dass in den letzten Jahren die sexuelle Seite menschlichen Erlebens und menschlicher Pathologie im gesamten Feld der Psychoanalyse weder in theoretischen Beiträgen, noch in Fallberichten angemessen berücksichtigt wurde [...]. Für diese Entwicklung ist die derzeitige Konzentration auf Objektbeziehungen, prägenitale Störungen und frühkindliche Entwicklungstheorien verantwortlich. Sexuelles wird in den Mitteilungen des Patienten von den Analytikern zunehmend als Übertragungseffekt oder Artefakt des Setting oder als Abwehr des Patienten interpretiert [...]. In Veröffentlichungen der analytischen Psychologie ist explizit selten von Sexualität die Rede. Wenn sie erwähnt wird, wie z.B. in den Fallbeispielen bei Dieckmann (1991) wird ihr psychohygienischer Aspekt betont. Die Sexualität behält in dieser Sichtweise einen regressiven Charakter, welcher der emanzipatorischen und befreienden Kraft des Sexuellen entgegensteht« (Braun/Otscheret 2004, S. 6).

Claus Braun betont in seinem Aufsatz »Liebesübertragungen« (2008), dass die Liebe im analytischen Prozess kein künstliches Gebilde ist, sondern Ausdruck einer Liebesbeziehung, die sich in ihrem Charakter nicht von außeranalytischen Liebesbeziehungen unterscheidet.

Im Rahmen der Tagung der Deutschen Psychoanalytischen Gesellschaft im Jahre 2006 »Zumutungen – Die unheimliche Wirklichkeit der Übertragung« sehen Wilhelm Brüggen und Wilfried Ruff eine Veränderung des Phänomens Übertragungsliebe in der analytischen Situation, komplementär zur gesellschaftlichen Entwicklung.

In seinem Aufsatz »›A fool for love and love is blind ...‹ Über unsere Schwierigkeiten mit den Überschwänglichkeiten der Liebe«, »soll es um Schwierigkeiten und Verwicklungen gehen, in die wir bei der analytischen Arbeit geraten, weil sich das Bild der Liebe in unserer Gesellschaft verändert hat« (Brüggen 2007, S. 346). Er unterscheidet hierbei die institutionell gesicherte von der leidenschaftlichen Liebe und regt an, »darüber nachzudenken, wie es gelingen kann, der leidenschaftlichen Liebe in der psychoanalytischen Arbeit mehr Raum zu geben [da er die Gefahr sieht], dass alle libidinösen Übertragungsimpulse in das Korsett der institutionell gesicherten, der familiären Liebe gezwungen werden« (ebd., S. 346f.). Ins Zentrum seiner Argumentation stellt Brüggen die

Freiheit, die Willensfreiheit im Zusammenhang mit der ödipalen Entwicklung und damit der Theorie des Ödipuskomplexes, und er bezieht sich auf die Ergebnisse der entwicklungspsychologischen Befunde der Emotional-Regulation- und der Theory-of-mind-Forschung. Er kritisiert die Tendenz im Diskurs der Übertragungsliebe, »die auf Rausch und Verführung zielenden Spielarten der Übertragungsliebe als »Suppenlogik mit Knödelargumenten« […] abzutun, sie als Widerstands- und Abwehrstrategien wegzuanalysieren« (ebd., S. 355). Er weist auf das häufig unbewusst gebliebene Begehren des Psychoanalytikers hin, das die je spezifische Übertragungsliebe des Patienten mit formt. Brüggen bezweifelt die »Hoffnung, die leidenschaftliche Liebe im Hier und Jetzt der Übertragung nicht nur bewusst machen, sondern auch durcharbeiten zu wollen – weil es keinen Raum gibt, sie auch zu leben und weil das Darüber-Reden dazu tendiert, sie zu zerstören« (ebd., S. 368). Für ihn ist demzufolge das »Ausweichen« in Außenübertragungen kein zu deutender Übertragungswiderstand mehr; denn es laufe

> »alles darauf hinaus, die Bewusstmachung der präödipalen und ödipalen Impulse durch den zwischenzeitigen Wechsel des Objektes von ihrer Durcharbeitung zu scheiden, weil die unhintergehbare Verknüpfung der präödipalen Sehnsüchte mit der ödipalen Verführung dazu führt, dass sie in der analytischen Beziehung nur auftauchen, nur bewusst, nicht aber real werden können« (ebd., S. 371).

Wilfried Ruff beklagt in seiner Arbeit »›Wer verliebt ist, ist demütig‹ Übertragung und Widerstand im Lieben«:

> »Obwohl Freud keinen Zweifel daran ließ, dass Sehnsucht nach einer liebevollen Beziehung ein grundlegendes Bedürfnis des Menschen ist, war Liebe für ihn ein schwieriger Begriff. Vielleicht grenzte er deswegen die Übertragungsliebe nie klar von anderen Formen der Liebe ab. Immerhin beschäftigte er sich mit ›Liebe‹ über 100mal in seinem Werk ganz im Gegensatz zu seinen Nachfolgern, die das Wort ›Liebe‹ meiden« (Ruff 2007, S. 340).

Er zieht ein interessantes Résumée seiner Erfahrungen in der Arbeit mit Übertragungsliebe:

> »Während man früher ganz in Liebe entflammte und im Verliebtsein ›Feuer und Flamme‹ war, spürt man heute bloß ›Schmetterlinge im Bauch‹.

> Entsprechend fiel mir in den letzten Jahren auf, dass sowohl bei meinen männlichen wie weiblichen Patienten die Angst vor Liebesgefühlen und der Widerstand gegen erotische Übertragungen zunehmen. Übertragungsliebe scheint heute selten ›Feuerlärm‹ [...] zu machen. Er ist ein schwelendes Feuer, das sorgfältigst zu hüten ist, damit es wenigstens auf kleiner Flamme brennt. Auch darin erlebe ich mich abhängig von meinen Patienten. Doch demütig sein gehört ebenso zum Alltag des Analytikers wie lieben, wenn er sich auf die komplexen Übertragungs- und Gegenübertragungsvorgänge einlässt« (ebd., S. 344).

Wir stimmen mit Wilfried Ruff überein, dass die Liebe – und nicht nur der Begriff Liebe – für Freud zeitlebens ein heikles Terrain ist; er resümiert ja selbst: »Wir kennen das Wesen der Liebe zu wenig« (Freud 1909 GW VII, S. 456) und er hinterlässt nur eine bruchstückhafte Theorie der Liebe, behandelt »das Liebesthema eher kursorisch, kasuistisch-anekdotisch und anstelle von eindeutigen Definitionen finden wir die Liebe nur annähernd präzisiert in verschiedenen Zusammenhängen wie Liebe und Hass, Objekt-Liebe und narzisstische Liebe, Liebe und Sexualität, Liebe und Heilung« (Gleiss 1999, S. 89). Möglicherweise ist in dieser Tatsache einer der Gründe für das Unvermögen der Psychoanalytikergenerationen zu finden, mit der Liebe in der psychoanalytischen Begegnung professionell umzugehen. Wenn dem so ist, würde das bedeuten, dass die psychoanalytische Zunft es nicht vermag, das arbeiten zu lassen, was Freud zur Liebe unfertig hinterlassen hat, so, wie Jean Laplanche nicht müde wird auszurufen: »faire travaille Freud!«

Bereits in der richtungsweisenden Einführung zur Tagung der Deutschen Psychoanalytischen Vereinigung 2008 zum Thema »Gefährdete Begegnung. Psychoanalytische Arbeit im Spannungsfeld von Abstinenz und Intimität« durch Gabriele Schlesinger-Kipp wird zum einen die Gegenübertragungsliebe als wichtige Fähigkeit des Analytikers erklärt: »Was könnte ich von meinen Patienten verstehen, wenn ich sie nicht liebte? Die Gegenübertragungsliebe ist meine Fähigkeit, mich in ihre Lage zu versetzen, zu träumen, zu leiden, als wäre ich sie, flüchtige Momente der Identifizierung, provisorische Verschmelzung. Vergesse ich, dass ich von Anbeginn an in die Liebe – und damit auch in den Hass – verstrickt bin, mache ich zwangsläufig keine Analyse« (Schlesinger-Kipp/Vedder 2008, S. 8). Im Anschluss hieran wird das Pendant der Gegenübertragungsliebe des Analytikers, nämlich die Übertragungsliebe des Patienten von ihr allerdings zum Widerstand erklärt: »Dies wird häufig zusammen mit dem letzten Gedankenschluss Freuds zur Übertragungsliebe gern vergessen: Sie ist ein Widerstand« (ebd., S. 9). Dieses Festhalten am immergleichen »Missverstehen« von Freuds Ausführungen zur Übertragungsliebe macht fassungslos; betont Freud doch, dass Übertragungsliebe Liebe ist und kein Widerstand, sondern, dass sich der Widerstand der Liebe bedient! Abgesehen davon, dass die Gegenübertragungsliebe, die besser Übertragungsliebe des Analytikers genannt werden sollte, als wichtige Fähigkeit beschrieben wird, warum die Übertragungsliebe des Analysanden dann als Widerstand? Und wenn denn die Übertragungsliebe des Analysanden Widerstand wäre, warum dann nicht auch die »Gegenübertragungsliebe«, also die Übertragungsliebe des Analytikers?

Im Rahmen der Frühjahrstagung 2009 der Selbstpsychologen in Dreieich spricht Joseph Lichtenberg über den aktuellen Stand von »Sinnlichkeit, Sexualität und Liebe: Aus der Perspektive des 21. Jahrhunderts«.

Er differenziert dabei entwicklungspsychologisch zwischen Bindungsliebe, romantischer Liebe, Bindungsliebe des Erwachsenen, lüsterner Liebe und Lüsternheit ohne Liebe und kommt im Zusammenhang mit der Übertragungsliebe zu der Forderung: »[I]ch glaube, dass die Übertragungsliebe in jeder ihrer Formen […] sowohl vom Patienten als auch vom Analytiker als wirklich, als echt und authentisch erlebt werden muss. Damit die Übertragungsliebe das therapeutische Ziel der Analyse ermöglichen kann, müssen die bindungsorientierte, die romantische und die lüsterne Liebe in die virtuelle Realität übertragbar sein« (Lichtenberg 2009, S. 14).

Im Mittelpunkt von Sebastian Leikerts »Sexualität, Begehren, Intersubjektivität« steht seine Kritik an der Lacan'schen Konzeption des Begehrens für die klinische Praxis, wobei für Leikert das Begehren im analytischen Prozess immer ein körperliches ist und die sinnliche Verbundenheit mit dem anderen, dem Analytiker sucht. Er weist auf die Paradoxie hin, »dass Lacan das Begehren zunächst ins Zentrum der therapeutischen Arbeit stellt, es dann aber aus der analytischen Begegnung ausschließt« (Leikert 2008, S. 199), indem er sich beim Gewahrwerden des Begehrens des Analysanden hinter einer rigiden Abstinenz verschanzt und unverzüglich die Stunde beendet, was zu einer »Fixierung auf das rätselhafte Begehren des Analytikers und nicht zu einer Stärkung der Fähigkeit des Analysanden, sein Begehren selbst zu bestimmen« (ebd., S. 206), führt.

Die elementare Kritik an der Lacan'schen Konzeption des entsexualisierten Begehrens und den Implikationen für den konkreten therapeutischen Prozess findet sich auch in der ausgezeichneten Übersichtsarbeit von Evelyne Seychaud (2009): »Die Handhabung der Übertragung in der französischen Psychoanalyse«. Sie beschreibt die Vielgestalt der französischen Psychoanalytischen Gemeinschaft so:

> »Die französische Psychoanalyse ist nicht unteilbar und ›Eins‹ wie die Republik! Sie ist ebenso vielgestaltig wie abwechslungsreich, und jeder französische Analytiker erhebt gemäß dem ›französischen Esprit‹ Anspruch auf Einmaligkeit! Für uns konfrontiert die Übertragung in der Tat sowohl den Analytiker als auch den Analysanden mit dem Trieb, mit dessen Gewalt und mit den Möglichkeiten der Psyche, mit ihm umzugehen, ihn zu transformieren und mittels der Worte der Sprache zu ›halten‹« (Seychaud 2009, S. 198).

Seychaud würdigt den großen Einfluss Lacans auf die Entwicklung der französischen Psychoanalyse, betont jedoch zugleich sowohl seinen begrifflichen wie begrifflich-inhaltlichen Abstand zu Freud. So sei der Trieb bei Lacan vom Körper abgeschnitten, werde durch das Begehren des anderen strukturiert.

> »Unbewusste Affekte existieren nicht, denn das Unbewusste wird ausschließlich durch sprachliche Signifikanten gebildet. Das Begehren ist nicht länger zunehmend sexuell, sondern es ist das Begehren nach Anerkennung, wobei der Akzent auf die narzisstische Dimension gelegt wird und das Begehren, geliebt zu werden, dem Verlangen […] nach einer Analyse zugrunde liegt (Diatkine 1997)« (ebd., S. 175).

Sie kritisiert das Schweigen statt Deuten und der Skandierung durch den Abbruch der Stunde:

> »Hier besteht aus meiner Sicht die Gefahr, dass die Behandlung zur Manipulation wird! Mit anderen Worten, dass genau das geschieht, was Lacan explizit verurteilt: dass eine reale und nicht nur imaginäre oder symbolische Macht über den Analysanden ausgeübt wird« (ebd., S. 177).

Seychaud diskutiert auf dieser Grundlage in Abgrenzung zu Lacan, u. a. die Position von André Green, Jean Laplanche, Michel Neyraut und Jean-Bertrand Pontalis.

Hier beenden wir für heute die Analysestunde und halten fest:

Nach wie vor sehen wir eine beträchtliche Divergenz der Argumentationslinien, werten dies nicht als Nachteil, kann es doch vielmehr zu einer Klarifizierung der eigenen inneren Haltung zur Übertragungsliebe im psychoanalytischen Prozess beitragen.

Ein extremer Pol auf dem Kontinuum der Übertragungsliebe wird immer noch von der großen Gruppe von Autoren besetzt, die unter Missachtung und Missverstehen von Freuds Konzeption die Übertragungsliebe als Widerstandsphänomen deklarieren und als solches behandeln. Viele von ihnen bezeichnen die Übertragungsliebe nicht mehr als das, was sie ist, Liebe, sondern beschreiben sie als erotische, erotisierte oder sexualisierte Übertragung bis hin zum »erotic horror«. – No love please, we are American analysts!

Eine scheinbar fortschrittliche Gruppe behält den Begriff der Übertragungsliebe bei, betreibt jedoch die Entsexualisierung der Liebe bis hin zur Auflösung der Körperlichkeit, was im Konzept der »Engelübertragung« kulminiert und zwangsläufig zu einer unbefleckten psychoanalytischen Empfängnis führen muss. Einem schicksalshygienischen Prozess gleich fällt der Schwefelgeruch des Leibhaftigen aus den Anfängen der Psychoanalyse dem Weihrauch der Engelübertragung zum Opfer.

Seit einiger Zeit formiert sich international eine Position, die der Übertragungsliebe den Charakter echter Liebe zuerkennt. Was auf den ersten Blick vielversprechend erscheint, erweist sich bei genauerer Betrachtung als schriller Warnschrei vor der »dunklen Seite der Liebe«, womit die Übertragungsliebe wiederum indirekt als Widerstandsphänomen deklariert wird – Darth Vader ES waiting for you!

Den extremen Gegenpol auf dem Kontinuum der Übertragungsliebe nimmt die Haltung des »self-disclosure« ein; die Mitteilung von Liebesgefühlen des Analytikers dem Patienten gegenüber, dann, wenn es dem therapeutischen Prozess dient!

Wenn es so ist, dass sich die Freud'sche Erkenntnis – Übertragungsliebe ist Liebe – durchsetzen darf, erweist sich die immer wieder gestellte Frage nach Übertragungsliebe und echter Liebe als falsch.

»Die richtige Frage heißt, ob die Übertragungsliebe analysiert werden kann« (Buchholz 2009, S. 6).

Die Antwort auf diese Frage überlassen wir Lucien Israël:

> »Wüsste man, warum man jemanden liebt, man liebte ihn nicht mehr, denn sicher liebt man nie, *weil* ...d.h. wegen dieser Qualitäten oder jenes Charmes, man liebt, weil man Lust dazu hat. Von diesem Phänomen profitiert die Übertragung. Aber analysierbar ist die Übertragung ebenso wenig

> wie die Liebe. Daher die Wichtigkeit der sogenannten Nebenübertragung, die man viel zu oft scheut« (Israël, 2002, S. 78).

Durch den sensationellen Fund von Tagebuchaufzeichnungen einer Psychoanalyse bei Freud aus dem Jahre 1921 »Wie benimmt sich der Prof. Freud eigentlich?« (Koellreuter 2009), eröffnet sich uns nun die Möglichkeit, das aktuelle Spektrum der Haltung zur Übertragungsliebe mit der »klassischen Technik« Freuds zu vergleichen und damit zu einer Klarifizierung der eigenen Position zu gelangen.

Diese einzigartige und bemerkenswerte Niederschrift ist

> »ein bruchstückhaftes Protokoll einer Liebesgeschichte, wie es sich nur im Rahmen dessen entwickeln kann, was wir als Psychoanalyse bezeichnen. Es ist ein Lehrstück über die ›Übertragungsliebe‹ mit der Gelegenheit, Freud bei der Arbeit über die Schulter zu schauen, so, wie seine Patientin ihn dabei erlebt hat« (Krutzenbichler 2009, S. 281),

und zugleich »die Gelegenheit zu sehen, wie man es nicht machen sollte« (Vogt 2009, S. 260).

André Haynal bezeichnet »[d]iese Analyse [als] Meilenstein einer Epoche, die später als klassisch galt. Durch sie können wir die Grundideen <u>und</u> Beschränkungen dieser Epoche studieren und klar erkennen« (Haynal 2009, S. 242).

Am 27. März 1921 schreibt Freud an Max Eitingon: »Die Arbeitswellen schlagen mir über dem Kopf zusammen. Ich habe kein halbes Stündchen mehr frei, lehne ab, wo ich kann, aber niemand lässt sich abhalten« (Freud/Eitingon 2004, S. 245f.).

Das Interesse an der Psychoanalyse hat allein im Jahr 1921 immens zugenommen. Zu den Amerikanern, Deutschen, Ungarn, Schweizern und Engländern, die schon in den vorangegangenen Jahren Freud konsultieren, »meldeten sich an der Psychoanalyse Interessierte aus Südafrika, Australien, Bulgarien, Brasilien oder Indien« (Fallend 2009, S. 131).

Dennoch teilt Freud Oskar Pfister, einem in der Schweizerischen Psychoanalytischen Gesellschaft einflussreichen Pfarrer, dem er energisch rät, sich von seiner Frau scheiden zu lassen, am 20. März 1921 mit:

> »Lieber Herr Doktor,
> Eine Ärztin übernehme ich natürlich gerne zur Autoanalyse, vorausgesetzt, dass sie die jetzt habituellen 40 Franken für die Stunde zahlt und solange

> bleibt, dass die Analyse Aussicht hat etwas zu erreichen, d.h. vier bis sechs Monate, kürzer lohnt es nicht. Ich könnte sie ganz sicher am 1. Oktober annehmen, ob in nächster Zukunft kann ich nicht sagen; ich hänge davon ab, ob zwei für den 1. April angekündigte Patienten die Analyse, ob sie auch wirklich rechtzeitig hier eintreffen, bejahend beantworten. In Ihrem Brief schreiben Sie nicht, welche Zeit die junge Doktorin der Analyse widmen will. Wie ihre junge Ehe mit einer vielmonatlichen Analyse bei mir zusammengehen soll, weiß ich nicht zu sagen« (Freud/Pfister 1963, S. 84f.).

Diese Ärztin ist Anna G.

> »Zum Zeitpunkt ihrer Analyse war sie 27 Jahre alt. Sie hatte ihr Medizinstudium abgeschlossen und unter Eugen Bleuler am Burghölzli in Zürich ihre ersten Assistenzjahre hinter sich gebracht. Sie lebte in [einer] langjährigen recht ambivalenten Verlobungsbeziehung. Im Herbst 1921 sollte die Hochzeit folgen, die schon im Detail geplant war. Meine Großmutter entwickelte ihre Zukunft betreffend immer größere Zweifel, fand aber nicht die Kraft, sich aus dieser Beziehung zu lösen, das war dann auch der Grund für sie, eine Analyse zu machen« (Koellreuter 2009, S. 19f.).

Innerhalb von wenigen Tagen muss sich Anna G. entscheiden, die Analyse bei Freud zu den vorgegebenen Bedingungen zu beginnen, die er in seinem Brief vom 23.März 1921 mitteilt:

> »Geehrte Frau Doktor,
> Es ist mir im gegenwärtigen Gedränge sehr lieb, dass Sie beide von Oberholzer und Pfister angemeldeten Patienten repräsentiren.
>
> Ich antworte Ihnen umgehend, damit wir zu rascher Entscheidung kommen. Ich kann Sie nicht eher annehmen, als bis ich weiß, ob Ihnen mein Honorar und mir Ihre Zeitbestimmung passt, über welche Punkte Sie nichts geäußert haben. Ich berechne 40 frs die Stunde in Ihrer Währung monatlich zahlbar, nehme aber niemand, der nicht bis 15. Juli bleiben kann. Der letzte Punkt ist für sich allein entscheidend. In Anbetracht der knappen Zeit bitte ich Sie um telegrafische Rückäußerung und werde Ihnen dann evtl. auf demselben Wege entgiltig Bescheid sagen.
>
> Wenn alles stimmt, würde ich Wert darauf legen, dass sie vor dem 1. April in Wien eintreffen.
>
> Mit kollegialem Gruß
> Ihr Freud« (Koellreuter 2009, S. 18f.)[3]

---

3 »Die Situation des nahezu bankrotten Östereichs war so manchem heutigen s.g. Drittweltstaat nicht unähnlich. Es herrschten Hungersnot, Tuberkulose und Seuchen. Wegen Kohlemangels konnten die Wohnungen nicht geheizt werden. Gegenüber 1914 hatten sich Anfang 1921 die Lebenshaltungskosten um das Einhundertfünfzigfache erhöht,

Behandlungsbeginn ist der 1. April 1921 mit sechs Sitzungen pro Woche, wie zu jener Zeit bei Freud üblich. Die letzte Analysestunde ist am 14. Juli, da Freud am nächsten Tag mit seiner Schwägerin nach Bad Gastein in Urlaub fährt.

Freud hält sich hier an die von seiner Tochter Anna Freud vorgeschlagene neurosefreie Ruhepause: »Lass Dich nicht von Patienten quälen und lass nur alle Millionärinnen ruhig verrückt bleiben, sie haben doch sonst keine Beschäftigung« (Gay 1987, S. 492).

Die Rahmenbedingungen der Behandlung Anna G. entsprechen

> »in ihren äußeren Aspekten der Praxis, die für Freud in den Jahren zwischen 1910 und 1920 typisch gewesen war […]. Die Ähnlichkeiten beginnen mit der Vereinbarung der Behandlung: Freud sagte G. eine Analyse zu, ohne sie je gesehen und sich ein Bild davon gemacht zu haben, ob sie sich dafür eignet. Briefliche Empfehlungen, in diesem Fall von Oskar Pfister und Emil Oberholzer, zwei Schweizer Kollegen, reichten ihm aus; so verfuhr er auch in anderen Fällen […]. Wichtiger als die Eignung für die Analyse war Freud, ob Anna G. mit Honorar und Zeitplanung einverstanden war […]. Aus den vier bis sechs Monaten waren also dreieinhalb geworden, weil es sich von der Praxisorganisation so ergab. Für diese dreieinhalb Monate wollte er von der Analysandin jedoch eine verpflichtende Zusage« (May 2009, S. 156f.).

Wichtig für das Verstehen dieser Behandlung ist die Tatsache, dass Anna G. Freud nicht aufgrund quälender Symptome oder dem Wunsch, Analytikerin zu werden, aufsucht, sondern sich durch die Analyse bei Freud die Lösung ihres Lebensproblemes erhofft. Seit sieben Jahren verlobt, lässt sie die Planung ihrer Verheiratung für den Herbst desselben Jahres zu, ohne heiraten zu wollen und ohne wirklich zu wissen, warum sie ihren Verlobten nicht heiraten will. Sie ist mit Freuds Schriften vertraut, weiß also, was in einer Psychoanalyse von ihr erwartet und auf sie zukommen wird. Für sie, wie für alle Analysanden, ist Freud, ist der

---

während die Einkommen nur um das Vierzigfache angestiegen waren. Die Notenbanken kamen mit dem Drucken der Geldscheine kaum nach und das einst mächtige Wiener Bürgertum war nicht selten gezwungen, Schmuck und Bilder zu verkaufen, um das Überleben zu sichern […]. Auch Sigmund Freud hatte all seine Ersparnisse verloren. Nur dank ausländischer Patientinnen war es ihm möglich, seinen Lebensunterhalt zu bestreiten, sowie wieder neue Ersparnisse anzulegen. Vor allem waren es amerikanische Kollegen, wie etwa Horace Frink (s. S. 99ff.) oder Monroe Meyer, die mit ihren Honoraren dazu beitrugen, dass Freud […] immerhin ein Drittel seines Vermögensstandes vor dem Krieg wiedergewonnen hatte« (Fallend 2009, S. 133).

Analytiker Inhaber eines Geheimnisses: »des Geheimnisses der Seele, des Körpers, des Wissens oder der Macht über den Geist. Dem Analytiker wird, darin steht er in größter Nähe zu den Eltern, unterstellt, das sexuelle Wissen zu besitzen« (Pontalis 2007, S. 60). So ist es nicht verwunderlich, dass sie Freud, einem Parforce-Ritt gleich, von der ersten Stunde an mit Erinnerungen an ihre früheste Kindheit, ihre Sexualentwicklung und ihren Träumen beschenkt. Sozusagen als Vorausschau auf den vor ihr liegenden therapeutischen Prozess, bietet sie ihm Material in Hülle und Fülle, so wohl geordnet, als würde auch das Unbewusste einer jungen Schweizerin vom Schweizer Ordnungssinn durchdrungen sein. Hiermit ermöglicht sie Freud, sein metapsychologisches Konzept zu deklinieren. Er führt ihr die kompletten Strukturschichten ihrer Liebesreihen vor Ohren: vom aktuellen Liebesbeziehungskonflikt mit ihrem Verlobten bis zum erwarteten, gesucht und gefundenen zentralen ödipalen Konflikt, nämlich zur unglücklichen, unerfüllten und überwältigenden Vater-Liebe.

> »Fr: [Freud] Sie streifen so nah am Geheimnis [...] dass ich es ihnen verraten kann:
>
> Sie liebten ihren Vater u. haben ihm den Treuebruch mit der Mutter nie verziehen.
>
> Sie wollten die Mutter des Kindes sein, Sie wünschten daher ihrer Mutter die [...] Ihnen den Geliebten nahm den Tod. – Nach u. nach werden sie Beweise dazu bringen u. es wird sich das Rätsel lösen warum Sie nicht von Ihrem Bruder loskommen« (Koellreuter 2009, S. 42f.).

Freud verhält sich so, als würde er sagen: Sprich Kind, ich weiß schon, was Du meinst mit dem, was Du später noch sagen wirst; denn ich bin der Besitzer, der Hüter und der Übersetzer der Geheimnisse, der rätselhaften Botschaften aus Deinem Unbewussten, sprich nur. Freud »sucht die Gedankengänge des Patienten zu dirigieren, mahnt, drängt seine Aufmerksamkeit nach gewissen Richtungen, gibt ihnen Aufklärungen« (Freud 1916/17, S. 9). Diese von Freud praktizierte und im psychoanalytischen Lager gängige analytische Haltung, nämlich die Vermischung von Therapie und theoretischer Unterweisung, wird etwa zur gleichen Zeit von Sándor Ferenczi und Otto Rank in ihrer preisgekrönten Arbeit: »Entwicklungsziele der Psychoanalyse; zur Wechselbeziehung von Theorie und Praxis« massiv angegriffen und führt »zu einer tiefen Spaltung im psychoanalytischen Lager« (Passet 2009, S. 111). Ferenczi und Rank betonen, dass es

> »beim Analysieren nicht darum [gehe], den Analysanden über theoretische Zusammenhänge aufzuklären; überhaupt seien das Wissenwollen und das Lernen schlechte Führer für den Analysanden auf seiner analytischen Reise. Diese Kritik ist später von anderen Autoren aufgenommen, variiert und vertieft worden und hat in Lacans Diktum, der Analytiker müsse das »sujet supposé savoir« also das Subjekt, dem Wissen unterstellt wird, sein, ihre pointierteste Formulierung gefunden. Nun lässt aber schon der oberflächlichste Blick auf diesen Analysebericht [...] nicht den geringsten Zweifel daran, dass Freud seinen Analysanden gegenüber nicht in erster Linie als das sujet supposé savoir auftrat, sondern mit großer Bestimmtheit als das sujet qui sait, also als derjenige, der weiß« (ebd., S. 112).

Er wartet nicht bis Anna G. der Theorie seiner Behandlung folgen kann, um durch die Bearbeitung und Überwindung ihrer Widerstände zur Kenntnis der historischen Wahrheit zu gelangen. Wie so oft kann er seinem »furor interpretandi« nicht widerstehen, er eilt seiner Analysandin voraus und erwartet sie am Schibboleth der Psychoanalyse. Er verspricht ihr, bereits eine Übersetzung ihres Rätsels gefunden zu haben, zu der sie nur noch das Material beizutragen hat. Und das tut sie, sie produziert das, was Freud »Gefälligkeitsträume« nennt, hervorgerufen von – in dieser Zeit begrifflich bereits triebgereinigt zum terminus technicus neutralisiert – »positiver Übertragung«.

Die Akteure wissen: Übertragung ist eine agierende Leidenschaft in der Gegenwart, oder mit Freuds eigenen Worten: »Eine derartige Einstellung des eigenen Seelenlebens auf das einer anderen Person mit ähnlicher Unterwerfung hat ein einziges, aber dann vollwertiges Gegenstück in manchen Liebesverhältnissen mit voller Hingebung« (Freud 1905, S. 307).

Was tun, wenn das Objekt des Begehrens – das Objekt der Liebe – nicht greifbar ist? Anna G. will »jemand lieb haben«. Freud weiß, dass die Übertragung auf ihn auf einen Punkt des Agierens der Leidenschaft in der Gegenwart zusteuert und er fordert von ihr, sich während der Analyse abstinent zu verhalten:

> »Die einen Leute müssen alles tun, die anderen, bei denen genug psychisches Material vorhanden ist, machen alles in der Psyche aus. Wenn es möglich ist, lassen Sie die Abenteuer sein. Dulden und entbehren Sie, so dass alles desto deutlicher in der Stunde zum Vorschein kommt« (Koellreuter 2009, S. 45).

Die Patientin soll auf ein Agieren ihrer Leidenschaften außerhalb der Beziehung zu Freud verzichten und ihre andrängenden Liebesgefühle allein während der Analysestunde »in der Psyche« ausmachen. Freud schürt das Feuer der Übertragungsliebe, und es kommt, was kommen muss.

In der Stunde vom 25. April gesteht sie Freud: »[I]ch habe Sie schon sehr gern« (Koellreuter 2009, S. 53), sie kann sich vorstellen, dass eine junge Frau »jemand älteren heiraten kann« (ebd.) und Freud entgegnet: »Das ist nun die Übertragung der alten Liebe und Verliebtheit, die Sie zum Vater hatten, auf mich. Auch alle die schmerzl. Enttäuschungen, Eifersucht etc. wird dann kommen« (ebd.). Diese rein rekonstruktive Übertragungsintervention Freuds ist instrumentell, automatisiert und direktiv, sie ist eine Zurückweisung dessen, was er selbst provoziert, das »Liebesrezidiv« seiner Patientin. Hier kommt die bekannte Übertragungsabwehr des Analytikers Freud zum Ausdruck. Er lenkt die ihm geltenden Liebesgefühle auf eine Person der Vergangenheit um, im Sinne von: Die Rede ist zwar an mich gerichtet, aber nicht an mich adressiert!

Die analytische Situation besteht jedoch weder in einer bloßen Wiederholung der Kindheit noch in einer Reproduktion der aktuellen Lebenssituation. Im Verlauf der Übertragungsliebe entfaltet sich vielmehr parallel zu den ödipalen Wiederbelebungen und deren allmählicher Bewusstwerdung durch Aufhebung der Widerstände eine neue und einzigartige Liebesgeschichte, weil die Liebesgefühle dem Analytiker gegenüber oft von stärkerer Intimität und Intensität sind, als es jene in der Vergangenheit meist heimlich und versteckt geäußerten jemals waren. Freud erreicht mit seinem rekonstruktiven Deutungsversuch seine Patientin nicht. Schon in der folgenden Sitzung wiederholt, bekräftigt und präzisiert Anna G. auf mutige, unmissverständliche und eindrucksvolle Weise ihre Liebeserklärung vom Vortag als erwachsene Frau an ihn, Freud, den erwachsenen Mann mit den Worten: »Ich habe Sie so unbeschreiblich gern, wie ich noch gar niemand geliebt habe« (Koellreuter 2009, S. 54). Klug wie sie ist, eröffnet sie mit ihrer Hinzufügung »kommt es mir so vor« (ebd.) den Weg zur Bühne des ausschließlich rekonstruktiven Regressionsmodells, die Freud prompt mit seiner Antwort betritt:

> »Fr: [Freud] diese Liebe zum Vater war so ungeheuer, dass alles Spätere ein schwacher Abglanz war. Von der Intensität der Kinderliebe macht man sich keinen Begriff, sie ist ja nur potential vorhanden, wird nicht zur Tat« (ebd.).

Wir stimmen mit August Ruhs überein, der Freuds Verstrickung in die Übertragungsliebe seiner Patientin wie folgt charakterisiert: »Wenn ich ihre erotischen Gefühle mir gegenüber möglichst rasch als Übertragung deute, so tue ich es, um ihnen die Liebe zu verleiden, vor der ich ebenso Angst habe wie vor meinen eigenen Liebesregungen und vor deren Folgen ich mich in beiden Fällen schützen muss« (Ruhs 2009, S. 203).

Die psychoanalytische Behandlung Anna G. beeindruckt durch die Offenheit und Direktheit, mit der sich die junge Schweizer Ärztin mutig auf das Wagnis einlässt, Erkenntnisse über sich zu gewinnen. Scheinbar ohne Scheu lässt sie sich zur Rede über Liebe, Begehren, Sexuelles und Aggression von Freud verführen. Freud dirigiert ihre Gedankengänge, Anna G. produziert entlang der von ihm gezogenen Ödipuskomplex-Linie Erinnerungen, Traummaterial, Assoziationen und Gefühle in einem atemberaubenden Tempo, ganz und gar lehrbuchmäßig, bis sich ihre Übertragungsliebe an dem immer gleichen Verwirrspiel Freuds bricht: Zunächst lockt er die Liebe seiner Patientin durch die Einleitung der Behandlung hervor, lenkt sie, wie er glaubt, auf sich und hält sie fest, um ihr dann in einem Deutungsprozess bewusst zu machen, dass diese Liebe gar nicht ihm gilt, sondern der wichtigsten Person aus der Vergangenheit der Patientin, ihrem Vater. So, als ob Liebe ausschließlich Übertragung sei, was sie nicht ist, auch wenn menschliche Beziehungen, Liebesbeziehungen ohne Übertragungsanteile nicht vorstellbar sind. Diese Zurückweisung führt zum Rückzug aus der aktuellen Beziehung und zur Rücknahme der libidinösen Besetzung des anderen. Dies ist nicht zu verwechseln mit einer Befreiung von den infantilen Fixierungen und der Überwindung des Lustprinzips mit ungehinderter Liebesfähigkeit nach der Behandlung, wie Freud dies in seiner Arbeit »Bemerkungen über die Übertragungsliebe« (1915) konzipiert.

Anna G. beendet am 14. Juli 1921 ihre Analyse bei Freud. Sie verlässt ihren Verlobten, geht nach Paris, arbeitet dort zwei Jahre als Psychiaterin und heiratet. Sie wird Mutter von zwei Töchtern und zwei Söhnen und arbeitet als Journalistin.

Wir schließen mit dem Ricercare aus dem »Musikalischen Opfer« in Anlehnung an den Text von Tagore:

Nicht Deutungsfuror,
sondern der Tanz zweier Übertragungen
rundet die Übertragungsliebe zur Schönheit!

Nachwort[1]

Jorge Canestri, Rom

Jorge Canestri ist Vorsitzender des Ethik-Komitees der Internationalen Psychoanalytischen Vereinigung für Europa, Lehr- und Kontrollanalytiker der Argentinischen Psychoanalytischen Vereinigung und Mitglied der Italienischen Psychoanalytischen Gesellschaft.

Die Titelfrage, die die Autoren in ihrer Untersuchung über die Bedeutung, die Wertigkeit, das Schicksal und den Umgang mit der Leidenschaft in der psychoanalytischen Praxis stellen, lautet: *»Muss denn Liebe Sünde sein?«*

Besondere Aufmerksamkeit gilt »dem Begehren des Analytikers«, wie der Untertitel der Erstauflage betont.

Für viele einflussreiche Analytiker wie z.B. Harold F. Searles ist das erotische Begehren in der Gegenübertragung des Analytikers ein Tabuthema in der Psychoanalyse. Die Geschichte der Psychoanalyse beginnt mit der Behandlung Berta Pappenheims (Anna O.) durch Josef Breuer, und es ist bekannt, daß die amouröse Verstrickung dieser Patientin und ihres Therapeuten sowohl für den Verlauf als auch für den Ausgang der Therapie alles andere als unwichtig war. Die Autoren heben hervor, dass dies Freud klar war, was aus dem Nachruf ersichtlich wird, den er für seinen Freund und Lehrer Josef Breuer schrieb. Die Schwierigkeiten Breuers, den Sinn der neurotischen Symptome verständlich zu machen, führt Freud auf einen »rein affektiven« Faktor zurück. Dieser affektive Faktor war nichts anderes als die Übertragungsliebe der Patientin und die

1 Das Nachwort bezieht sich auf die Ausgabe des Buches aus dem Jahr 2002, die den Titel »Muss denn Liebe Sünde sein?« trug.

Unfähigkeit des Arztes, seine eigenen emotionalen Anteile zu bearbeiten und zu steuern; er wusste nicht anders zu handeln, als »sich bestürzt zurückzuziehen«.

In der Korrespondenz zwischen Sigmund Freud und Carl Gustav Jung sowie zwischen Sigmund Freud und Otto Pfister (1909) zeichnet sich bereits ein vieldeutiges semantisches Feld klar ab, das sich später in der Arbeit *Bemerkungen über die Übertragungsliebe* (1915)[2] ohne Abänderungen wiederfindet. Immer wenn Freud über dieses Thema schreibt, weicht sein Stift vor dem Feuer-Komplex zurück: »Feuer«, »Flamme«, »Brand«, »explosive Kräfte«, kurz, ein unzweifelhaft »theologischer Stil« (Brief an C. G. Jung vom 9. März 1909).

Das Wesentliche des Briefwechsels zwischen den beiden waren an dieser Stelle die wechselseitigen Anmerkungen zum Fall Carl Gustav Jung – Sabina Spielrein, die von großer Tragweite für die Untersuchung der Übertragungsliebe und Gegenübertragungsliebe sind.

Die Affäre Spielrein, ein schwerer Absturz der psychoanalytischen Ethik, eine verrückte Liebe, endete, von Freud und Jung in die Zange genommen.

Wie die Autoren erläutern, war ein Fall wie dieser in jenen Jahren leider nicht unüblich. Die Besorgnis Freuds war mehr als gerechtfertigt, und er flieht auf seine Weise vor der erotischen Gegenübertragung und vor dem ethischen Niedergang. Im Gegensatz zu Breuer zieht er sich nicht bestürzt zurück, sondern gibt die theoretischen und technischen Ergebnisse seiner Nachforschungen über dieses Thema in seiner Arbeit von 1915 weiter. Es ist verständlich, dass Freuds erste technische Anweisung an seine Kollegen und zukünftigen Analytiker eine »Warnung« bzw. Ermahnung ist: Der Analytiker muss seine Gegenübertragung zu kontrollieren wissen.

Der Analytiker muss sich der Tatsache bewusst sein – sagt Freud –, dass das Objekt der Verliebtheit (in der Tat er selbst) bedeutungslos ist. Es ist die analytische Situation, die die Verliebtheit provoziert. Dies vorausgesetzt, ist es unmöglich, nicht zu erkennen, dass die Befriedigung des eigenen Begehrens, auch wenn scheinbar vom anderen evoziert, einen Missbrauch darstellt.

Jedoch behandelt die medizinische Deontologie seit Hippokrates

2 »Bemerkungen über die Übertragungsliebe«. In: Weitere Ratschläge zur Technik der Psychoanalyse III, GW X.

weder die Fragen erschöpfend, die sich aus der Einzigartigkeit der psychoanalytischen Praxis ergeben, noch genügt sie deren theoretischen Anforderungen.

Ein Höhepunkt der Arbeit Freuds ist die Feststellung der Notwendigkeit, die »Moralvorschrift auf ihren Ursprung« zurückzuführen, wodurch es ihm gelingt, ein strukturelles Band zwischen Ethik und Wissenschaft zu knüpfen.

Die technische Anweisung ist klar: Der Analytiker muss der Befriedigung der Liebesansprüche in der Kur entsagen (Versagen), die in Abstinenz (Entbehrung) durchgeführt werden muss. So wird das Abstinenzkonzept zu einem Grundsatz der psychoanalytischen Behandlung. Doch warum wird die Abstinenz als treibende Kraft der psychoanalytischen Kur beschrieben? Weil wir uns dessen bewusst geworden sind, dass der Analytiker dem Patienten doch nichts anderes als Surrogate anbieten könnte; er würde den Patienten nicht nur betrügen, sondern auch jene Bedürfnisse und Wünsche befriedigen, die die analytische Arbeit und die Veränderungen vorantreiben.

Es gibt zudem den Grundsatz der Wahrheitsliebe, der keine Kompromisse erlaubt. Aus der Verbindung dieser beiden Grundsätze, dem Prinzip der Abstinenz und der Wahrheitsliebe, leitet Freud die Ethik der Psychoanalyse ab.[3] Trotz seiner faszinierenden Erscheinung ist es in der Tat nicht Eros, der die Übertragungsliebe anregt, sondern sein finsterer Antagonist Thanatos, der durch diese besondere Form von Widerstand die Veränderung, die Heilung und die Kur selbst behindert.

Die Übertragungsliebe soll weder befriedigt noch unterdrückt werden. Die Analyse muss einen Weg beschreiten, für den »das reale Leben kein Vorbild liefert« (Freud 1915, S. 225). Übertragungsliebe soll durchlebt werden, um Fantasien, sexuelle Vorlieben und infantile Objektwahlen ans Licht zu bringen. Das ermöglicht es, leidenschaftliche Liebe zu zügeln und nach und nach umzuformen. Die »conditio sine qua non« für das Gelingen dieses Prozesses ist, dass der Analytiker seine analytische Funktion aufrechterhält.

In einer Arbeit *Zur Einführung des Narzißmus* (1914) zeigte Freud, wie der neurotische Patient »ein Sexualideal nach dem narzißtischen Typus

3 Canestri, J. (1992): »A Cry of Fire. Some Considerations on Transference Love«. In: On Freud's Observations on transference Love. Yale University Press, London-New Haven, Publikation 1993.

wählt« (1914b, S. 169) und die Heilung durch Liebe (in seinen Augen und in seinem Bewusstsein) der analytischen Kur bei Weitem vorzieht. Die Unfähigkeit, zu lieben und die Erwartung, geliebt zu werden, sollen gelöst werden durch »Lieben« in Form von Übertragungsliebe. Diese Ersetzung von Ich und Objekt, des Liebenden durch den Geliebten und umgekehrt, wird von Lacan 1991[4] gut dargestellt. Freud gibt 1921[5] einen recht vollständigen Überblick der hier enthaltenen Probleme: das Objekt, das an die Stelle des Ichs oder des Ich-Ideals gesetzt wurde, die Idealisierung des Objekts und des Analytikers und schließlich die Rolle des Ideal-Ichs. Ein Bild von großer Komplexität, das die immense Anstrengung Freuds belegt, das Verständnis für das Phänomen der Leidenschaften zu vertiefen und jeden Verdacht der Suggestion von der Psychoanalyse abzuwenden.

Ohne dass ich die theoretische und technische Tragweite von Freuds Arbeit in jenen Jahren unterbewerten möchte, in denen er versuchte, die Besonderheit der analytischen Erfahrung begrifflich zu erfassen, zeigt sie dennoch Grenzen und Schwächen, die wir heute vielleicht besser erkennen und bewältigen können.

Die Begrenzung der Übertragungsliebe in analytischen Beziehungen auf einen männlichen Analytiker und eine weibliche Patientin ist nach unserer Erfahrung willkürlich. Ebenso ist die Annahme einiger Analytiker (z. B. Ralph Greenson, 1975) nicht überzeugend, die Übertragungsliebe in analytischen Paaren desselben Geschlechts als nicht existent zu erklären, außer in Fällen manifester Homosexualität. Nach Jahren des Schweigens in der Fachliteratur wurden diese Themen in wichtigen Arbeiten von Analytikerinnen (Eva P. Lester 1985; Ethel S. Person 1983, 1985, 1990) in Angriff genommen, wobei spezielle Studien hierüber noch rar sind.

Die Autoren dieses Buches analysieren die ersten freudianischen Fälle, seine technischen Vorschriften sowie das Schweigen, in das die erotische Gegenübertragung in den Folgejahren gehüllt war, und decken eine gewisse Unzulänglichkeit und Nachlässigkeit auf, diesen Kern der analytischen Praxis in Angriff zu nehmen.

Für Freud, der die theoretisch-technische Struktur, die den analytischen Prozess leitet, systematisiert hatte, waren die Fehlhaltungen von Carl Gustav Jung, Wilhelm Stekel und anderen sowie die Probleme Sándor

4 Lacan, J. (1991): Le seminaire VIII: Le Transfert (1960–1961), Seuil, Paris.

5 Freud, S. (1921): Massenpsychologie und Ich-Analyse, GW XIII, S. 71–161.

Ferenczis eine Warnung, sodass er dem Thema der Gegenübertragung gegenüber eine eher defensive Haltung einnahm.

Obwohl Freud nicht dazu rät, die in der Analyse auftauchenden Dämonen zu exorzieren, erklärt er den Dialog mit ihnen aber dann für unmöglich, wenn sie die Analyse zu stark belasten. In zwei Grenzfällen ist dies offenkundig: in der psychotischen Pathologie und in der »elementaren Leidenschaft«, die er für nicht analysierbar hält. Demgegenüber weist André Green[6] auf Freuds unbefriedigende theoretische und klinische Aussagen zur Frage der Leidenschaften und der »Verrücktheit« in Analysen hin und besteht darauf, dass beide akzeptiert und in der Analyse aufgenommen werden müssten.

In der Behandlung der psychotischen und narzisstischen Pathologie, die einst als unzugänglich betrachtet wurde, hat die Entwicklung des psychoanalytischen Denkens nach Freud bedeutende Fortschritte gemacht. Auf den Spuren der Pionierarbeiten von Karl Abraham und Sándor Ferenczi (der, wie die Autoren richtig hervorheben, der gewissenhafteste und kreativste Analytiker der Probleme der Gegenübertragung bei schwer gestörten Patienten war) behandelt Melanie Klein schon in den 40er Jahren die Übertragung als unbewusste Fantasie, als »umfassende Situation«, und betont die Bedeutung der negativen Übertragung und der Übertragung von Partialobjekten. Es waren Melanie Kleins Schüler, die den Gehalt der Ideen in der »klassischen« Analyse von schwer gestörten Patienten überprüften (Hannah Segal, Herbert Rosenfeld, W.R. Bion, um nur einige zu nennen).

Ihnen verdanken wir einen guten Teil von dem, was heute unser Rüstzeug bei der Behandlung dieser Pathologien ist. Dasselbe könnte man von Margret Mahler, Harold F. Searles und anderen sagen, ebenso über Donald W. Winnicotts Konzeption der frühesten Aspekte der Mutter-Kind-Beziehung sowie des Anfangs des psychischen Lebens, die neue Wege in der Betrachtung bestimmter Übertragungsprobleme und der Übertragungsliebe eröffnet.

In der italienischen Psychoanalyse betrachtet E. Gaddini die Erotisierung als einen wirksamen und elementaren Widerstand, auf den der Patient auf verschiedene Weise in unterschiedlichen Momenten des analytischen Prozesses zurückgreift.

6 Green, A. (1990): Psicoanalisi degli stati limite. La follia privata. Raffaelo Cortina Editore, Milano 1991.

Auch André Green betont, von einem anderen theoretischen Ansatz ausgehend, dass das Konzept der »Fusionsgefahr« (des Rückfalls in die Verrücktheit zwischen Mutter und Kind) in den Fällen von großem Nutzen für die Behandlung der Übertragungsliebe sein kann, in denen sie anscheinend unanalysierbar und festgefahren ist.

In den letzten zehn Jahren nach der Erstveröffentlichung dieses Buches hat die Literatur zum Thema Übertragungs- und Gegenübertragungsliebe zugenommen. Die Autoren haben daher neben einer ergänzenden Neubearbeitung aller Kapitel in der vorliegenden Neuauflage ein Kapitel hinzugefügt, das für den Leser von großem Interesse und Nutzen sein dürfte. Es handelt sich um den Beitrag mit dem Titel »Die Liebe, ein (un-)erwünschter Gast der Psychoanalyse oder ›in dubio pro libido‹«, eine sorgfältige Zusammenstellung zahlreicher Beiträge über das Thema der erwünschten/unerwünschten Liebe in der analytischen Praxis, die in diesem Zeitraum veröffentlicht wurden.

Diese und andere Beiträge haben das psychoanalytische Denken bereichert. Die Gegenübertragung ist inzwischen zu einem unersetzlichen Instrument in der psychoanalytischen Arbeit geworden und es scheint, als sei das Diskurs-Tabu zur erotischen Gegenübertragung des Analytikers nicht mehr existent.

»Dennoch«, sagen uns die Autoren, »hat sich an den Überschreitungen der ›Intimitätsdistanz‹ (J. Grunert 1989), der ›intimen Trennung‹ (Stone 1973) in den Anfängen der psychoanalytischen Praxis nichts geändert: Das Inzest-Tabu wird in einem unüberschaubaren Ausmaß gebrochen« (S. 126).

Sie setzen zu Recht das sexuelle acting out in der psychoanalytischen Behandlung, diese Verletzung einer ethischen Norm, die den Schwächeren schützen soll, und dessen Wachstumsprozess Schaden erleidet, mit einem symbolischen Inzest gleich.

Die Anmerkungen der beiden Autoren über den »institutionellen Aspekt« dieses Themas müssen ernsthaft in Betracht gezogen werden. Es ist nicht nur notwendig, unser theoretisches Wissen über die Übertragungsliebe bzw. die Gegenübertragungsliebe zu verbessern, sondern auch die Auswirkung und Behandlung dieses Themas im Bereich der psychoanalytischen Institutionen zu untersuchen.

Dort kann die Hypokrisie – so führen Krutzenbichler und Essers aus – eine perverse Allianz zwischen der Macht und dem Negieren des Einflusses und der tiefen Bedeutung des Problems des Inzestvollzugs in der Analyse eingehen. Ich möchte an dieser Stelle einen Abschnitt des Buches zitieren, der diese Idee vollkommen widerspiegelt: »Gerade der institutionelle Machtfaktor macht die psychoanalytische Bearbeitung dieses Inzests aufseiten des Analytikers scheinbar unmöglich: Er bricht nicht einfach das Gesetz und macht sich dadurch schuldig, sondern er führt sich selbst an Stelle des Gesetzes ein. Jemand, der sich selbst an die Stelle des Gesetzes setzt, es machtvoll-institutionell verkörpert, kann sich nicht schuldig machen – er ist ja das Gesetz. Und das zerstört die Gemeinschaft« (S. 126).

Auf der Basis dieser Überlegungen und der Komplizenschaft, die man in Institutionen antrifft, erstaunt es nicht, dass Analytiker wie Johannes Grunert und Johannes Cremerius eine fehlende Bereitschaft der übergriffigen Analytiker feststellen, sich einer erneuten Analyse zu unterziehen und ihre analytische Tätigkeit in der Zwischenzeit zu unterbrechen.

Dies begünstigt eine Wiederholung der inzestuösen Beziehungen und im didaktischen Bereich die Deformierung der analytischen Ausbildung, verursacht durch verschiedene Faktoren: das lebende Beispiel, ein theoretischer und technischer Unterricht, der gar nicht anders kann, als die Perversion in der Handlung spürbar werden zu lassen und schließlich das Negieren (wenn nicht die institutionelle Mitschuld an) einer Realität, die zwar mehr oder weniger verborgen bleibt, aber trotzdem allgemein bekannt ist.

Das Bewusstsein der Bedeutung dieses Themas und seine Auswirkungen auf die psychoanalytischen Institutionen hat dazu geführt, dass das Ethic Commitee der Internationalen Psychoanalytischen Vereinigung nach gründlicher Überlegung einen Text mit dem Titel *IPA's Principles and Ethical Procedures* vorgelegt hat, der von den Mitgliedern dieser internationalen Institution verabschiedet wurde. In diesem Text wird das hier behandelte Problem gemeinsam mit anderen wesentlichen deontologischen Fragestellungen unserer Disziplin in Angriff genommen. Diese ethischen Prinzipien basieren auf der Notwendigkeit, »Glaubwürdigkeit, Schutz und Verläßlichkeit für Analysand, Analytiker, den Rahmen des psychoanalytischen Prozesses, für die Institution und die psychoanalytische Gemeinschaft« zu garantieren, wie es einer der Autoren dieses Buches (Krutzenbichler 1998) in einem Artikel mit dem Titel »Läßt sich die psychoanalytische Ethik kodifizieren?« gefordert hat.

Wenn man zu der Titelfrage zurückkehrt – *Muss denn Liebe Sünde sein?* – so kann man sie mit den Autoren mit Nein beantworten.

Diese Illusion der Liebe, seit Freud bis zur heutigen Zeit, analysiert, statt »ausagiert«, tritt aus dem Schema der Zuwiderhandlung und Schuld heraus und erspart beiden Beteiligten des analytischen Paares den Schmerz der Enttäuschung, der unvermeidlich folgen muss. Die Schwierigkeit mit dem Kompromiss der Gegenübertragung, mit ihrer dauerhaften analytischen Bearbeitung und ihr Nutzen in der Arbeit mit dem Patienten unter strenger Einhaltung der Regel der Abstinenz, ist kein unüberwindliches Hindernis. Aber wir müssen uns der Tatsache bewusst sein, dass die Übertragungsliebe und die erotische Gegenübertragung des Analytikers ein Knotenpunkt der Psychoanalyse bleiben.

Einst hat das Feuer dieser besonderen Leidenschaft Breuer in die Flucht getrieben, brachte Jung dazu, sich die Finger zu verbrennen und gab Freud den Anlass zu einer tiefgreifenden Spekulation. Auch heute noch ist es in einigen Fällen schwer, diesem Problem mit analytischen Mitteln beizukommen. Wenn eine Analyse zu einem sexuellen acting out führt, wird sie zutiefst iatrogen: Die Auswirkungen eines Kurzschlusses, in dem sich jene Form der Realität der Analyse ins »Reale« – tout court – umwandelt, sind verheerend, sowohl für den Patienten als auch für den Analytiker. Wenn sich das strukturelle Band zwischen Ethik und Technik, zwischen Abstinenz und Wahrheitsliebe in Handeln auflöst, wird nicht nur die Deontologie verletzt, es verschwindet der Seins-Grund der Analyse.

Rom im Dezember 2001

Literatur

Adatto, Carl P. (1989): The Enigma of the Transference. I.J. Psycho-Anal. 70, 513–525.
Adler, Alfred (1911): Beiträge zur Lehre vom Widerstand. Zentralblatt für Psychoanalyse 1, 214–219.
Adler, Hildegard (1984): Die Rolle des Analytikers im Heilungsprozeß. Zur Theorie der Therapie. Psyche – Z Psychoanal 11, 993–1022.
Adler, Hildegard (1997): Sexualisierte Übertragung als Abwehr von Scham und Selbstverlust. Zs. Psa. Theorie u. Praxis 4, 378–391.
Alexander, Franz (1937): Das Problem der psychoanalytischen Technik. Int. Z. Psychoanal. 23, 75–95.
Alexander, Franz (1950): Analyse der therapeutischen Faktoren in der psychoanalytischen Behandlung. Psyche – Z Psychoanal 8, 401–416.
Alves, Eva-Maria (1992): Vom Treiben der Triebe. Über »das Begehren des Analytikers«. Frankfurter Rundschau Nr. 14.
Alves, Eva-Maria (1993): Stumme Liebe. Der »lesbische Komplex« in der Psychoanalyse. Freiburg (Kore).
Ammaniti, Massimo (1993): L'amore nell'adolescenza: un episodio nella giovinezza di Freud. In: Ammaniti, M. & Stern, D.N. (Hg.): Psicoanalisi dell'amore. Roma-Bari (Laterza), S. 59–68.
André, Jaques (1996): L'amour pris aux mots. Rev. franç. Psychanal 3, 663–674.
Anonyma (1988): Verführung auf der Couch. Eine Niederschrift. Freiburg (Kore).
Anzieu, Didier (1984): Le Double Interdit du Toucher. La Chose Sexuelle 29, 183–187.
Appignanesi, Lisa & Forrester, John (1992): Die Frauen Sigmund Freuds. München (List).
Argelander, Hermann (1992): Sigmund Freud. Zur Dynamik der Übertragung. Behandlungstechnische Schriften. Frankfurt (Fischer).
Augerolles, Joëlle (1989): Mon Analyste et Moi. Journal. Paris (Lieu Commun).
Balint, Michael (1935): Zur Kritik der Lehre von den prägenitalen Libido-Organisationen. In: Die Urformen der Liebe und die Technik der Psychoanalyse. München (dtv) 1988, S. 48–68.
Balint, Michael (1961): Der regredierte Patient und sein Analytiker. Psyche – Z Psychoanal 5, 253–273.
Balint, Michael (1968): Therapeutische Aspekte der Regression. Die Theorie der Grundstörung. Reinbek (Rowohlt) 1973.
Barry, Maurice J. & Johnson, Adelaide M. (1958): The Incest Barrier. Psa. Q. 27, 485–500.

Bataille, Laurence (1986): Das Begehren des Analytikers und das Begehren, Analytiker zu sein. Der Wunderblock 15, 5–8.

Bates, Carolyn M. & Brodsky, Anette M. (1990): Eine verhängnisvolle Affäre oder Sex in the Therapy Hour. Paderborn (Junfermann).

Bauriedl, Thea (1998): Ohne Abstinenz stirbt die Psychoanalyse. Über die Unvereinbarkeit von Psychoanalyse und Körpertherapie. Forum Psa. 14, 342–363.

Becker, Nikolaus (1997): Zur Übertragungs- und Gegenübertragungsliebe. In: Richter-Appelt, Hertha (Hg.): Verführung – Trauma – Mißbrauch (1986–1996). Gießen (Psychosozial-Verlag), S. 39–50.

Benjamin, Jessica (1993): »Wer hörte mich denn von den Engeln?« Erotik, Idealisierung und intersubjektiver Raum in der Übertragungsbeziehung. In: Phantasie und Geschlecht. Studien über Idealisierung, Anerkennung und Differenz. Basel (Stromfeld), S. 115–139.

Benjamin, Jessica (1994): What Angel Would Hear Me? The Erotics of Transference. Psychoanal. Inquiry 4, 535–557.

Benjamin, Jessica & Gabbard, Glen O. (1994): Commentaries on Papers by Tansey, Davies and Hirsch. Psychoanalytic Dialogues 4/2, 193–214.

Bergmann, Martin S. (1985/86): Transference Love and Love in Real Life. Int. J. Psychoanal. Psychoth. XI, 27–45.

Bergmann, Martin S. (1994): The Challenge of Erotized Transference toPsychoanalytic Technique. Psychoanal. Inquiry, 499–518.

Bergmann, Martin S. (1994/95): Eine Geschichte der Liebe. Vom Umgang des Menschen mit einem rätselhaften Gefühl. Frankfurt (Fischer).

Bernandez, Teresa (1994): The eroticized transference. A tool for the reconstruction of childhood sexual trauma. Journal Amer. Ac. Psychoanal. 21, 61–76.

Bettighofer, Siegfried (1998): Übertragung und Gegenübertragung im therapeutischen Prozeß. Stuttgart (Kohlhammer).

Bettighofer, Siegfried (2001): Sexualität zwischen Verdrängen und Agieren. In: Geißler, Peter (Hg.): Über den Körper zur Sexualität finden. Gießen (Psychosozial-Verlag), S. 95–117.

Bibring-Lehner, Grete (1935): Zum Thema des Übertragungswiderstandes. Imago 21, 55–61.

Binswanger, Ludwig (1956): Erinnerungen an Sigmund Freud. Frankfurt, Berlin, Wien (Ullstein).

Bittner, Günther (1998): Liebe in der Analyse – ein Fall für den Staatsanwalt? Forum Psa. 14, 301–311.

Bittner, Günther et al. (1998): Diskussion der Beiträge von G. Bittner, M. Hirsch und S. Krutzenbichler. Forum Psa. 14, 325–341.

Blum, Harold P. (1973): The Concept of Erotized Transference. JAPA 21, 61–76.

Blum, Harold P. (1994): Discussion on the Erotic Transference: Contemporary Perspectives. Psychoanal. Inquiry 4, 622–635.

Bokanowski, Thierry (1996): De l'amour de transfer á l'amour de la psychanalyse. Rev. franç. Psychanal 3, 857–873.

Bollas, Christopher (1994): Aspects of the Erotic Transference. Psychoanal. Inquiry 4, 572–590.

Bolognini, Stefano (1994): Transference: erotised, erotic, loving, affectionate. I.J. Psycho-Anal. 75, 73–86.

Bonasia, Emanuele (2001): The Countertransference: Erotic, Erotised and Perverse. I.J. Psycho-Anal. 82, 249–262.

Borch-Jacobsen, Mikkel (1997): Anna O. zum Gedächtnis. Eine hundertjährige Irreführung. München (Wilhelm Fink).

Bouhoutsos, J.; Holroyd, J.; Lerman, H.; Forer, B. & Greenberg, M. (1983): Sexual Intimacy between Psychotherapists and Patients. Profess. Psychol.: Research and Practice 14(2), 185–196.

Brabant, Eva et al. (1993): Sigmund Freud/Sándor Ferenczi. Briefwechsel. Wien (Böhlau).

Bradlow, Paul A. & Coen, Stanley J. (1975): The Analyst Undisguised in the Initial Dream in Psychoanalysis. I.J. Psycho-Anal. 56, 415–425.

Bräutigam, Walter (1983): Beziehung und Übertragung in Freuds Behandlungen und Schriften. Psyche – Z Psychoanal 2, 116–129.

Bräutigam, Walter (1988): Realistische Beziehung und Übertragung. In: Kutter, P. (Hg.): Die psychoanalytische Haltung. Auf der Suche nach dem Selbstbild der Analyse. München, Wien (Verlag Internationale Psychoanalyse), S. 165–187.

Braun, Claus (2008): Liebesübertragungen. Komplexkonstellationen, Neurosen- und ich-strukturelle Bedingungen, Verläufe. In: Springer Anne et al. (Hg.): Sexualitäten. Gießen (Psychosozial-Verlag), S. 153–167.

Braun, Claus & Otscheret, Lilian (2004): Sexualitäten in der Psychoanalyse. Entwicklungstheorie und psychotherapeutische Praxis. Frankfurt a.M. (Brandes & Apsel), S. 6–10.

Broch, Hermann (1975): Hugo von Hofmannsthal und seine Zeit. Eine Studie. In: Schriften zur Literatur I. Kritik. Frankfurt.

Brüggen, Wilhelm (2007): »A fool for love and love is blind …« Über unsere Schwierigkeiten mit den Überschwänglichkeiten der Liebe«. In: Zumutungen – Die unheimliche Wirklichkeit der Übertragung. Tübingen (edition diskord), S. 346–377.

Buchholz, Michael (2009): PNL 76, 6.

Butler, S. & Zelen, S.L. (1977): Sexual Intimacy between Psychotherapists and Patients. Psychotherapy: Theory, Research and Practice 14(2), 139–145.

Canestri, Jorge (1993a): Postfazione. In: Krutzenbichler,H. Sebastian & Essers, Hans: Se l'amore in Sé non é peccato … Sul desiderio dell' analista. Milano (Raffaello Cortina Editore).

Canestri, Jorge (1993): A Cry of Fire: Sonic Considerations on Transference Love. In: Person, Ethel (Hg.): On Freud's »Observations on transference love«. New Haven (University. Press).

Carloni, Glauco (1968): Erotomania, Suicidio e Reparazione. Rivista di Psicoanalisi 2, 133–153.

Carotenuto, Aldo (1986): Tagebuch einer heimlichen Symmetrie. Sabina Spielrein zwischen Jung und Freud. Freiburg (Kore).

Carpy, Denis V. (1989): Tolerating the Countertransference: A Mutative Process. I.J. Psycho-Anal. 70, 287–294.

Carr, M. & Robinson, G. (1990): Fatal attraction: The ethical and clinical dilemma of patient-therapist sex. Canada J. Psychiat. 35, 122–127.

Celenza, Andrea (1998): Precursors to Therapist Sexual Misconduct. Preliminary Findings. Psychoanalytical Psychology 15(3), 378–395.

Celenza, Andrea & Gabbard, Glen O. (2002): Analysts who commit sexual boundary violations: a lost cause? JAPA 51/2, 617–626.

Chasseguet-Smirgel, Janine (1988): Zwei Bäume im Garten. Zur psychischen Bedeutung der Vater- und Mutterbilder. München, Wien (Verlag Internationale Psychoanalyse).

Chertok, Léon (1983): Psychotherapie und Sexualität. Psychoanalyse 1, 2–30.

Chesler, Phyllis (1977): Frauen, das verrückte Geschlecht. Reinbek (Rowohlt).
Chiara, Giuseppe (1993): L'amore nella experienza psicoanalitica. In: Ammaniti, M. & Stern, D.N. (Hg.): Psicoanalisi dell'amore. Roma-Bari (Laterza), S. 158–168.
Clancier, Anne (1981): Corps, Transfer et Contre-Transfer. Rev. franç. Psychanal. 1, 335–339.
Coen, Stanley J. (1981): Sexualization as a Predominant Mode of Defense. JAPA 29, 893–920.
Coen, Stanley J. (1994): Barriers to Love Between Patient and Analyst. JAPA 42, 1107–1135.
Cohen, Yecheskiel (1993): Die Angst zu Lieben. In: Cohen, Yecheskiel (Hg.): Das misshandelte Kind. Ein psychoanalytisches Konzept zur integrierten Behandlung von Kindern und Jugendlichen. Frankfurt a.M. (Brandes & Apsel), S. 235–251 (2004).
Cohen, Yecheskiel (1994): Die Angst zu lieben. Zs. Psa. Theorie u. Praxis 1, 9–24.
Cole, E.M. (1922): A Few »dont's« for Beginners in the Technique of Psychoanalysis. I.J. Psycho-Anal. 3, 43–44.
Cooper, Arnold M. (1993): L'amore nella psicoanalisi clinica. Masochismo, voyeurismo e tenerezza. In: Ammaniti, M. & Stern, D.N. (Hg.): Psicoanalisi dell'amore. Roma-Bari (Laterza), S. 134–149.
Cournut, Jean (1996): Les paradoxes de l'amour. Rev. franç. Psychanal. 3, 721–731.
Crapanzano, Vincent (1987): Text, Übertragung und Deixis. Psyche – Z Psychoanal 5, 385–410.
Cremerius, Johannes (1984): Die psychoanalytische Abstinenzregel. Psyche – Z Psychoanal 9, 769–800.
Cremerius, Johannes (1986): Vorwort zu: Carotenuto, Aldo: Tagebuch einer heimlichen Symmetrie. Sabina Spielrein zwischen Jung und Freud. Freiburg (Kore).
Cremerius, Johannes (1987): Sabina Spielrein – ein frühes Opfer der psychoanalytischen Berufspolitik. Forum Psa. 2, 127–142.
Cremerius, Johannes (1988): Abstinenz – Maxime und Realität. In: Anonyma: Verführung auf der Couch. Eine Niederschrift. Freiburg (Kore), S. 166–190.
Dantlgraber, Josef (1982): Bemerkungen zur subjektiven Indikation für Psychoanalyse. Psyche – Z Psychoanal 36, 193–225.
Dantlgraber, Josef (1989): Psychoanalytische Haltung und Übertragungsbeziehung. Psyche – Z Psychoanal 11, 973–1006.
David, Christian H. (1971): L'État Amoureux. Paris (Payot).
David, Christian H. (1996): Post-scriptum á »L'état amoureux«. Rev. franç. Psychanal. 3, 633–642.
Davies, Jody M. (1994): Love in the Afternoon: A Relational Reconsideration of Desire And Dread in the Countertransference. Psychoanalytic Dialogues 4/2, 153–170.
Dazzi, Nino (1993): La natura dell'esperienza amorosa secondo la prospettiva psicoanalitica. In: Ammaniti, M. & Stern, D.N. (Hg.): Psicoanalisi dell'amore. Roma-Bari (Laterza), S. 34–44.
Deserno, Heinrich (1990): Die Analyse und das Arbeitsbündnis. Eine Kritik des Arbeitsbündniskonzepts. München, Wien (Verlag Internationale Psychoanalyse).
Deutsch, Helene (1926): Okkulte Vorgänge während der Psychoanalyse. Imago 13, 418–433.
Dittrich, Karin A. (1993): Der analytische Inzest am Beispiel von Otto Groß und C.G. Jung. Überlegungen zum Stellenwert des Inzestverbots und der analytischen Abstinenz. Luzifer Amor 11, 40–60.

Dittrich, Karin A. (1995): Zur Frühgeschichte des Gegenübertragungsbegriffs bei Freud und seinen ersten Schülern. Luzifer Amor 15, 7–30.

Doolittle, Hilda (1956): Huldigung an Freud. Rückblick auf eine Analyse. Frankfurt, Berlin, Wien (Ullstein),1976.

DPG (1993): Grenzüberschreitungen in der Psychoanalyse. Arbeitstagung der Deutschen Psychoanalytischen Gesellschaft. Göttingen.

DPGT (1996): Psychoanalyse der Liebe. Höhfeld, Kurt & Schlösser, Anne-Marie (Hg.). Gießen (Psychosozial-Verlag).

DPGT (1998): Sexueller Mißbrauch in der Psychotherapie. Forum Psa. 4, 299–387.

Eber, Milton (1996): Neue Überlegungen zur erotisierten Übertragung: Erweiterung des Gegenübertragungsbegriffes. In: Zwettler-Otte, Sylvia & Kamarek, Albrecht (Hg.): Der psychoanalytische Prozess. Wien (Turia + Kant), S. 437–455.

Edmunds, Lavinia (1988): His masters choice. Baltimore (J.H.M.), S. 40–49.

Ehlert, Martin (1988): Das Problem der Gegenübertragung in der Psychoanalyse. Ein Literaturbericht. Unveröffentlicht.

Ehlert, Martin (1990a): Verführungstheorie, infantile Sexualität und »Inzest«. Jb. d. Psa. 27, 42–70.

Ehlert, Martin (1990b): Sexueller Mißbrauch in Psychotherapien. Report Psychologie 15, 10–16.

Ehlert, Martin (1990c): Rezension: Anonyma. Verführung auf der Couch. Eine Niederschrift. Psyche – Z Psychoanal 6, 561–564.

Eickhoff, Friedrich-Wilhelm (1995): Sigmund Freuds »Bemerkungen über die Übertragungsliebe«, achtzig Jahre danach. In: Haas, Johann-Peter & Jappe, Gemma (Hg.): Deutungs-Optionen. Für Wolfgang Loch. Tübingen (edition diskord), S. 48–75.

Eidelberg, Ludwig (1936): Notiz zu »Diskussionsbemerkungen«. Imago 22, 468–469.

Epstein, D. (1912): Beiträge zum Kapitel »Übertragung« in der Psychoanalyse. Zentralblatt für Psychoanalyse 2, 451–455.

Ermann, Michael (1987): Behandlungskrisen und die Widerstände des Psychoanalytikers. Bemerkungen zum Gegenübertragungswiderstand. Forum Psa. 2, 100–111.

Ermann, Michael (1989): Übertragungsliebe, maligne Regression und Narzißmus. Co-Referat zu Conrad Stein (1989): »Neue Beobachtungen zur Übertragungsliebe«, auf dem 8. Int. Forum für Psychoanalyse, Rio de Janeiro.

Ermann, Michael (1993): Grenzen und Grenzüberschreitung. Über Phantasien und Handeln in der psychoanalytischen Begegnung. In: Grenzüberschreitungen in der Psychoanalyse. Kongressband der DPG. Göttingen.

Ermann, Michael (1994): Ferenczis Umgang mit der Regression. Psyche – Z Psychoanal 8, 706–719.

Essers, Hans & Krutzenbichler, H. Sebastian (1998): Liebe im psychoanalytischen Prozeß – Goldmine oder Minenfeld? Werkblatt. Zeitschrift für Psychoanalyse und Gesellschaftskritik 41. Salzburg, 84–94.

Fallend, Karl (1995): Sonderlinge Träumer Sensitive. Psychoanalyse auf dem Weg zur Institution und Profession. Protokolle der Wiener Psychoanalytischen Vereinigung und biographische Studien. Wien (Jugend und Volk).

Fallend, Karl (2009): »Prof. Freud fordert Toleranz!« Und: Gedankenstriche, die Couch und Politik bewegten. In: Koellreuter, Anna (Hg.): »Wie benimmt sich der Prof. Freud eigentlich?« Gießen (Psychosozial-Verlag), S. 131–144.

Falzeder, Ernst (1995): Meine Großpatientin, meine Hauptplage. Ein bisher unbeachteter Fall Freuds und die Folgen. Jb. d. Psa. 34, 67–100.

Falzeder, Ernst & Haynal, André (1989): Heilung durch Liebe? Jb. Psa. 24, 109–127.

Fenichel, Otto (1935): Zur Theorie der psychoanalytischen Technik. Int. Z. Psychoanal. 21, 78–95.

Fenichel, Otto (1980): Psychoanalytische Neurosenlehre I. Olten (Wolter) 1974.

Ferenczi, Sándor (1909): Introjektion und Übertragung. In: Bausteine zur Psychoanalyse I. Bern, Stuttgart, Wien (Huber) 1984, S. 9–57.

Ferenczi, Sándor (1919): Zur psychoanalytischen Technik. Imago 5, 181–192.

Ferenczi, Sándor (1921): Weiterer Ausbau der »aktiven Technik« in der Psychoanalyse. Imago 7, 233–251.

Ferenczi, Sándor (1926): Kontraindikationen der aktiven psychoanalytischen Technik. Int. Z. Psychoanal. 12, 3–14.

Ferenczi, Sándor (1932): Ohne Sympathie keine Heilung. Das klinische Tagebuch von 1932. Dupont, Judith (Hg.) (1985). Frankfurt (Fischer).

Ferenczi, Sándor & Groddeck, Georg (1986): Briefwechsel. 1921–1933. Frankfurt (Fischer).

Fetscher, R. (1978): Grundlinien der Tiefenpsychologie von S. Freud und C.G. Jung in vergleichender Darstellung. problemata 69.

Fine, Ruben (1965): Erotic Feelings in the Psychotherapeutic Relationship. Int. Rev. Psychoanal. 52, 30–37.

Foliot, Blandine (1996): La psychanalyse: une histoire d'amour sans fin. Rev. franç. Psychanal. 3, 813–817.

Forrester, John (1986): »The True Story of Anna O.« Social Research 53(2), 327–347.

Fortune, Christopher (1994): Ferenczi und »R.N.« – ein Experiment. Psyche – Z Psychoanal 8, 683–709.

Freud, Sigmund (1890): Psychische Behandlung (Seelenbehandlung). GW V, S. 287–315.

Freud, Sigmund (1895): Studien über Hysterie. GW I, S. 75–312.

Freud, Sigmund (1905): Bruchstücke einer Hysterie-Analyse. GW V, S. 161–286.

Freud, Sigmund (1907): Der Wahn und die Träume in W. Jensens »Gradiva«. GW VII, S. 29–125.

Freud, Sigmund (1909): Bemerkungen über einen Fall von Zwangsneurose. GW VII, S. 378–468.

Freud, Sigmund (1910a): Die zukünftigen Chancen der psychoanalytischen Therapie. GW VIII, S. 104–115.

Freud, Sigmund (1910b): Über »wilde« Psychoanalyse. GW VIII, S. 117–125.

Freud, Sigmund (1912a): Zur Dynamik der Übertragung. GW VIII, S. 363–374.

Freud, Sigmund (1912b): Ratschläge für den Arzt bei der psychoanalytischen Behandlung. GW VIII, S. 375–387.

Freud, Sigmund (1912/13): Totem und Tabu. GW IX, S. 3–194.

Freud, Sigmund (1913): Zur Einleitung der Behandlung. GW VIII, S. 453–478.

Freud, Sigmund (1914a): Geschichte der psychoanalytischen Bewegung. GW X, S. 43–113.

Freud, Sigmund (1914b): Zur Einführung des Narzißmus. GW X, S. 137–170.

Freud, Sigmund (1915a): Bemerkungen über die Übertragungsliebe. GW X, S. 305–321.

Freud, Sigmund (1915b): Triebe und Triebschicksale. GW X, S. 209–232.

Freud, Sigmund (1916/17): Vorlesungen zur Einführung in die Psychoanalyse. GW XI, S. 3–482.

Freud, Sigmund (1920): Massenpsychologie und Ich-Analyse. GW XIII, S. 71–161.

Freud, Sigmund (1925a): GW XIV.

Freud, Sigmund (1925b): Nachwort zu Josef Breuer. GW XIV, S. 562f.

Freud, Sigmund (1926): Die Frage der Laienanalyse. GW XIV, S. 207–286.

Freud, Sigmund (1930): Das Unbehagen in der Kultur. GW XIV, S. 419–506.
Freud, Sigmund (1931): Über die weibliche Sexualität. GW XIV, S. 515–537.
Freud, Sigmund (1933a): Traum und Okkultismus. GW XV, S. 32–61.
Freud, Sigmund (1933b): Sándor Ferenczi (Nachruf). GW XVI, S. 267–269.
Freud, Sigmund (1940): Abriss der Psychoanalyse. GW XVII, S. 63–138.
Freud, Sigmund (1960): Briefe 1873–1939. Frankfurt (Fischer).
Freud, Sigmund (1986): Briefe an Wilhelm Fließ 1887–1904. Masson, J. M. (Hg.). Frankfurt (Fischer).
Freud, Sigmund & Abraham, Karl (1965): Sigmund Freud – Karl Abraham. Briefe 1907–1926. Abraham, Hilda C. & Freud, Ernst L. (Hg.). Frankfurt (Fischer).
Freud, Sigmund & Eitingon, Max (2004): Briefwechsel, 1906–1939. 2 Bde. Michael Schröter (Hg.). Tübingen (edition diskord).
Freud, Sigmund & Jung, Carl Gustav (1909/1974): Sigmund Freud/C. G. Jung. Briefwechsel. Frankfurt (S. Fischer).
Freud, Sigmund & Jung, Carl Gustav (1984): Briefwechsel. McGuire, W. & Sauerländer, W. (Hg.). Frankfurt (Fischer).
Freud, Sigmund & Pfister, Oskar (1963): Briefe 1909–1939. Frankfurt (Fischer).
Füchtner, Hans (1987): Freud und Leid in der französischen Psychoanalyse. Psyche – Z Psychoanal 11, 1034–1040.
Fürstenau, Peter (1977): Die beiden Dimensionen des psychoanalytischen Umganges mit strukturell ich-gestörten Patienten. In: Psyche – Z Psychoanal 31, 197–206.
Gabbard, Glen O. (1994a): Psychotherapists who transgress sexual boundaries with patients. Bulletin oft the Menninger Clinic 58, 124–135.
Gabbard, Glen O. (1994b): Sexual Excitement and Countertransference Love in the Analyst. JAPA 42, 1083–1106.
Gabbard, Glen O. (1994c): On Love and Lust in Erotic Transference. JAPA 42(2), 385–403.
Gabbard, Glen O. & Lester, Eva P. (1995): Boundaries and Bondary Violations in Psychoanalysis. Washington (Basil Books).
Gabbard, Glen O. & Peltz, Morris L. (2001): Speaking the unspeakable: institutional reactions to boundary violations by training analysts. JAPA 49(2), 659–673.
Gaburri, Eugenio & Gaburri, Gilda de Simone (1983): Idealizzazione e Narcisismo nella Relazione tra il Sé e gli Oggetti. Rivista di Psicoanalisi 2, 243–262.
Galdo, Anna Maria (1993): L'origine dell'amore per il padre. In: Ammaniti, M. & Stern, D. N. (Hg.): Psicoanalisi dell'amore. Roma-Bari (Laterza), S. 80–88.
Gambaroff, Marina (1997): Abwehr der destruktiven Dimension in der Gegenübertragungsliebe. In: Höhfeld, Kurt & Schlösser, Anne-Marie (Hg.): Psychoanalyse der Liebe. Gießen (Psychosozial-Verlag), S. 101–117.
Gartrell, W. et al. (1986): Psychiatrist – Patient Sexual Contact: Results of a National Survey. I: Prevalence. Amer. J. Psychiatry 143, 1126–1131.
Gast, Lilli (1992): Libido und Narzißmus. Vom Verlust des Sexuellen im psychoanalytischen Diskurs. Eine Spurensicherung. Tübingen (edition diskord).
Gast, Lilli (1996a): »Ein gescheites überscharfes Frauenzimmer ...« Joan Riviere – die Grande Dame der englischen Psychoanalyse. Werkblatt 37, 45–72.
Gast, Lilli (Hg.) (1996b): Joan Riviere. Ausgewählte Schriften I. Tübingen (edition diskord).
Gast, Lilli (1998): »Doch alle Lust will Ewigkeit ...« Ein (theoriegeschichtlicher) Streifzug am San-Andreas-Graben der Psychoanalyse. In: Sexualberatungsstelle Salzburg (Hg.): Trieb, Hemmung, Begehren. Psychoanalyse und Sexualität. Göttingen (Vandenhoeck & Ruprecht), S. 25–49.

Gay, Peter (1987): Freud. Eine Biographie für unsere Zeit. Frankfurt (Fischer) 1989.
Geißler, Peter (2001): Über den Körper zur Sexualität finden. Gießen (Psychosozial-Verlag).
Gerlach, Alf et al. (Hg) (2004): Psychoanalyse des Glaubens. Gießen, (Psychosozial-Verlag).
Gill, Merton M. (1993): One-person and two-person perspectives: Freud's »Observations on transference love«. In: Person, Ethel (Hg.): On Freud's »Observations on transference love«. New Haven (University Press).
Gitelson, Max (1952): The Emotional Position of the Analyst in the Psychoanalytic Situation. I.J. Psycho-Anal. 33, 1–10.
Gleiss, Irma (1999): Sigmund Freud: Liebe, Lust und Verzicht. In: Klotter, Christoph (Hg.): Liebesvorstellungen im 20. Jahrhundert. Die Individualisierung der Liebe. Gießen (Psychosozial-Verlag), S. 87–124.
Godfrind, Jacqueline (2000): Die weibliche Homosexualität in der analytischen Kur. In: Heenen-Wolff, Susann (Hg.): Neues vom Weib. Französische Beiträge. Göttingen (Vandenhoeck & Ruprecht), S. 53–81.
Goldberger, Marianne & Evans, Dorothy (1985): On Transference Manifestations in Male Patients with Female Analysts. I.J. Psycho-Anal. 66, 295–309.
Goldmann, Stefan (1985): Eine Kur aus der Frühzeit der Psychoanalyse. Jb. d. Psa. 17, 296–337.
Gorkin, Michael (1985): Varieties of Sexualized Countertransference. Int. Rev. Psychoanal. 3, 421–440.
Gottlieb, Michael C. et al. (1988): Social-Romantic Relationships with Present and Former Clients: State Licensing Board Actions. Profess. Psychol: Research and Practice 19(4), 459–462.
Gould, Edith (1994): A Case of Erotized Transference in a Male Patient: Formations and Transformations. Psychoanal. Inquiry 4, 558–571.
Gould, Edith & Rosenberger, Judith (Hg.)(1994): Prologue to Erotic Transference: Contemporary Perspectives. Psychoanal. Inquiry 4, 477–482, und Epilogue, 636–639.
Green, André (1996): Has Sexuality Anything To Do With Psychoanalysis? I.J. Psycho-Anal. 76, 871–883.
Greenson, Ralph R. (1975): Technik und Praxis der Psychoanalyse. Stuttgart (Klett).
Grossmann-Garger, Brigitte & Matschiner-Zollner (2008): Freuds Scheitern an der Gegenübertragung in Doras Analyse. In: Diercks, Christine & Schlüter, Sabine (Hg.): Sigmund Freud. Vorlesungen 2006. Die großen Krankengeschichten. Wien (Mandelbaum), S. 125–134.
Grosz-Ganzoni, Ita (1998): Auf den Spuren der Verführung in der Psychoanalyse. Werkblatt 40, 51–81.
Grunberger, Bela (1971): Vom Narzißmus zum Objekt. Frankfurt (Suhrkamp) 1977.
Grunert, Johannes (1989): Intimität und Abstinenz in der psychoanalytischen Allianz. Jb. d. Psa. 25, 203–235.
Grunert, Ursula (1975): Der Analytiker im Initialtraum. Psyche – Z Psychoanal 10, 865–889.
Gutheil, Thomas G. & Gabbard, Glen (1992): Obstacles to the Dynamic Understanding of Therapist-Patient Sexual Relations. Amer. J Psychother. 4, 515–525.
Gysling, Andrea (2009): Die analytische Antwort. Gießen (Psychosozial-Verlag).
Haas, Ladislaus (1965): Übertragung außerhalb der analytischen Situation. Psyche – Z Psychoanal 6, 379–385.
Halenta, Brigitte (1993): Zwischen Skylla und Charybdis. Übertragung und Gegenübertra-

gung in der Behandlung lesbischer Frauen. In: Alves, Eva-Maria (Hg.): Stumme Liebe. Der »lesbische Komplex« in der Psychoanalyse. Freiburg (Kore), S. 133–163.

Hamburger, Andreas (1983): Übertragung und Gegenübertragung. In: Mertens, W. (Hg.): Psychoanalyse. Ein Handbuch in Schlüsselbegriffen. München, Wien (Urban & Schwarzenberg), S. 159–166.

Hann-Kende, Fanny (1936): Zur Übertragung und Gegenübertragung in der Psychoanalyse. Int. Z. Psychoanal. 22, 478–486.

Harten, Gabriele & Moré, Angela (2003): Vor allen Worten und zwischen den Zeilen. In: Schäfer, Johanna (Hg.): Körperspuren. Psychoanalytische Texte zu Körper und Geschlecht. Göttingen (Vandenhoeck & Ruprecht), S. 54–89.

Hattingberg, Hans von (1924): Zur Analyse der analytischen Situation. Int. Z. Psychoanal. 10, 34–56.

Hattingberg, Hans von (1936): Über die Liebe. Eine ärztliche Wegweisung. München (Lehmanns).

Haynal, André (1987): Die Technik-Debatte in der Psychoanalyse. Freud, Ferenczi, Balint. Frankfurt (Fischer) 1989.

Haynal, André (1989): Freud und Ferenczi: Debatte über die psychoanalytische Praxis (die sogenannte »Technik-Debatte«). Manuskript des Einführungsvortrages zum 50. Todestag von S. Freud, Sigmund-Freud-Institut, Frankfurt.

Haynal, André (1993): L'amore nella situazione analitica: una retrospettiva storica. In: Ammaniti, M. & Stern, D.N. (Hg.): Psicoanalisi dell'amore. Roma-Bari (Laterza), S. 117–130.

Haynal, André (1995): Psychoanalytische Erkenntnis. München (Kohlhammer).

Haynal, André (2005): Sexualität – ein Essay zur Begrifflichkeit und Geschichte. Psyche – Z Psychoanal 11, 1031–1046.

Haynal, André (2009): Notizen und Fragen an Freud und Frau G. Zum »Fall G.« In: Koellreuter, Anna (Hg.): Wie benimmt sich der Prof. Freud eigentlich?« Gießen (Psychosozial-Verlag), S. 235–244.

Heenen-Wolff, Susanne (Hg.) (2000): Neues vom Weib. Französische Beiträge. Göttingen (Vandenhoeck & Ruprecht).

Heigl, Franz (1960): Über Bedeutung und Handhabung der Gegenübertragung. Zeit, psychosom. Med. 6, 110–123.

Heimann, Paula (1949): On Counter-Transference. In: Langs, R. (Hg.): Classics in Psychoanalytic Technique. New York, London (Jason Aronson) 1981, S. 139–142.

Heimann, Paula (1964): Bemerkungen zur Gegenübertragung. Psyche – Z Psychoanal 9, 483–493.

Hermann, J.L. et al. (1987): Psychiatrist-Patient Sexual Contact: Results of a National Survey. II: Psychiatrists' Attitudes. Amer. J. Psychiatry 144(2), 164–169.

Herzberg, Alexander (1929): Die Erotik in der Arzt-Patient-Beziehung. Zeit. Sexwiss. 16, 96–105.

Hill, Daniel (1994): The Special Place of the Erotic Transference in Psychoanalysis. Psychoanal. Inquiry 4, 483–498.

Hirsch, Irwin (1988): Mature Love in the Countertransference. In: Lasky, J.E. & Silverman, Helen W. (Hg.): Love. Psychoanalytic Perspectives. New York (University Press), S. 200–212.

Hirsch, Irwin (1993): Countertransference Enactments and Some Issues Related to External Factors in the Analyst's Life. Psychoanal. Dialogues 3, 343–366.

Hirsch, Irwin (1994): Countertransference Love and Theoretical Model. Psychoanal. Dialogues All, 171–192.

Hirsch, Irwin & Kessel, Paul (1988): Reflections on Mature Love and Countertransference. Free Associations 12, 60–83.
Hirsch, Mathias (1987): Realer Inzest. Psychodynamik des sexuellen Mißbrauchs in der Familie. Heidelberg (Springer).
Hirsch, Mathias (1997): Über Gegenübertragungsliebe. In: Höhfeld, Kurt & Schlösser, Anne-Marie (Hg.): Psychoanalyse der Liebe. Gießen (Psychosozial-Verlag), S. 119–132.
Hirsch, Mathias (1998): Überlegungen zum Wesen der Analyse, zum analytischen Raum und zur Überschreitung seiner Grenzen. Forum Psa. 14, 312–318.
Hirschmüller, Albrecht (1978): Physiologie und Psychoanalyse in Leben und Werk Josef Breuers. Bern (Huber).
Holroyd, J.C. & Brodsky, A.M. (1977): Psychologists' Attitudes and Practices Regarding Erotic and Non-erotic Physical Contact with Patients. Amer. Psychol. 32, 843–849.
Huber, Monika (2008): Die Krankengeschichte(n) der Anna O. – das A und O der Psychoanalyse? In: Diercks, Christine & Schlüter, Sabine (Hg.): Sigmund-Freud-Vorlesungen 2006. Die großen Krankengeschichten. Wien (Mandelbaum), S. 58–66.
Israël, Lucien (1987): Die unerhörte Botschaft der Hysterie. München (Reinhardt).
Israël, Lucien (2002): Die Übertragung bei Lacan. In: Michels, André et al. (Hg.): Jahrbuch für klinische Psychoanalyse 4, S. 65–79.
Israëls, Han (1999): Der Fall Freud. Die Geburt der Psychoanalyse aus der Lüge. Hamburg (EVA).
Jacobi, Mario (1993): Übertragung und Beziehung in der Jungschen Praxis. Solothurn, Düsseldorf (Walter).
Jekels, Ludwig & Bergler, Edmund (1934): Übertragung und Liebe. Imago 20, 5–31.
Jennings, Jerry C. (1990): Die »Dora-Renaissance«: Fortschritte in psychoanalytischer Theorie und Praxis. Psyche – Z Psychoanal 5, 385–411.
Jones, Ernest (1982): Das Leben und Werk von Sigmund Freud I–III. Bern (Huber).
Joseph, Betty (2001): Zur Übertragungsliebe. Aktuelle Überlegungen. In: Person, Ethel S. et al. (Hg.): Über Freuds »Bemerkungen über die Übertragungsliebe«. Stuttgart-Bad Cannstatt (frommann-holzboog), S. 129–142.
Jung, Carl Gustav (1946): Die Psychologie der Übertragung. Erläutert anhand einer alchemistischen Bilderserie. GW XVI. Zürich (Rascher), S. 173–397.
Kardener, S.H. et al. (1973): A Survey of Physicans' Attitudes and Practices Regarding Erotic and Non-erotic Contact with Patients. Amer. J. Psychiatry 130, 1077–1081.
Karger, Andre; Lettau, Gertrud; Weismüller, Christoph & Knellessen, Olaf (Hg.) (2001): Sexuelle Übergriffe in Psychoanalyse und Psychotherapie. Göttingen (Vandenhoeck & Ruprecht).
Kemper, Werner (1954): Die »Abstinenzregel« in der Psychoanalyse. Psyche – Z Psychoanal 1, 636–640.
Kemper, Werner (1955): Die Übertragung im Lichte der Gegenübertragung. In: Internationaler Kongress für Psychotherapie, Zürich 1954. Basel, New York (Karger), S. 447–454.
Kernberg, Otto (1994): Liebe im analytischen Setting. Psyche – Z Psychoanal 9/19, 866–885.
Kerr, John (1994): Eine höchst gefährliche Methode. Freud, Jung und Sabina Spielrein. München (Kindler).
King, Vera (1995): Die Urszene der Psychoanalyse. Adoleszenz und Geschlechterspannung im Fall Dora. Stuttgart (Verlag Internationale Psychoanalyse).

King, Vera (1997): Übertragungsliebe und Urszenenphantasie im analytischen Schöpfungsprozeß. In: Schlösser, Kurt & Höhfeld, Anne-Maria (Hg.): Psychoanalyse der Liebe. Gießen (Psychosozial-Verlag), S. 79–100.

Klauber, John (1980): Schwierigkeiten in der analytischen Begegnung. Frankfurt (Suhrkamp).

Klemann, Manfred (1995): Abstinenz oder: Von der »Not zur Tugend«. Historischer Kontext und aktuelle Bedeutung eines behandlungstechnischen Konzepts. Forum Psa. 3, 221–238.

Klemann, Manfred (2008): »Wer nicht hören will, muss fühlen!« Übertragungsanalyse und die unbewussten Wünsche des Analytikers. Psyche-Z Psychoanal, 397–422.

Klingenberg-Vogel, Mechthild (2008): »Was ist Liebe?« Wie kann ein Patient durch Analyse liebesfähig werden? In: Springer, Anne et al. (Hg.): Sexualitäten. Gießen (Psychosozial-Verlag), S. 181–198.

König, Berthold (1994): Der sexualisierte Eros in der Psychoanalyse. Eine Polemik zur Arbeit von Klaus G. Lickint. »Psychoanalyse als Liebeskunst einer Art Gesundheitsliebe«. Forum Psa. 3, 280–284.

Körbitz, Ulrike et al. (1996): Das Begehren. Über das Sexuelle im Analyseprozeß. Werkblatt 37, 35–44.

Körner, Jürgen (1989a): Arbeit an der Übertragung? Arbeit in der Übertragung! Forum Psa. 3, 209–223.

Körner, Jürgen (1989b): Das Gewahrwerden der Übertragung. In: Werthmann, H.-V. (Hg.): Unbewußte Phantasien. Neue Aspekte in der psychoanalytischen Theorie und Praxis. München (Pfeiffer), S. 123–137.

Körner, Jürgen (1989c): Kritik der therapeutischen Ich-Spaltung. Psyche – Z Psychoanal 5, 385–396.

Körner, Jürgen (1989d): Triebregression versus Ichregression. Steuerung im psychoanalytischen Prozeß. Manuskript des Vortrages vom 2.6.1989, DPG-Kongreß, München.

Körner, Jürgen (1990a): Übertragung – Gegenübertragung, eine Einheit im Widerspruch. Forum Psa. 2, 87–104.

Körner, Jürgen (1990b): Die psychotherapeutische Haltung. Unveröffentlicht.

Körner, Jürgen (2001): Arbeit an der Übertragung? Arbeit in der Übertragung! 14 Jahre später. Unveröffentlichter Vortrag, DPG-Jahrestagung 2001.

Körner, Jürgen & Rosin, Ulrich (1985): Das Problem der Abstinenz in der Psychoanalyse. Forum Psa. 1, 25–47.

Koellreuter, Anna (1992): Analysandin und Analytikerin: Wie steht es mit den Trieben? Rebus, Blätter zur Psychoanalyse 2, 51–59.

Koellreuter, Anna (1994): Die Wiederkehr des Verdrängten. Bei einer Frau in Analyse. In: Nuber, Ursula (Hg.): Bin ich denn verrückt?! Was Psychotherapie für Frauen leistet – und was nicht. Zürich (Kreuz), S. 158–169.

Koellreuter, Anna (1998): Das Sexuelle als Ursprung der Phantasien in der Frau-Frau-Analyse. Werkblatt 40, 3–26.

Koellreuter, Anna (2000): Das Tabu des Begehrens. Zur Verflüchtigung des Sexuellen in Theorie und Praxis der feministischen Psychoanalyse. Gießen (Psychosozial-Verlag).

Koellreuter, Anna (Hg.) (2009): »Wie benimmt sich der Prof. Freud eigentlich?« Ein neu entdecktes Tagebuch von 1921 historisch und analytisch kommentiert. Gießen (Psychosozial-Verlag)

Koellreuter, Anna et al. (1996): Das Begehren: Über das Sexuelle im Analyseprozeß. Psychoanalytikerinnen im Gespräch. Werkblatt 37, 13–43.

Kraus, Karl (1988): Untergang der Welt durch schwarze Magie. Frankfurt (Suhrkamp).

Kreische, Reinhard (1998): Psychoanalyse und staatliche Gesetze zur Verhinderung von sexuellem Mißbrauch. Forum Psa. 14, 385–387.

Kreuzer, Ursula (1989): Der Therapeut und das Intime. Zur Dialektik des professionellen Umgangs mit intimem Material. In: Buchholz, Michael B. (Hg.): Intimität. Über die Veränderung des Privaten. Weinheim, Basel (Beltz), S. 261–286.

Kristeva, Julia (2007): Die Frage der Liebe. Vorwort. In: Leclaire, Serge & Chapsal, Madelaine: Lieben lernen. Wien (Turia & Kant), S. 7–12.

Krüger-Zeul, Mechthild (1985): Gegenübertragung – ein Stiefkind der Psychoanalyse. In: Lohmann, Hans-Martin (Hg.): Das Unbehagen in der Psychoanalyse. Frankfurt (Fischer).

Kruschitz, Waltraud (1995): Macht und Mißbrauch in der Psychoanalyse. Psychoanalyse im Widerspruch 13, 24–26.

Krutzenbichler, H. Sebastian (1991): Die Übertragungsliebe. Recherchen und Bemerkungen zu einem »obszönen« Thema der Psychoanalyse. Forum Psa. 7, 291–303.

Krutzenbichler, H. Sebastian (1993a): Begehrliche Berührungen und Abstinenz. Zur Notwendigkeit von Grenzüberschreitungen, um schützende Grenzen wahren zu können. In: Grenzüberschreitungen in der Psychoanalyse. Arbeitstagung der DPG 1993, S. 97–107.

Krutzenbichler, H. Sebastian (1993b): Diskussionsforum: Weitere Anmerkungen zur Übertragungsliebe. Forum Psa. 1, 80–88.

Krutzenbichler, H. Sebastian (1998): Läßt sich die psychoanalytische Ethik kodifizieren? Forum Psa. 14, 319–324.

Krutzenbichler, H. Sebastian (2000): Sexueller Mißbrauch als Thema der Psychoanalyse von Freud bis zur Gegenwart. In: Egle, Ulrich T.; Hoffmann, Sven Olaf & Joraschky, Peter (Hg.): Sexueller Mißbrauch, Mißhandlung, Vernachlässigung. Erkennung und Therapie psychischer und psychosomatischer Folgen früher Traumatisierungen. Stuttgart, New York (Schattauer), S. 115–125.

Krutzenbichler, H. Sebastian (2008): Die Übertragungsliebe. Eine kritische Literaturschau 16 Jahre nach der Erstbetrachtung. Forum Psychoanal. 24, 33–45.

Krutzenbichler, Sebastian (2009): »Ich habe Sie so unbeschreiblich gern wie ich noch gar niemand vorher geliebt habe«. In: Koellreuter, Anna (Hg.): »Wie benimmt sich der Prof. Freud eigentlich?« Gießen (Psychosozial-Verlag), S. 281–295.

Krutzenbichler, H. Sebastian & Essers, Hans (1990): Kann ein Schiff seekrank werden? Recherchen und Bemerkungen zu einem »obszönen« Thema der Psychoanalyse – Die Übertragungsliebe. Göttingen.

Krutzenbichler, H. Sebastian & Essers, Hans (1991): Muß denn Liebe Sünde sein? Über das Begehren des Analytikers. Freiburg (Kore).

Krutzenbichler, H. Sebastian & Essers, Hans (1993): Se l'amore in sé non é peccato … Sul desiderio dell'analista. Milano (Raffaello Cortina Editore).

Kulish, Nancy M. (1986): Gender and Transference: The Screen of the Phallic Mother. Int. Rev. Psychoanal. 13, 393–404.

Kumin, Ivrie (1985/86): Erotic Horror: Desire and Resistance in the Psychoanalytic Situation. Int. J. Psychoanal. Psychoth. XI, 3–20.

Kurz, Christina (1993): Die Ausbeutung der Übertragungsliebe. Kritische Anmerkungen zu dem Beitrag von H.S. Krutzenbichler: Die Übertragungs-liebe. Forum Psa. 1, 80–88.

Lachmann, Frank M. (1994): How Can I Eroticize Thee? Let Me Count the Ways. Psychoanal. Inquiry 4, 604–621.

Langs, R. (Hg.) (1981): Classics in Psychoanalytic Technique. New York, London (Jason Aronson).

Laplanche, Jean (1988): Die allgemeine Verführungstheorie und andere Aufsätze. Tübingen (edition diskord).

Laplanche, Jean (1996): Von der Übertragung und ihrer Provokation durch den Analytiker. In: Die unvollendete kopernikanische Revolution in der Psychoanalyse. Frankfurt (Fischer).

Laplanche, Jean & Pontalis, Jean-Bertrand (1967): Vokabular der Psychoanalyse I u. II. Frankfurt (Suhrkamp).

Leclaire, Serge (1975): Der psychoanalytische Prozeß. Ölten (Walter).

Leclaire, Serge (1975): On Tue un Enfant. Paris (Edition du Seuil).

Le Guen, Claude (1996): »Toi«, l'objet d'amour et son moi. Rev. franç. Psychanal. 3, 691–717.

Lehrman, N.S. (1960): The Analyst's Sexual Feelings. J. Amer. Psychoth. 14, 545–549.

Leikert, Sebastian (2008): Sexualität, Begehren, Intersubjektivität. Von der Musik des Sprechens in der klinischen Begegnung. In: Springer, Anne et al. (Hg.): Sexualitäten. Gießen (Psychosozial-Verlag), S. 199–214.

LeShan, Lawrence (1989): Cancer as a Turning Point. Bath (Gateway books).

Lester, Eva P. (1985/86): Discussion: On Erotized Transference and Resistance. Int. J. Psychoanal. Psychoth. XI, 21–26.

Lester, Eva P. (1985): The Female Analyst and the Erotized Transference.: I.J. Psycho-Anal. 66, 283–293.

Ley, Katharina (1993): Unstillbares Begehren und vermeintliche Grenzen. Zum Verhältnis von Inzestverbot und Begehren. Das Inzestverbot. Luzifer Amor 11, 61–75.

Lichtenberg, Joseph (2009): Sinnlichkeit, Sexualität und Liebe: Aus der Perspektive des 21. Jahrhunderts. Frühjahrstagung 2009 der Selbstpsychologen. Dreieich.

Lickint, Klaus G. (1994): Psychoanalyse als Liebeskunst einer Art Gesundheitsliebe. Vom psychoanalytischen Sinn der Sexualität zwischen Analysand und Analytiker. Forum Psa. 1, 61–76.

Little, Margaret (1958): Über wahnhafte Übertragung (Übertragungspsychose). Psyche – Z Psychoanal 5, 258–269.

List, Eveline (2008): Dora Bauer und Sherlock Freud. In: Diercks, Christine & Schlüter, Sabine (Hg.): Sigmund Freud Vorlesungen 2006. Die großen Krankengeschichten. Wien (Mandelbaum), S. 98–115.

Loch, Wolfgang (1965): Übertragung – Gegenübertragung. Anmerkungen zur Theorie und Praxis. Psyche – Z Psychoanal 19, 1–23.

Loewald, Hans W. (1986): Transference – Countertransference. J. Amer. Psychoanal. Ass. 34(2), 275–287.

Lockot, Regine (1985): Erinnern und Durcharbeiten. Frankfurt (Fischer).

Lohmann, Hans-Martin (1991): Heikle Balance. Über das Begehren des Analytikers. Süddeutsche Zeitung Nr. 279, 11.

Lomax, James W. & Gabbard, Glen O. (2004): Transference love: An Artificial Rose? In: Am I Psychiatry 161:6, 967–973.

Lorenzer, Alfred (1984): Intimität und soziales Leiden. Archäologie der Psychoanalyse. Frankfurt (Fischer).

Lothane, Zvi (2001): Zärtlichkeit und Übertragung – Unveröffentlichte Briefe von C.G. Jung und Sabina Spielrein. In: Karger, A.; Knellessen, O.; Lettau, G. & Weismüller, Ch. (Hg.): Sexuelle Übergriffe in Psychoanalyse und Psychotherapie. Göttingen (Vandenhoeck & Ruprecht), S. 35–69.

Mancia, Mauro (1993): Amore e morte nel transfert: il caso del poeta ungherese Attila Jézef. In: Ammaniti, M. & Stern, D.N. (Hg.): Psicoanalisi dell'amore. Roma-Bari (Laterza), S. 171–182.

Marghieri, Lucia (1993): Tematiche edipiche nell'amore dell'anziano. In: Ammaniti, M. & Stern, D.N. (Hg.): Psicoanalisi dell'amore. Roma-Bari (Laterza), S. 89–99.

Mann, David (1997): Psychotherapy: An Erotic Relationship. Transference and Countertransference Passions. London (Routledge).

Mann, David (1999): Psychotherapie. Eine erotische Beziehung. Stuttgart (Klett-Cotta).

Mann, David (2001): Ödipus und die unbewußte erotische Gegenübertragung. In: Geißler, Peter (Hg.): Über den Körper zur Sexualität finden. Gießen (Psychosozial-Verlag), S. 119–130.

Mannoni, Octave (1982): L'amour de transfert et le réel. In: Études Freudiennes 19–20, 7–14.

Marahrens-Schürg, Christa (1993): »Niemals sind wir ungeschützter als wenn wir lieben …« (S. Freud) – Männliche Übertragungsliebe weiblich gesehen. In: Grenzüberschreitungen in der Psychoanalyse. Arbeitstagung der DPG 1993, S. 131–161.

Margolis, Marvin (1997): Analyst-Patient Sexual Involvement: Clinical Experiences and Institutional Responses. Psychoanalytic Inquiry 17, 348–387.

Marmor, J.M. (1972): Sexual Acting out in Psychotherapy. Amer. J. Psychoanal. 32, 3–8.

Martynkewicz, Wolfgang (1999): C.G. Jung, Sabina Spielrein. Berlin (Rowohlt).

Massing, Almut & Wegehaupt, Hartmut (1987): Der verführerische und verführte Analytiker – Bemerkungen zur sexuellen Gegenübertragung. In: Massing, A. & Weber, I. (Hg.): Lust und Leid, Sexualität im Alltag und alltägliche Sexualität. Berlin, Heidelberg, Weinheim (Springer), S. 55–78.

May, Ulrike (2009): Freud arbeitete anders. Bemerkungen zum Analysen-Tagebuch von Anna G. In: Koellreuter, Anna (Hg.): »Wie benimmt sich der Prof. Freud eigentlich?« Gießen (Psychosozial-Verlag), S. 155–174.

McDougall, Joyce (1974): Über die weibliche Homosexualität. In: Chasseguet-Smirgel, Janine (Hg.): Psychoanalyse der weiblichen Homosexualität. Frankfurt (Suhrkamp), S. 233–292.

McLaughlin, James (1961): The Analyst and the Hippocratic Oath. J. Amer. Psychoanal. Ass. 9, 106–123.

McLaughlin, James (1981): Transference, Psychic Reality and Countertransference. Psa. Q. 50, 639–664.

McLaughlin, James (1991): Clinical and theoretical aspects of enactment. J. Amer. Psychoanal. Ass. 39, 595–614.

Mecacci, Luciano (2004): Der Fall Marilyn Monroe. München (btb).

Mertens, Wolfgang & Waldvogel, Bruno (Hg.)(2000): Handbuch psychoanalytischer Grundbegriffe. Stuttgart (Kohlhammer).

Michels, Robert (1993): Il ruolo essenziale ma pericoloso dell'amore in psicoterapia. In: Ammaniti, M. & Stern, D.N. (Hg.): Psicoanalisi dell'amore. Roma-Bari (Laterza), S. 151–157.

Miklautz, Monika (1998): Hysterisch oder liebeskrank? Die Übertragungsliebe bei Hysterikerinnen. München, Basel (Reinhardt).

Mißriegler, Anton (1923): Aus der Sprechstunde eines Psychoanalytikers. Radeburg (Dr. Madaus & Co.).

Mißriegler, Anton (1931): Bemerkungen über »Gegenübertragung«. In: Fortschritte der Sexualwissenschaft und Psychoanalyse IV. Leipzig, Wien (Deuticke), 9–16.

Moij, A.W.M. (1987): Der symbolische Vater. Der Wunderblock 16, 54–62.

Morgenthaler, Fritz (1974): Die Stellung der Perversionen in Metapsychologie und Technik. Psyche – Z Psychoanal 12, 1077–1098.

Morgenthaler, Fritz (1986): Technik. Zur Dialektik der psychoanalytischen Praxis. Frankfurt (Syndikat EVA).

Mühlleitner, Elke (1992): Biographisches Lexikon der Psychoanalyse. Die Mitglieder der Psychologischen Mittwoch-Gesellschaft und der Wiener Psychoanalytischen Vereinigung 1902–1938. Tübingen (edition diskord).

Neyraut, Michel (1974): Die Übertragung. Frankfurt (Suhrkamp) 1976.

Nin, Anaïs (1979): Die Tagebücher der Anaïs Nin. Bd. 1. München (dtv).

Nitzschke, Bernd (1990): Skizzen aus dem Leben von Bertha Pappenheim (Anna O.). Psyche – Z Psychoanal 9, 788–825.

Nitzschke, Bernd (2001): »Poesie« und Prosa. Eine Nachbetrachtung zum Beitrag von Zvi Lothane über Sabina Spielrein. In: Karger, A.; Knellessen, O.; Lettau, G. & Weismüller, Ch. (Hg.): Sexuelle Übergriffe in Psychoanalyse und Psychotherapie. Göttingen (Vandenhoeck & Ruprecht), S. 71–82.

Novey, Riva (1991): The abstinence of the psychoanalyst. Bulletin oft the Menninger Clinic 55, 344–362.

Nunberg, Herman & Federn, Ernst (1977): Protokolle der Wiener Psychoanalytischen Vereinigung I–IV. Frankfurt (S. Fischer).

Nunziante Cesaro, Adele (1993): L'amore per le donne, L'amore delle donne. In: Ammaniti, M. & Stern, D.N. (Hg.): Psicoanalisi dell'amore. Roma-Bari (Laterza), S. 70–79.

Oppenheimer, Agnes (1996): L'amour: condition de la cure? Rev. franç. Psychanal. 3, 675–689.

Parat, Catherine H. (1982): Transfert et Relation en Analyse. Rev. franç. Psychanal. 1, 357–382.

Parat, Catherine H. (1996): À propos de L'amour et de L'amour de transfert. Rev. franç. Psychanal. 3, 643–662.

Paris, Bernhard F. (1996): Karen Horney. Leben und Werk. Freiburg (Kore).

Paskauskas, Andrew R. (Hg.) (1993): The Complete Correspondence of Sigmund Freud und Ernest Jones 1908–1939. Cambridge, London (Belknap).

Passett, Peter (2009): Freud beim Deuten beobachtet: Über eine spezifische »Vernünftigkeit« im psychoanalytischen Dialog. In: Koellreuter, Anna (Hg.): »Wie benimmt sich der Prof. Freud eigentlich?« Gießen (Psychosozial-Verlag), S. 109–130.

Person, Ethel S. (1983): Women in Therapy: Gender as a Variable. Int. Rev. Psychoanal., 193–204.

Person, Ethel S. (1985): The Erotic Transference in Women and in Men: Differences and Consequences. J. Amer. Acad. Psychoanal. 13, 159–180.

Person, Ethel S. (1988): A dangerous affair. In: Carson, Anne: Interview vom 26. Juni 1988. New York (New York Times).

Person, Ethel S. (1990): Lust auf Liebe. Die Wiederentdeckung eines romantischen Gefühls. Reinbek (Rowohlt).

Person, Ethel S.; Hagelin, Aiban & Fonagy, Peter (Hg.) (1993): On Freud's »Observations on transference love«. New Haven (University Press).

Person, Ethel S. (1993): L'amore romantico: tra psiche e inconscio culturale. L'amore in Occidente, S. 12 – La forza motrice dell'amore romantico: l'idealizzazione e il Sé ideale, S. 17 – L'amore come strumento di trasformazione, S. 22 – Idealizzazione, immaginazione e narrazioni culturali, S. 25 – Conclusione: l'intersezione tra cultura e psiche, S. 30. In: Ammaniti, M. & Stern, D.N. (Hg.): Psicoanalisi dell'amore. Roma-Bari (Laterza), S. 5–31.

Person, Ethel S. (1994): Erotische Übertragung bei Frauen und Männern. Psyche – Z Psychoanal 9/10, 783–807.

Peters, Uwe H. (1977): Übertragung – Gegenübertragung. München (Kindler).

Pfannschmidt, Hansjörg (1987): Das Erleben von Patient und Analytiker bei der Übertragung ödipal-inzestuöser Impulse. Forum Psa. 3, 205–214.

Pfannschmidt, Hansjörg (1998): Der »Gebrauch der Lüste« in der Analysestunde. Oder: Warum es so schwer zu sein scheint, Psychoanalyse und Erotik unter einen Hut zu bekommen. Forum Psa. 14, 364–384.

Pfannschmidt, Hansjörg (2001): Die Auswirkungen der Leib-Seele-Phantasie auf Erotik und Sexualität. In: Geißler, Peter (Hg.): Über den Körper zur Sexualität finden. Gießen (Psychosozial-Verlag), S. 131–152.

Pfeifer, S. (1921): Liebesenttäuschung während der Analyse. Imago 7, 467f.

Plänkers, Thomas (1984): Therapeutische »Abstinenz« in der stationären Psychotherapie. Mater. Psychoanal. 10, 184–202.

Plenge, Illis (1955): Zur Frage der Übertragung auf den jungen Therapeuten. In: Internationaler Kongress für Psychotherapie. Zürich 1954. Basel, New York (Karger), S. 562–571.

Poluda-Korte, Eva (1993): Sexualität in der Gegenübertragung. Z. Sexualforsch. 6, 189–198.

Pontalis, Jean-Bertrand (2007): Die Macht der Anziehung. Psychoanalyse des Traums, der Übertragung und der Wörter. Eschborn (Verlag Dietmar Klotz).

Pope, K. et al. (1979): Sexual Intimacy in Psychology Training. Results and Implications of a National Survey. Amer. Psychol. 34, 682–689.

Procci, Warren R. (2007): A Cautonary Tale About Boundary Violations in Psychodynamic Psychotherapy and Psychoanalysis. FOCUS 2007, V, 4, 407–411.

Racker, Heinrich (1982): Übertragung und Gegenübertragung. München, Basel (Reinhardt).

Rappaport, Ernest (1956): The Management of an Erotized Transference. Psa. Q. 25, 515–529.

Reich, Anni (1960): Bemerkungen zum Problem der Gegenübertragung. Jb. d. Psa. I, 183–195.

Reiche, Reimut (1994): Einleitung zu: Freud, Sigmund: Schriften über Liebe und Sexualität. Frankfurt (Fischer).

Reimer, Christian (1990): Abhängigkeit in der Psychotherapie. Prax. Psychother. Psychosom. 35, 294–305.

Reiter, Bettina (1999): Der gewöhnliche Mißbrauch – Zur Kritik des psychoanalytischen Prozesses. Zs. Psa. Theorie u. Praxis 1, 38–49.

Riemann, Fritz (1960): Bedeutung und Handhabung der Gegenübertragung. Zeit, psychosom. Med., 123–132.

Rizzuto, Ana-Maria (1990): Love in the Psychoanalytic Situation. Mass (Brookline).

Roazen, Paul (1973): Brudertier. Sigmund Freud und Viktor Tausk: Die Geschichte eines tragischen Konflikts. Hamburg (Hoffmann & Campe).

Roazen, Paul (1981): Sigmund Freud und sein Werk. Herrsching (Pawlak).

Roazen, Paul (1999): Wie Freud arbeitete. Gießen (Psychosozial-Verlag).

Rosenbaum, Milton (1965): Dreams in which the analyst appears undisguised – a clinical and Statistical study. I.J. Psycho-Anal. 46, 429–437.

Rothe, Maria A. & Weber, Inge (2001): »… als käm ich herein zu Vater und Schwester«. Lou Andreas-Salomé – Anna Freud. Briefwechsel 1919–1937, I u. II. Göttingen (Wallstein).

Rouart, Julien (1976): Contre-Transfer et Séduction. Rev. franç. Psychanal. 3, 413–443.

Ruff, Wilfried (2007): »Wer verliebt ist, ist demütig.« Übertragung und Widerstand im Lieben. In: Müller, Martina & Wellendorf, Franz (Hg.): Zumutungen – Die unheimliche Wirklichkeit der Übertragung. Tübingen (edition diskord), S. 331–345.

Ruhs, August (2009): »Ich schlage ein Kind«. Einige Bemerkungen zum Fall G. In:

Koellreuter, Anna (Hg.): »Wie benimmt sich der Prof. Freud eigentlich?« Gießen (Psychosozial-Verlag), S. 189–205.

Russ, Helene (1993): Erotic Transference Through Countertransference. The Female Therapist and the Male Patient. Psychoanal. Psychology 3, 393–406.

Rutter, Peter (1990): Sex in the Forbidden Zone. London (Cox & Wyman).

Safouan, Moustafa (1997): Die Übertragung und das Begehren des Analytikers. Würzburg (Königshausen & Neumann).

Safouan, Moustafa (2002): Lacans Rede von Rom – 50 Jahre später. In: Michels, André et al. (Hg.): Übertragung. Jahrbuch für Klinische Psychoanalyse 4. Tübingen (edition diskord), S. 80–90.

Sandler, Joseph; Dare, Christopher & Holder, Alex (1973): Grundbegriffe der psychoanalytischen Therapie. Stuttgart (Klett-Cotta) 1986.

Sandler, Joseph (1993): Note psicoanalitiche sull'amore. In: Ammaniti, M. & Stern, D.N. (Hg.): Psicoanalisi dell'amore. Roma-Bari (Laterza), S. 46–56.

Sarno, Lucio (1988): Appunti sull'Oggetto Sessuale e sulla Relazione Analitica. In: Del Genere Sessuale (Terzo Colloquio di Palermo). Roma (Editore Borla) 1988, S. 138–145.

Saul, Leon I. (1962): The Erotic Transference. Psa. Q. 31, 54–61.

Schafer, Roy (1993): Five readings of Freud's »Observations on transference Love«. In: Person, Ethel S. (Hg.): On Freud's »Observations on transference love«. New Haven (University Press).

Schäfer, Johanna (2000): »… so ein angenehmer, vertrauter Schweißgeruch«. Negative Ödipalität und weibliche Körperlichkeit in der psychoanalytischen Behandlung. Werkblatt 44, 25–49.

Schäfer, Johanna (2003): Der weibliche Körper in der psychoanalytischen Behandlung. In: Schäfer, Johanna (Hg.): Körperspuren. Psychoanalytische Texte zu Körper und Geschlecht. Göttingen (Vandenhoeck & Ruprecht).

Scharff, Jörg M. (2005): Das Sexuelle in der psychoanalytischen Praxis oder: Wie weit reicht das Frankfurter Rotlichtviertel? Psyche – Z Psychoanal 59, 1047–1060.

Scharff, Jörg M. (2009): Verwickeln und Entwickeln – das analytische Paar und das Sexuelle. Psyche – Z Psychoanal 63, 1–21.

Schlesinger-Kipp, Gertraud & Vedder, Heinrich (Hg.) (2008): Gefährdete Begegnung. Psychoanalytische Arbeit im Spannungsfeld von Abstinenz und Intimität. Frankfurt a.M.

Schneider, Michel (2007): Marilyns letzte Sitzung. München (btb).

Schneider, Peter (1989): Kann denn analysieren Sünde sein? Werkblatt 20/21, 21–35.

Schneider, Peter (2001): Verliebt oder What is my perversion? In: Karger, A.; Knellessen, O.; Lettau, G. & Weismüller, Ch. (Hg.): Sexuelle Übergriffe in Psychoanalyse und Psychotherapie. Göttingen (Vandenhoeck & Ruprecht), S. 109–116.

Schoener, G. et al. (1984): Sexual Exploitation of Clients by Therapists. Women & Therapy 3, 63–69.

Schürmann, Hermann (1990): Um der Gemeinschaft willen. Das väterliche Prinzip in der psychoanalytischen Technik. Bad Berleburg.

Schweighofer, Fritz (1987): Das Privattheater der Anna O. München (Reinhardt).

Searles, Harold F. (1959): Oedipal Love in the Countertransference. I.J. Psycho-Anal. 40, 180–190.

Siegel, Elaine V. (1994): Clinical Observations of Sexual and Sensual Aspects of the Transference in Women. Psychoanal. Inquiry 4, 591–603.

Seychaud, Evelyne (2009): Die Handhabung der Übertragung in der französischen Psychoanalyse. In: Mauss-Hanke, Angela (Hg.): Internationale Psychoanalyse 2009, 4. Gießen (Psychosozial-Verlag), S. 173–200.

Silverman, Helen W. (1988): Aspects of the Erotic Transference. In: Lasky, J.E. & Silverman, H.W.: Love. Psychoanalytic Perspectives. New York (University Press), S. 173–191.

Skriboth, Peter (2008): Freuds frühe Lehrmeisterinnen: Emmy von N. & Cäcilie M. In: Diercks, Christine & Schlüter, Sabine (Hg.): Sigmund-Freud-Vorlesungen 2006. Die großen Krankengeschichten. Wien (Mandelbaum), S. 67–76.

Specter, Michael (1987): Sigmund Freud and a Family Torn Asunder: Revelations of an Analysis Gone Awry. Washington (W.R), S. g1–3.

Spengler, Karin & Wagner, Sabine (1995): Wenn der Spiegel lebt. Psychoanalytiker sprechen über Gegenübertragung. Wissenschaft & Praxis, Berlin (Ludwigsburg).

Spielrein, Sabina (1987): Sämtliche Schriften. Freiburg (Kore).

Stein, Conrad (1989): Neue Beobachtungen zur Übertragungsliebe. Vortrag auf dem 8. Int. Forum f. Psychoanalyse, Rio de Janeiro.

Stein, Conrad (1992): Verführung zur Übertragungsneurose oder Die auferlegte Freiheit. Zs. Psa. Theorie u. Praxis 4, 347–361.

Stein, Robert (1974): Incest and Human Love. The Betrayal of the Soul in Psychotherapy. Baltimore (Penguin Books).

Stekel, Wilhelm (1912): Die verschiedenen Formen der Übertragung. Zentralblatt für Psychoanalyse II, 27–30.

Stekel, Wilhelm (1914a): Erotische Reizungen als Heilmittel. Zentralblatt für Psychoanalyse IV, 59–70.

Stekel, Wilhelm (1914b): Rezension zu: Marcinowski: Glossen zur Psychoanalyse. Zentralblatt für Psychoanalyse IV, 615f.

Stekel, Wilhelm (1934): Das Phänomen der Gegenübertragung. Psychotherapeutische Praxis I, 67–72.

Stekel, Wilhelm (1937): zit.n. Ehlert, M. (1988): Das Problem der Gegenübertragung in der Psychoanalyse. (Ein Literaturbericht).

Stepansky, Paul E. (1989): Margret S. Mahler. Mein Leben, mein Werk. München (Kösel).

Sterba, Richard F. (1926): Das psychische Trauma und die Handhabung der Übertragung. Die letzten Arbeiten von S. Ferenczi zur psychoanalytischen Technik. Imago 22, 40–58.

Sterba, Richard F. (1934): Das Schicksal des Ichs im therapeutischen Verfahren. Int. Z. Psychoanal. 20, 66–73.

Sterba, Richard F. (1982): Erinnerungen eines Wiener Psychoanalytikers. Frankfurt (Fischer) 1985.

Stern, H. (1924): On the Countertransference in Psychoanalysis. Psychoanal. Review 11, 166–174.

Stern, Daniel N. (1993): Acting versus remembering in transference love and infantile love. In: Person, Ethel S. (Hg.): On Freud's »Observations on transference love. New Haven (University Press).

Stern, Daniel N. (1993): L'amore infantile e l'amore di transfert: relazioni e implicazioni. Parte terza Nella Clinica. In: Ammaniti, M. & Stern, D.N. (Hg.): Psicoanalisi dell'amore. Roma-Bari (Laterza), S. 100–114.

Stoltenhoff, H. (1932): Übertragungsliebe und Liebe. Zentralbl. f. Psychotherapie u. ihre Grenzgebiete V, 464–477.

Stone, Leo (1973): Die psychoanalytische Situation. Frankfurt (Fischer).

Strachey, James (1935): Die Grundlagen der therapeutischen Wirkung der Psychoanalyse. Int. Z. Psychoanal. 21, 486–516.
Stroeken, Harry (1992): Freud und seine Patienten. Frankfurt (Fischer).
Sulloway, Frank J. (1979): Freud. Biologie der Seele. Jenseits der psychoanalytischen Legende. Köln (Hohenheim) 1982.
Süddeutsche Monatshefte (1931): Gegen Psychoanalyse. Heft 11, 701–797.
Swaan, Abram de (1978): Zur Soziogenese des psychoanalytischen »Settings«. Psyche – Z Psychoanal 9, 793–826.
Swartz, Jacob (1967): The Erotized Transference and Other Transference Problems. Forum Psa. 3, 305–333.
Szasz, Thomas S. (1963): The Concept of Transference. I.J. Psycho-Anal. 44, 432–443.
Tansey, Michael J. (1994): Sexual Attraction and Phobic Dread In the Countertransference. Psychoanalytic Dialogues 4/2, 139–152.
Taylor, Charles H. (1982): Sexual Intimacy between Patient and Analyst. Quadrant 25, 1, 47–54.
Thomä, Helmut & Kächele, Horst (1988): Lehrbuch der psychoanalytischen Therapie I u. II. Berlin, Heidelberg (Springer).
Torres de Beà, Eulalia (1987): A Contribution to the Papers on Transference by Marianne Goldberger & Dorothy Evans. I.J. Psycho-Anal. 68, 63–67.
Tower, Lucia E. (1956): Countertransference. J. Amer. Psychoanal. Ass. 4, 224–255.
Trop, Jeffrey L. (1988): Erotic and Erotized Transference: A Self Psychology Perspective. Psychoanal. Psychology 5, 269–284.
Vogt, Rolf (2009): Die psychodynamischen Hauptpunkte in der Analyse von G. bei Sigmund Freud. In: Koellreuter, Anna (Hg.) »Wie benimmt sich Prof. Freud eigentlich?« Gießen (Psychosozial-Verlag), S. 259–268.
Weinstein, Robert S. (1986): Should Analysts Love their Patients? Modern Psychoanalysis 11, 2, 103–110.
Weinstein, Robert S. (1988): Should analysts love their patients? The resolution of transference resistance through countertransferential explorations. In: Lasky, I.F. & Silvermann, H.W. (Hg.): Love. Psychoanalytic Perspectives. New York (University Press), S. 173–191.
Weiß, Heinz (1988): Der Andere in der Übertragung. Jb. d. Psa., Beiheft 11. Stuttgart (Frommann-Holzboog).
Wellendorf, Franz (1987): Der Fall Dora: Eine Mésalliance. In: Belgrad, J. et al. (Hg.): Zur Idee einer psychoanalytischen Sozialforschung. Frankfurt (Fischer), S. 70–84.
Wellendorf, Franz (2007): Die unheimliche Wirklichkeit der Übertragung. In: Müller, Martina & Wellendorf, Franz (Hg.): Zumutungen – Die unheimliche Wirklichkeit der Übertragung. Tübingen (edition diskord), S. 23–43.
Werthmann, Hans-Volker (2008): Wilhelm Stekel – ein vergessener Pionier der Psychoanalyse und der Sexualforschung. In: Springer, Anne et al. (Hg.): Sexualitäten. Gießen (Psychosozial-Verlag).
Widmer, Peter (1990): Die Subversion des Begehrens. Frankfurt (Fischer).
Will, Herbert (2003): Was ist klassische Psychoanalyse? Ursprünge, Kritik, Zukunft. Stuttgart (Kohlhammer).
Will, Herbert (2006): Ein Abkömmling der Liebe. Freud über den Glauben. Luzifer Amor 3, 102–128.
Winnicott, Donald W. (1974): Die therapeutische Arbeit mit Kindern. München (Kindler).
Wirtz, Ursula (1989): Seelenmord. Inzest und Therapie. Zürich (Kreuz).

Wolf, Ernest (1988): Atmosphäre und Abstinenz. In: Die psychoanalytische Haltung. Auf der Suche nach dem Selbstbild der Psychoanalyse. München, Wien (Verlag Internationale Psychoanalyse) 1988, S. 187–206.

Wolf, Ernest (1992): On Being a Scientist or a Healer: Reflections on Abstinence, Neutrality and Gratification. The Annual of Psychoanalysis 20, 115–129.

Wolf, Ernest (1994): Narcissistic Lust and Other Vicissitudes of Sexuality. Psychoanal. Inquiry 4, 519–534.

Wolff, Larry (1992): Ansichtskarten vom Weltuntergang. Kindesmisshandlung in Freuds Wien. Salzburg, Wien (Residenz-Verlag).

Wolstein, B. (1989): Ferenczi, Freud and The origins of American interpersonal relations. Contemp. Psychoanal. 25, 672–685.

Wurmser, Leon (1987): Flucht vor dem Gewissen. Analyse von Über-Ich und Abwehr bei schweren Neurosen. Berlin, Heidelberg (Springer).

Wurmser, Leon (1990): »Der goldleuchtende Dolch.« Masochistische Übertragung, Über-Ich-Übertragung und Gegenübertragung. Manuskript des Einführungsvortrages zu den DPG-Wandertagen, Nürnberg 1990; überarbeitet veröffentlicht in: Forum Psa. 7 (1991), 1–19.

Zabriskie, B. (1982): Incest and Myrrh: Father-Daughter Sex in Therapy. Quadrant 15, 2, 5–24.

Zetzel, Elisabeth (1956): Current Concepts of transference. Int. F. Psychoanal. 37, 369–376.

Zwettler-Otte, Sylvia (Hg.) (2007): Entgleisungen in der Psychoanalyse. Göttingen (Vandenhoeck & Ruprecht).

Sabina Spielrein

Sämtliche Schriften

2008 · 389 Seiten · Broschur

ISBN 978-3-89806-880-2

»»Die Destruktion als Ursache des Werdens‹ – mit diesem theoretischen Titel hatte Sabina Spielrein zugleich die positive autobiographische Formel wenigstens ihres Lebens gefunden. Auch ihre anderen Schriften lesen sich sowohl als Theorie wie als autobiographisches Dokument. […] Es steigert nur den Wert dieser Lektüre und macht ihre Einzigartigkeit aus. […] Ihre Schriften zeigen exemplarisch, wie die ehemalige Patientin als Therapeutin für ihre Patienten gerade aufgrund der fließenden Grenze zwischen ihnen hilfreich werden kann. Die Destruktion als Ursache des Werdens auch hier? Vielleicht. Auf jeden Fall die eigene Krankheit als Grund des Verstehens.«

Ludger Lütkehaus in der »Basler Zeitung«

Sabina Spielrein

Tagebuch und Briefe

Die Frau zwischen Jung und Freud

2003 · 321 Seiten · Broschur

ISBN 978-3-89806-184-1

Sabina Spielreins Tagebücher sind ein Dokument voller Poesie über ein Skandalon. Der Beginn der Psychoanalyse ist mit einem Missbrauch behaftet, den es anzuschauen statt zu verdrängen gilt. Spielreins Umgang mit diesem doppelten Verrat (Jungs wie auch Freuds), die Größe, mit der sie aus dieser Affaire hervorgeht, beeindrucken nicht zuletzt durch die liberale Haltung, die sie sich gegenüber beiden »Übervätern« bewahrt. Sie lässt sich auf keine der beiden Seiten der miteinander überworfenen Analytiker ziehen.

»Spielreins Tagebuch dokumentiert menschlich erschütternd eine unglückliche Liebe und einen überaus tapferen Kampf um Gesundung und um menschliche und wissenschaftliche Fruchtbarkeit.«

Ludger Lütkehaus in der »Basler Zeitung«

Renate-Berenike Schmidt; Michael Schetsche (Hg.)

Körperkontakt

Interdisziplinäre Erkundungen

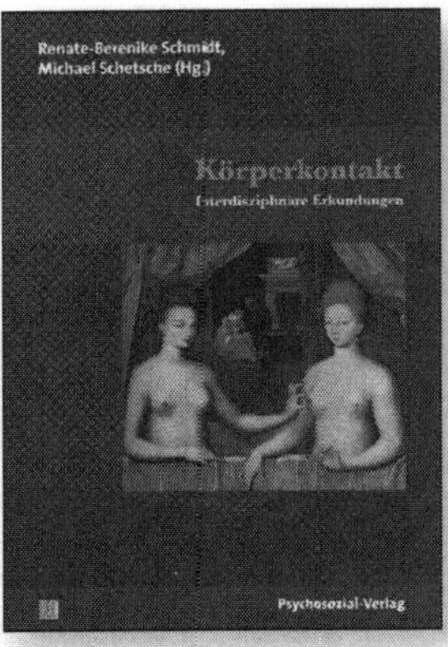

2012 · 335 Seiten · Broschur
ISBN 978-3-8379-2119-9

Die aktuelle sozialwissenschaftliche Diskussion zum Thema »Körper« beschränkt sich häufig auf individuelle Ausdrucksformen und Befindlichkeiten – Berührungen zwischen den Körpern hingegen sind nicht von Interesse. Doch ohne die Berücksichtigung dieser grundlegenden Beziehungsform kann die soziale Entwicklung des Menschen nicht hinreichend verstanden werden. Daher ist eine Neuorientierung erforderlich, die Einsichten in geteilte Körperwirklichkeiten im interdisziplinären Diskurs verankert.

Der vorliegende Band schließt eine Forschungslücke, indem er einen breiten, interdisziplinären Überblick zu einem bisher vernachlässigten Thema bietet. Dabei schließt er an Alltagssituationen an und zeigt verschiedenste, teilweise tabuisierte ethische Problemlagen bei Körperkontakten auf – etwa in pädagogischen oder medizinischen Situationen.

Joachim Küchenhoff

Körper und Sprache

Theoretische und klinische Beiträge zu einem intersubjektiven Verständnis des Körpererlebens

2012 · 374 Seiten · Broschur
ISBN 978-3-8379-2165-6

Jenseits des gesprochenen Wortes kommunizieren in jedem Gespräch auch unsere Körper mittels Mimik, Gestik und Verhalten. Versteht man Sprache als bedeutungsvolle, sinngebende Kommunikationsstruktur ist der Körper nicht außerhalb, sondern in der Sprache. Gleichwohl lässt sich das Körpererleben oft nur schwer oder gar nicht in Worte fassen. Um es zu verstehen, ist die Begegnung mit dem Anderen, die leibliche Intersubjektivität, entscheidend.

Küchenhoff entwirft einen theoretischen Zugang zum komplexen Verhältnis von Körpererleben und sprachlichem Ausdruck und setzt ihn praktisch für die Diagnostik und Therapie körperbezogener seelischer Störungen um. Das intersubjektive Verständnis des Körpererlebens wird u.a. durch genaue Analysen der Berührung und des Blicks vertieft und auf die Analyse des Körpers in der Kunst angewendet.